PLANO
+DANIEL

PLANO
✚DANIEL

40 DIAS *para uma*
VIDA MAIS SAUDÁVEL

RICK WARREN;
DR. DANIEL AMEN E
DR. MARK HYMAN

com Sean Foy e Dee Eastman

EDITORA VIDA
Rua Conde de Sarzedas, 246 — Liberdade
CEP 01512-070 São Paulo, SP
Tel.: 0 xx 11 2618 7000
Fax: 0 xx 11 2618 7030
www.editoravida.com.br

© 2013, Rick Warren
Originalmente publicado nos EUA com o título:
The Daniel Plan: 40 days to a Healthier Life
Copyright da edição brasileira ©2013, Editora Vida
Edição publicada por com permissão contratual
de Zondervan, Grand Rapids, Michigan

■

Todos os direitos desta tradução em língua portuguesa reservados por Editora Vida.

PROIBIDA A REPRODUÇÃO POR QUAISQUER MEIOS, SALVO EM BREVES CITAÇÕES, COM INDICAÇÃO DA FONTE.

■

Scripture quotations taken from *Bíblia Sagrada, Nova Versão Internacional, NVI* ®
Copyright © 1993, 2000 by International Bible Society ®.
Used by permission IBS-STL U.S.
All rights reserved worldwide.
Edição publicada por Editora Vida,
salvo indicação em contrário.

Editor responsável: Marcelo Smargiasse
Editor assistente: Gisele Romão da Cruz Santiago
Revisão de tradução: Josemar de Souza Pinto
Revisão de provas: Sônia Freire Lula Almeida
Projeto Gráfico e diagramção: Fernanda Souza
Capa (adaptação): Fernanda Souza

■

Todas as citações bíblicas e de terceiros foram adaptadas segundo o Acordo Ortográfico da Língua Portuguesa, assinado em 1990, em vigor desde janeiro de 2009.

1. edição: maio 2014

Dados Internacionais de Catalogação na Publicação (CIP)
(Câmara Brasileira do Livro, SP, Brasil)

Warren, Rick Plano Daniel: 40 dias para uma vida mais saudável/ Rick Warren, Daniel Amen e Mark Hyman, com Sean Foy e Dee Eastman. — São Paulo : Editora Vida, 2014.

Título original: *The Daniel Plan: 40 Days to a Healthier Life*.
ISBN 978-85-383-0294-0

1. Aconselhamento nutricional 2. Alimentos funcionais 3. Daniel (Figura bíblica) 4. Grupos de autoajuda — Programas de atividades 5. Nutrição — Aspectos religiosos — Cristianismo 6. Trabalho em grupo na Igreja I. Amen, Daniel. II. Hyman, Mark. III. Foy, Sean. IV. Título.

14-02230   CDD 613.2

Índices para catálogo sistemático:
1. Alimentação: Habitos: Promocão da Saúde 613.2

Este livro é dedicado a você.

Esperamos que ele transmita entusiasmo para iniciar sua jornada rumo a uma vida saudável e que você experimente uma sensação totalmente nova de bem-estar. E oramos para que, ao longo da leitura, você sinta a presença e o poder de Deus e o propósito dele para sua vida.

Amado, oro para que você tenha boa saúde e tudo lhe corra bem, assim como vai bem a sua alma.

3João 2

AVISO IMPORTANTE

O *Plano Daniel* oferece saúde, condicionamento físico e informações nutricionais, com o único propósito de ser educativo. Este livro tem a finalidade de complementar, não substituir, as recomendações e os diagnósticos médicos ou o tratamento de saúde indicado por um profissional da área médica. Por favor, consulte um médico ou nutricionista antes de iniciar ou mudar um programa de saúde ou de condicionamento físico, para saber se é apropriado às suas necessidades – principalmente em caso de gravidez ou se você tiver um histórico familiar de doenças ou riscos à sua saúde.

Em caso de dúvida ou questionamentos quanto à sua saúde, Sempre consulte um médico ou um profissional da área da medicina. Pare imediatamente de fazer exercícios se sentir tontura, vertigem ou falta de ar a qualquer momento. Se algum assunto tratado neste guia causar dúvida, não perca tempo nem deixe para depois. Consulte um médico ou um profissional da área da saúde.

SUMÁRIO

Capítulo 1.	COMO TUDO COMEÇOU	9
Capítulo 2.	OS ELEMENTOS ESSENCIAIS	31
Capítulo 3.	FÉ	53
	O poder de Deus	55
	Nossa parte na mudança	67
Capítulo 4.	ALIMENTAÇÃO	79
	Alimentos que curam: O que devemos comer?	82
	Alimentos prejudiciais: O que devemos evitar?	117
	Programando sua alimentação	143
Capítulo 5.	CONDICIONAMENTO FÍSICO	171
	Seja forte como Daniel	174
	Descubra o que faz você movimentar-se	184
	Ponha o programa em ação	205
Capítulo 6.	FOCO	215
	Mude seu cérebro, mude sua saúde	218
	Renove a mente	235
	Atitude e propósito	251
Capítulo 7.	AMIGOS	265
	A dádiva de uma comunidade amorosa	269
	O fundamento	279

Capítulo 8.	PONDO EM PRÁTICA O ESTILO DE VIDA	295
Capítulo 9.	O DESAFIO DE CONDICIONAMENTO FÍSICO DE 40 DIAS PARA SER FORTE COMO DANIEL	311
	Plano do dia para ser forte como Daniel	315
	Condicionamento físico para ser forte como Daniel	329
Capitulo 10.	PLANO DE REFEIÇÕES PARA 40 DIAS	335
	Plano de refeições básicas para 40 dias	337
	Plano Daniel de desintoxicação	347
	Receitas do Plano Daniel	359
AGRADECIMENTOS		387

Capítulo 1

COMO TUDO COMEÇOU
PASTOR RICK WARREN

Puxa! Quanta gente GORDA!
Esse pensamento chocante martelava na minha mente naquele lindo dia de primavera enquanto eu batizava 827 adultos.

Reconheço que não foi um pensamento nada espiritual para um pastor, principalmente durante uma cerimônia de batismo! Mas comecei a ficar cansado, porque nossa igreja batiza da mesma forma que Jesus foi batizado no rio Jordão – imergindo a pessoa na água e levantando-a em seguida.

Naquele dia, com base no peso médio dos americanos, levantei mais de 65 mil quilos!

Já li muitos artigos sobre o crescimento epidêmico da obesidade, diabetes e doenças cardíacas nos Estados Unidos, mas naquele dia *senti o peso* do problema de saúde do nosso povo, de forma literal e dramática.

Meu primeiro pensamento foi que todas as pessoas que batizei estavam acima do peso, mas o segundo pensamento foi mais pessoal e direto:

Eu também estou acima do peso! Estou tão fora de forma como toda esta gente!

Naquele momento de lucidez, eu me dei conta do terrível exemplo que estava dando com minha saúde. Como eu poderia esperar que minha congregação cuidasse melhor do corpo diante de um exemplo tão impróprio? Fazia trinta anos que eu não tomava conhecimento do meu problema com o peso.

Eu explico:

Cresci em uma família que não bebia nem fumava, mas todos os alimentos – por mais nocivos que fossem à saúde – eram considerados bons. E, enquanto eu crescia, grande parte da minha vida concentrou-se na comida.

Todas as lembranças da minha infância, boas e más, estão ligadas a comida. Quando estávamos felizes, a comida fazia parte da comemoração. Quando estávamos tristes, consolávamo-nos com uma boa refeição. Se o dia estava difícil para uma criança viver, o antídoto eram biscoitos com leite ou um pedaço de torta recém-saída do forno.

Morávamos no campo em um pedaço de terra de 2 hectares, com uma bela horta de verduras e legumes que meu pai cultivava. Minha mãe adorava cozinhar, e todos nós adorávamos comer. Nossa diversão era comer, e todas as noites a refeição era farta. Na verdade, nossa mesa de jantar de 4,20 metros, feita à mão com uma única tora de sequoia canadense, era o maior móvel da casa. Ocupava o espaço todo, e a vida da nossa família girava em torno das refeições que fazíamos juntos.

Por ter sido abençoado com boa saúde, metabolismo alto e vida ativa, eu podia comer tudo o que queria e na quantidade desejada, sem engordar 1 grama sequer. Quando me casei com Kay, era magro como um cabo de vassoura, mesmo sem me exercitar normalmente, e comia salgadinhos e coisas do gênero, sem prestar atenção à minha saúde.

Em 1980, aos 25 anos de idade, fundei a Saddleback Church no sul da Califórnia, da qual me tornei pastor. A igreja cresceu rapidamente até contar com milhares de membros, e eu trabalhava o dia inteiro, não fazia pausa para as refeições e gastava horas dirigindo reuniões, aconselhando pessoas e estudando sermões. Comecei a ganhar alguns quilos a cada ano, mas, como minha energia permanecia alta e eu não me preocupava muito com a aparência, não dei atenção àquele problema de saúde. Em 2010, estava muito acima do peso.

Ironicamente, na última década eu havia enviado quase 21 mil membros da nossa congregação a 196 países para cuidar dos doentes e pobres por meio de um programa que desenvolvemos chamado plano P.E.A.C.E.[1] O C de P.E.A.C.E. significa "Cuidar dos enfermos", e os membros da nossa igreja cuidavam com amor e carinho das pessoas ao redor do mundo que sofriam por causa de má nutrição, água sem tratamento, malária e aids. Eu, porém, não fazia caso da minha saúde em declínio e da saúde dos membros da nossa igreja.

Aquela cerimônia de batismo foi um chamado que me fez despertar para os problemas de saúde da minha vida e da vida do pessoal da congregação. Entendi que precisava realizar mudanças drásticas, portanto comecei por mim, educando-me para prevenir enfermidades. O que aprendi deixou-me assustado:

- Pela primeira vez na História, o número de pessoas que sofrem em consequência de *alimentação exagerada* e de má nutrição é equivalente. Enquanto milhões de pessoas sofrem por não ter o suficiente para comer, milhões estão lutando com os efeitos do sobrepeso.[2]
- Sete em dez americanos estão acima do peso.[3]

---

[1] Paz, em português. [N. do T.]

[2] ADAMS, Stephen. Obesity Killing Three Times as Many as Malnutrition. **The Telegraph**. 13 dez. 2012. Disponível em: <http://www.telegraph.co.uk/health/healthnews/9742960/Obesity-killing-three-times-as-many-as-malnutrition.html>.

[3] FRYAR, Cheryl D. et al. NCHS Health E-Stat: Prevalence of Overweight, Obesity, and Extreme Obesity Among Adults. **Centers for Disease Control and Prevention**. 13 set. 2012. Disponível em: <http://www.cdc.gov/nchs/data/hestat/obesity_adult_09_10/obesity_adult_09_10.htm>.

- Diabetes, doenças cardíacas e outras "doenças com base no modo de vida" estão matando mais pessoas no mundo inteiro que as doenças infecciosas.[4]

No domingo seguinte, fiz esta confissão pública diante da minha congregação:

> Amigos, tenho sido mau administrador da minha saúde e um péssimo exemplo para vocês. Embora estejamos ajudando muitas pessoas ao redor do mundo, eu me esqueci do problema aqui nesta casa.
> Por isso, arrependo-me publicamente e peço que me perdoem! Deus espera que cuidemos do corpo que ele nos deu, mas não tenho feito isso. Vejam bem, ganhei apenas cerca de 1 quilo ou 1,3 quilo por ano, mas sou pastor de vocês há trinta anos, portanto preciso perder 40 quilos! Quem quer me ajudar a continuar saudável?

A congregação reagiu com um aplauso prolongado.

Sinceramente, eu esperava que talvez umas 200 pessoas me acompanhassem na luta para manter-me saudável, por isso foi uma grande surpresa quando mais de 12 mil membros da Saddleback Church se apresentaram naquele dia. Agora eu precisava de um plano. Tinha de ser simples, de baixo custo e gradativo. Uma vez que naquele dia eu estava pregando sobre um homem da Bíblia chamado Daniel, que recusou uma comida indigesta e desafiou o rei, alimentando-se de uma dieta saudável, dei ao programa o nome de Plano Daniel.

Eu, porém, não conhecia nada sobre dieta saudável, por isso convidei três médicos nacionalmente conhecidos – dr. Daniel Amen, dr. Mark Hyman e dr. Mehmet Oz – para orientar-me no assunto e ajudar-me a elaborar o Plano Daniel a ser usado na igreja. Os três médicos concordaram gentilmente em oferecer

---

[4] UN: Chronic Ailments More Deadly Than Infectious Diseases. **CNN Health.com**. 22 maio 2008. Disponível em: <http://www.cnn.com/2008/HEALTH/05/22/world.death>.

gratuitamente seus conhecimentos e tempo porque queriam cuidar da nossa saúde.

No primeiro ano do Plano Daniel, os membros da Saddleback perderam mais de 112 mil quilos no total! Contudo, o mais importante é que aprendemos lições úteis, desenvolvemos habilidades e criamos hábitos para uma vida longa e saudável. O Plano Daniel é muito mais que uma dieta. É um programa de estilo de vida com base em princípios bíblicos e cinco componentes essenciais: Comida, Condicionamento físico, Foco, Fé e Amigos. Os dois últimos componentes – fé e amigos – são aquilo que chamo de *tempero secreto* que torna o Plano Daniel tão eficaz. Quando temos *Deus e um grupo* nos ajudando, temos muito mais que força de vontade para promover mudanças positivas e muito mais possibilidades de perseverar.

Quero deixar bem claro: não há comprimidos mágicos, resultados rápidos, fórmulas instantâneas nem caminhos mais curtos que nos deixem saudáveis de um dia para o outro. Você precisa fazer escolhas sábias *todos os dias*. Provavelmente enfrentará sofrimentos. Eu enfrento! Na verdade, enquanto escrevo estas palavras, estou me recuperando de um sofrimento recente. Minha família enfrentou uma perda trágica que nos deixou arrasados. O sofrimento prejudicou meu sono, e aquilo me deixou exausto, tanto em termos emocionais como físicos. Dominado pela tristeza e fadiga, parei de fazer escolhas saudáveis e comecei a ganhar alguns quilos indesejáveis. Todos aqueles quilos que eu havia perdido retornaram! No entanto, qualquer pessoa que esteja em situação semelhante dirá que o sofrimento faz parte do processo da mudança de longo prazo. Em vez de me sentir derrotado, simplesmente pedi a Deus e a meus amigos que me ajudassem a voltar ao normal.

O plano que você conhecerá neste livro é realmente muito simples. Dedique seu corpo a Deus. Peça ajuda a ele e participe de um pequeno grupo que o possa amparar nessa jornada. E comece a fazer escolhas saudáveis – como substituir doces por frutas frescas e fazer exercícios diariamente. Inclua alimentos integrais em sua dieta. Tenha uma vida mais ativa. Durma mais. Livre-se do estresse. Não há nada complicado. Trata-se apenas de bom senso. Afinal, Deus espera que você use a inteligência que ele deu a você.

Muitas dietas e muitos planos de condicionamento físico usam a culpa como motivação, mas isso nunca funciona no longo prazo. Você pode culpar-se durante uns tempos por ter feito uma coisa errada, mas a mudança durará apenas enquanto a culpa (ou o medo) existir. Em contrapartida, o Plano Daniel baseia-se no *amor* como motivação: sentindo o amor incondicional de Deus por você, aprendendo a amá-lo, aprendendo a amar-se da maneira que Deus o fez, e aprendendo a dar e receber amor no pequeno mundo em que você vive.

A Bíblia diz: "[O amor] tudo sofre, tudo crê, tudo espera, tudo suporta" (1Coríntios 13.7). É o amor – não o medo, não a culpa, não a pressão de um grupo – que nos faz seguir em frente quando temos vontade de desistir.

A Bíblia também nos diz que a mudança duradoura começa com a *entrega do seu corpo* a Deus. Romanos 12.1,2 diz que devemos *oferecer nosso corpo a Deus* "em sacrifício vivo, santo e agradável" – o sacrifício que lhe é aceitável. Essa é a forma verdadeira de adorá-lo. Não imite o comportamento nem os costumes deste mundo, mas transforme-se "pela renovação da sua mente" para que você seja capaz *"de experimentar e comprovar a boa, agradável e perfeita vontade de Deus"*. Observe a forte ligação entre mente e corpo nesse texto. Dois mil anos depois que ele foi escrito, sabemos agora que não é apenas a mente que exerce influência sobre o corpo, mas que o corpo também exerce influência sobre a mente.

Aquilo que você faz com seu corpo é a base para todas as outras coisas. A saúde física exerce influência na sua saúde mental, espiritual, emocional, relacional e até financeira. Quantas vezes você leu um livro, ouviu uma mensagem ou compareceu a um evento que o motivou a promover alguma mudança, mas depois não teve força física para levá-la adiante? Em vez de tomar uma atitude, você se deitou no sofá para ver televisão.

Uma motivação importante para eu estar fisicamente saudável é meu desejo de que a energia e a vigilância promovam outras mudanças na minha vida. Meu palpite é que há outras áreas na sua vida que você gostaria de aperfeiçoar. Portanto, para começar, vamos aumentar sua energia, uma vez que o corpo é imprescindível para você fazer alguma coisa! Vamos começar com o elemento mais básico da vida: sua saúde física.

O QUE DEUS DIZ A RESPEITO DO SEU CORPO?

A família cristã na qual cresci comparecia aos cultos na igreja todas as semanas. Ouvi milhares de sermões sobre o que Deus tem a dizer sobre a alma, a mente, os desejos e as emoções. Mas nunca ouvi um sermão inteiro sobre como Deus vê o corpo humano. O assunto era completamente desconsiderado. É por isso que muitas pessoas ainda não conhecem nenhuma teologia da saúde. Apesar de a nossa cultura ser extremamente preocupada com beleza física e corpo sedutor, muitos cristãos desprezam o corpo como se ele não fosse importante. Mas o corpo é importante.

Deus tem muito a dizer sobre a importância do corpo que ele deu a você. É um assunto abordado na Bíblia inteira. Mas, para não me alongar, vou apresentar apenas um texto da Bíblia em 1Coríntios 6.12-20:

> "Tudo me é permitido", mas nem tudo convém. "Tudo me é permitido", mas eu não deixarei que nada me domine. "Os alimentos foram feitos para o estômago e o estômago para os alimentos", mas Deus destruirá ambos. O corpo, porém, não é para a imoralidade, mas para o Senhor, e o Senhor para o corpo. Por seu poder, Deus ressuscitou o Senhor e também nos ressuscitará. Vocês não sabem que os seus corpos são membros de Cristo? Tomarei os membros de Cristo e os unirei a uma prostituta? De maneira nenhuma! [...].
>
> Fujam da imoralidade sexual. Todos os outros pecados que alguém comete, fora do corpo os comete; mas quem peca sexualmente, peca contra o seu próprio corpo. Acaso não sabem que o corpo de

vocês é santuário do Espírito Santo que habita em vocês, que lhes foi dado por Deus, e que vocês não são de si mesmos? Vocês foram comprados por alto preço. Portanto, glorifiquem a Deus com o seu próprio corpo.

Puxa! Essa é definitivamente uma descrição direta, intencional, sem nenhum rodeio daquilo que Deus considera ser o uso correto e o uso errado do nosso corpo. Nessa passagem da Bíblia, e em outras, aprendemos cinco verdades radicais a respeito do nosso corpo que correm no contrafluxo de tudo o que você ouve hoje.

1. *Meu corpo pertence a Deus.* É propriedade dele, não minha. Deus é o dono dele, não eu. Deus criou meu corpo e espera que eu o use como ele planejou. No entanto, rebelamo-nos naturalmente contra essa ideia. A cultura diz: "O corpo é meu para eu fazer o que quiser com ele". Deus, porém, diz: "Não, você está errado. O corpo não é seu, porque você não o criou. Eu o fiz e emprestei-o a você para viver nele durante o tempo que eu quiser que você viva e espero que cuide da minha criação".

O fato é que tudo o que você vê na Terra foi criado por Deus. Ele fez, ele é o dono. Aquilo que você considera seu é, na verdade, um empréstimo. A Bíblia diz: "O corpo [...] não é para a imoralidade, mas para o Senhor, e o Senhor para o corpo" (1Coríntios 6.13).

Cometemos hoje o mesmo erro comum que os filósofos gregos cometeram milhares de anos atrás. Aristóteles, Sócrates e Platão acreditavam no dualismo,[5] que incluía a ideia de que a mente (ou espírito) é importante, mas o corpo não é espiritualmente importante. Eles depreciavam o corpo. Na verdade, alguns filósofos gregos ensinavam que o corpo é mau, portanto pouco importa se você quiser destruí-lo.

A Bíblia diz exatamente o oposto. O corpo é santo porque foi feito por Deus, e tudo o que Deus faz tem um propósito.

---

[5] ROBINSON, Howard. Dualism. **Stanford Encyclopedia of Philosophy, 2011.** Disponível em: <http://plato.stanford.edu/entries/dualism>.

Devemos glorificar a Deus com o corpo, portanto não podemos dividir a vida em seções e pensar que podemos isolar o corpo e viver como se somente o espírito fosse importante. Deus é proprietário do nosso corpo!

2. *Jesus pagou o preço do meu corpo quando morreu na cruz por mim.* Conforme já vimos, 1Coríntios 6.19,20 diz que nosso corpo foi comprado!

Milhões de telespectadores adoram os programas *American Pickers* e *Pawn Stars*[6] porque é divertido adivinhar o valor de objetos antigos. Os donos desses objetos pensam que eles valem mais do que realmente valem. Mas a realidade é que o valor de um objeto é aquele que alguém está disposto a pagar por ele! Você pode pensar que sua casa vale mais, porém o valor real é aquele que o comprador está disposto a pagar por ela.

Deus nunca fez uma pessoa que ele não amasse. Se você quer saber quanto vale sua vida para Deus, basta olhar para a cruz. Com os braços abertos, pregado na cruz, Jesus estava dizendo: "Este é o valor que você tem para mim. Veja *quanto* eu amo você! Preferi morrer a viver sem você". Seu preço é incalculável.

Ora, se seu valor é tão alto a ponto de alguém morrer por você, não é lógico que Deus queira que você cuide melhor de você mesmo? Se você comprasse um cavalo por 1 milhão de dólares, será que o alimentaria com salgadinhos e o manteria acordado a noite inteira? Claro que não! Você protegeria seu investimento. O fato é que Jesus fez um investimento em você. Pagou por sua vida com a vida dele, e espera que você cuide do investimento dele.

3. *O Espírito de Deus vive no meu corpo.* Quando você diz "sim" a Deus, aceitando pela fé o que Jesus fez por você e confiando na sua graça e no seu perdão para o salvar, Deus põe seu Espírito dentro de você como garantia da sua salvação. A Bíblia explica desta maneira: "Acaso não sabem que o corpo de vocês

---

[6] Exibidos no Brasil com os títulos de *Caçadores de relíquias* e *Trato feito*. [N. do T.]

é santuário do Espírito Santo que habita em vocês, que lhes foi dado por Deus...?" (1Coríntios 6.19).

Quando Deus põe o Espírito dentro de você, seu corpo passa a ser o santuário de Deus, a residência de seu amor. Portanto, faço esta pergunta: se você visse alguém vandalizando ou destruindo um santuário dedicado a Deus, não consideraria isso um crime? Claro! Mas você vandaliza e destrói o santuário de Deus, seu corpo, quando não permite que ele descanse e durma, quando exagera na comida, quando o submete a muita tensão e quando deixa de cuidar dele.

4. *Deus espera que eu cuide bem do meu corpo.* Não sou o proprietário do meu corpo, mas tenho o dever de cuidar dele ou administrá-lo. Na Bíblia, a palavra equivalente a "administrador" é "despenseiro". Cuidar do meu corpo é uma questão de administração espiritual. De fato, Deus me diz que um dia terei de prestar conta de como administrei tudo o que ele me deu, incluindo meu corpo. Em pé diante de Deus, terei de responder à pergunta: "O que fez com aquilo que dei a você?".

Em *Uma vida com propósitos,* eu explico que nossa vida na terra é um teste, uma prova de confiança e uma atribuição temporária. Esta vida é uma preparação para a próxima vida, que durará por toda a eternidade. Deus o está testando para saber se pode confiar em você por toda a eternidade. Está observando como você usa o tempo, o dinheiro, os talentos, as oportunidades, a mente e, sim, até o corpo. Você está cuidando ao máximo do que recebeu? Deus não o avaliará com base no corpo que deu a outra pessoa, mas ele *julgará* o que você fez com o que recebeu.

5. *Deus ressuscitará meu corpo depois que eu morrer.* Deus nunca desperdiça nada. Ele aproveita ao máximo tudo o que cria. Neste instante você está vivendo a versão 1.0 do seu corpo. No céu, você receberá a versão 2.0. A Bíblia diz: "Por seu poder, Deus ressuscitou o Senhor e também nos ressuscitará" (1Coríntios 6.14).

Não sabemos exatamente como será o nosso corpo ressurreto, mas temos algumas indicações. Sabemos que, depois que saiu do túmulo, Jesus andou em Jerusalém por quarenta dias em um corpo ressurreto. Ele foi visto numerosas vezes por grupos diferentes de pessoas, inclusive em um evento em que mais de 500 pessoas o viram e conversaram com ele. Sabemos, portanto, que as outras pessoas nos reconhecerão na nova versão 2.0 do nosso corpo no céu, mas haverá uma diferença muito importante: no céu o corpo será perfeito, sem partes quebradas, sem ferimentos e sem dor.

Você notou a expressão "por seu poder" no último versículo bíblico? É isso que torna o Plano Daniel diferente dos outros métodos. Ele se baseia na confiança no poder de Deus para ajudar você a mudar, não apenas sua força de vontade. Vamos ser sinceros. A força de vontade trabalha por algumas semanas, talvez por um mês ou dois no máximo. É por isso que as resoluções do ano-novo não duram muito. A tentativa de mudança somente por meio da força de vontade é exaustiva. Você poderá persistir por uns tempos, mas sentirá que é anormal e desgastante forçar-se a ser diferente dependendo apenas da força de vontade.

No Plano Daniel você conhecerá o poder da oração, o poder da fé, o poder de permitir que o Espírito de Deus redirecione seus pensamentos, o poder da fraternidade e comunhão dentro de um pequeno grupo de apoio e, acima de tudo, o poder do Espírito de Deus dentro de você, ajudando-o a promover as mudanças que Deus deseja que você realize e as que você deseja realizar.

HÁBITOS QUE SÃO O SEGREDO PARA O SUCESSO

Nunca é fácil realizar mudanças importantes e duradouras na vida, como mudança na maneira de nos relacionar com os outros, mudança na maneira de administrar o tempo, mudança na maneira de usar o dinheiro, mudança na maneira de trabalhar, mudança na maneira de cuidar do nosso corpo. Todas as vezes que queremos melhorar ou mudar algo, quase sempre começamos com grande entusiasmo e grandes expectativas, mas, com o passar do tempo, esses sentimentos diminuem, e nossa determinação também. É por isso que o segredo para o sucesso duradouro está em desenvolver *hábitos* – hábitos novos e positivos que substituam nosso comportamento autodestrutivo. A Bíblia fala de "despir-se do velho homem" e "revestir-se do novo homem" (Efésios 4.22,24), e isso inclui novos hábitos.

Os hábitos controlam nossa vida. Moldamos nossos hábitos; depois nossos hábitos nos moldam. Se eu pedisse a você que fizesse uma lista de todos os seus maus hábitos, você os identificaria facilmente. Já sabe quais são e que não são úteis. Na verdade, muitos são perniciosos. Por que, então, você não os substitui? Por que é tão difícil abandonar os maus hábitos e criar novos hábitos? Estes são os quatro motivos mais comuns:

- **Faz muito tempo que você tem maus hábitos, portanto sente-se confortável com eles.** Talvez esteja acima do peso ou sofra de anorexia, talvez coma exageradamente ou tenha uma disfunção alimentar, talvez esteja fora de forma ou não tenha energia suficiente – você não adquiriu isso do dia para a noite. Provavelmente houve um declínio longo e lento na sua saúde. A maioria dos hábitos dos adultos foi desenvolvida na infância. Alguns hábitos perniciosos podem ser consequência de problemas emocionais e espirituais que você sofreu nos primeiros anos de vida. Há hábitos que surgem em razão do medo. Alguns são desenvolvidos para abrandar emoções negativas como solidão, ansiedade, depressão ou sensação de não ser amado.

- **Você se identifica com seus maus hábitos.** Todas as vezes que você ouve alguém dizer: "Estou sempre atrasado" ou "Estou sempre preocupado" ou "Não resisto a uma sobremesa", essa pessoa está se identificando com um mau hábito. Em geral, confundimos nossa identidade com nossos hábitos, mas a verdade é esta: os hábitos podem ser mudados! Hábitos são coisas que você *faz*. Não são *quem você é!* Você *tem* fraquezas, mas não é um fraco. Você é uma criação única de Deus, com imperfeições em razão da sua natureza e escolhas, mas é profundamente amado por Deus. Nenhum homem ou mulher será capaz de amar tanto quanto Deus ama. O amor de Deus por você não depende dos seus hábitos.

- **Seus maus hábitos têm um preço.** Ao longo do tempo causarão sofrimento, mas no curto prazo parecem mais fáceis e mais recompensadores. E tudo o que recebe recompensa é repetido. O costume de comer alimentos prejudiciais à saúde, a ingestão exagerada de carboidratos ou o prazer de descansar em vez de exercitar-se proporciona gratificação imediata. Queremos nos sentir bem *agora*, não depois.

  Deus adverte-nos acerca de "desfrutar os prazeres do pecado durante algum tempo" (Hebreus 11.25). Grande parte dos problemas sociais que vemos na cultura de hoje resulta da nossa falta de vontade de postergar a gratificação. Para vencer isso, você precisa ver o prêmio ou a recompensa maior de fazer boas escolhas.

- **Você tem um inimigo que o deseja desencorajar.** Além de você ter de lutar contra suas inclinações naturais, Satanás – a quem a Bíblia chama de *Enganador* e *Acusador* – trabalha ativamente contra você o dia inteiro. Uma vez que Satanás não pode atingir Deus diretamente, ele tenta atingir os filhos de Deus. Satanás não quer que você tenha uma vida saudável porque isso honra a Deus. Por isso, ele está sempre sugerindo pensamentos negativos para manter você paralisado. Ele adora plantar sementes de dúvida na sua mente: "Quem você pensa que é? Você nunca vai mudar! Nunca foi capaz de mudar no passado. O que faz você pensar que desta vez será diferente?

Não adianta tentar, você é um caso perdido, portanto nem pense em tentar mudar!". (No capítulo sobre Foco, falaremos mais sobre como substituir pensamentos negativos.)

Com esses quatro elementos trabalhando contra você, não é de admirar que a maioria das tentativas de desenvolver hábitos saudáveis acabe fracassando. Repetindo: você precisa de mais que boas intenções e força de vontade para mudar. Precisa do plano de Deus para mudar.

CINCO ELEMENTOS PARA UMA MUDANÇA DURADOURA

O Plano Daniel baseia-se em cinco elementos para uma mudança duradoura. Encontram-se em João 8, Efésios 4 e em muitas outras passagens bíblicas:

1. A mudança duradoura exige que você construa sua vida em cima da verdade.

Uma das declarações mais famosas de Jesus encontra-se em João 8.31,32: " 'Se vocês permanecerem firmes na minha palavra, verdadeiramente serão meus discípulos. E conhecerão a verdade, e a verdade os libertará' ". Jesus promete que a verdade o libertará. Mas, antes de tudo, provavelmente a verdade fará de você uma pessoa infeliz! Não gostamos de enfrentar a verdade a respeito de nós mesmos, das nossas fraquezas, dos nossos maus hábitos e, principalmente, das nossas motivações. Mas, enquanto não enfrentar a verdade sobre o *motivo* pelo qual você faz o que faz e não encontrar a raiz dos seus hábitos, a mudança provavelmente será superficial e de curta duração.

Em geral, as dietas mais conhecidas, aquelas "da moda", apresentam fórmulas rápidas, comprimidos fáceis de engolir e curas secretas que supostamente derretem e eliminam a gordura. O Plano Daniel, ao contrário, ajuda-o a enfrentar a verdade acerca de você e do seu relacionamento com Deus, com a comida, com seu propósito na vida e com as outras pessoas. Se estiver à procura de uma solução fácil, não continue a ler este livro. Mas, se deseja ter uma vida autenticamente saudável com base na verdade de Deus e se estiver disposto a ser sincero com Deus, com você e com alguns amigos de confiança, continue a leitura.

Não haverá mudanças permanentes enquanto você não aprofundar o alicerce da verdade a respeito da sua vida e do propósito de Deus para ela. Este livro é uma introdução para que você comece a trilhar o caminho certo, mas a jornada durará a vida inteira.

2. A mudança duradoura exige fazer escolhas sábias.

Todos *querem* ser saudáveis, mas poucas pessoas *escolhem* ser saudáveis. Para ser saudável, é necessário mais que um desejo ou um sonho... é necessário tomar uma *decisão*. Você só mudará quando *decidir* mudar. Não ficará saudável por acaso. É intencional. Trata-se de uma escolha. Na verdade, trata-se de uma vida inteira de escolhas, mas começa com uma decisão.

Por ser pastor, conheço muitas pessoas que estavam orando a Deus para que ele curasse enfermidades e doenças que poderiam ser revertidas se elas simplesmente fizessem escolhas mais saudáveis. Por que Deus o curaria de uma doença relacionada à obesidade se você não tem nenhuma intenção de mudar as escolhas que acarretaram essa doença? Deus quer que você comece a fazer escolhas saudáveis. Por isso, se está à espera de algum sinal, o sinal é este!

À medida que começar a fazer escolhas cada vez mais saudáveis, você começará também a mudar: "Agora é hora de ter um estilo de vida totalmente novo, zerado – uma vida planejada por Deus, renovada a partir de dentro; uma vida que muda para melhor a conduta de vocês, e que faz o caráter de Deus tornar-se realidade em nossa vida" (Efésios 4.22-24, *A Mensagem*).

> **DE QUEM VOCÊ É ESCRAVO?**
>
> Anos atrás, Bob Dylan cantou: "Você vai ter de servir a alguém. Pode ser ao Diabo ou pode ser ao Senhor". Na cultura de hoje isso incentiva a irresponsabilidade. Eu aconselho muitas pessoas que se tornaram escravas de seus desejos. Todas as vezes que você faz uma escolha errada, torna-se cada vez mais difícil fazer uma escolha certa. Romanos 6.16 diz: "Não sabem que, quando vocês se oferecem a alguém para lhe obedecer como escravos, tornam-se escravos daquele a quem obedecem: escravos do pecado que leva à morte, ou da obediência que leva à justiça?".

Felizmente, Deus oferece seu poder para você fazer escolhas certas. "Pois é Deus quem efetua em vocês tanto o querer quanto o realizar, de acordo com a boa vontade dele" (Filipenses 2.13). Quando você começar a seguir o Plano Daniel, verá que Deus realiza uma parte e você outra na sua saúde física e maturidade espiritual.

Você faz o que pode fazer, e Deus faz unicamente aquilo que ele pode fazer.

3. A mudança duradoura exige novas maneiras de pensar.

A maneira de você pensar determina a maneira de você se sentir, e a maneira de você se sentir determina sua maneira de agir. Se quiser mudar seu modo de agir, precisa começar a mudar seu modo de pensar. Os pensamentos são o piloto automático da sua vida.

Romanos 12.2 diz: "Não se amoldem ao padrão deste mundo, mas transformem-se pela renovação da sua mente, para que sejam capazes de experimentar e comprovar a boa, agradável e perfeita vontade de Deus". A palavra bíblica para mudar a mente é "arrependimento". Arrepender-se é dar meia-volta mental, isto é, concentrar os pensamentos em uma direção completamente diferente. Essa nova mentalidade cria novas emoções, que me estimulam a mudar.

Quero fazer uma pergunta pessoal: Que velhos modos de pensar você precisa mudar? Quais necessitam de *arrependimento*? Você tem se apegado a algumas ideias autodestrutivas sobre alimento, sobre o corpo, sobre sexo ou sobre trabalho que prejudicam sua vida? Para ser saudável, você precisa *arrepender-se* das escolhas nocivas. Precisa pensar de modo diferente a respeito do seu corpo — e de todas as outras áreas da sua vida. Filipenses 2.5 diz: "Seja a atitude de vocês a mesma de Cristo Jesus". Para conseguir isso, é necessário encher a mente com a Bíblia, a verdade de Deus.

No Plano Daniel, você aprenderá novas técnicas de pensamento, como substituir pensamentos negativos em vez de resistir a eles. Tudo aquilo a que você resiste, persiste. Quando mais você luta contra um sentimento, mais ele o controla. O segredo da vitória sobre qualquer tentação é simplesmente mudar o rumo da sua mente. Redirecione a atenção em outra coisa, e a tentação imediatamente perderá o poder sobre você.

4. A mudança duradoura exige o Espírito de Deus na sua vida.

Já mencionei que você necessita do poder de Deus, não apenas de força de vontade, para mudar.

O Espírito Santo de Deus ajuda-nos a romper com os maus hábitos, compulsões e vícios. Sabendo que o Espírito de Deus se oferece para ajudar-nos, seria tolice não aproveitar essa oportunidade. Gálatas 5.18 indaga: "Por que não escolhem o caminho do Espírito? Só por ele poderão fugir dos impulsos inconstantes de uma vida dominada pela Lei" (*A Mensagem*).

Quanto mais eu permito que o Espírito de Deus me guie e me capacite, mais ele desenvolve qualidades positivas na minha vida para substituir meus hábitos nocivos. A Bíblia chama essas qualidades de *fruto do Espírito*. Gálatas 5.22,23 apresenta uma lista deles: "Mas o fruto do Espírito é amor, alegria, paz, paciência, amabilidade, bondade, fidelidade, mansidão e domínio próprio". Observe a última qualidade: domínio próprio. Você já conhece a importância dessa qualidade e o problema que acontece quando não a possui. Porém, a maioria não sabe que o segredo do domínio próprio está em permitir que o Espírito Santo nos controle.

Isso é exatamente o oposto do que a maioria das pessoas pensa. Pergunte a alguém na rua: "O que vem à sua mente quando eu uso a expressão 'cheio do Espírito' ou 'controlado pelo Espírito'?", e geralmente a pessoa descreverá alguém agindo fora de controle. A Bíblia, porém, diz que, quanto mais eu permito que o Espírito de Deus me dirija e me oriente, mais domínio próprio terei! O apóstolo Paulo afirmou: "Tudo posso naquele que me fortalece" (Filipenses 4.13). Somente um programa baseado na Bíblia, como o Plano Daniel, pode oferecer essa promessa.

5. A mudança duradoura exige uma comunidade sincera.

A realidade é esta: alguns dos nossos hábitos, tendências e comportamentos têm raízes tão profundas que, sozinhos, jamais conseguiremos arrancá-los e substituí-los. Talvez você tenha tentado muitas vezes e não foi capaz de levar as mudanças adiante. Se pudesse mudar essas áreas complicadas da sua vida, certamente já teria mudado. Mas alguns hábitos são tão arraigados que precisamos da ajuda de outras pessoas.

Na verdade, isso é bom, porque nos força a reconhecer que precisamos uns dos outros. Faz parte do plano de Deus. Fomos criados para viver em comunidade. Fomos formados por Deus para nos relacionar uns com os outros. A primeira coisa que Deus disse à humanidade foi: "Não é bom que o homem esteja só" (Gênesis 2.18). Deus odeia a solidão, por isso nos fez para necessitarmos uns dos outros.

As mudanças mais profundas na sua vida só ocorrerão quando você se abrir com alguns amigos de confiança que o apoiarão e acompanharão. Não será necessária uma "marcação cerrada", mas você precisará de alguns amigos com os quais se encontrará periodicamente como se fosse um pequeno grupo. Na Saddleback Church temos mais de 32 mil pessoas que se reúnem semanalmente em mais de 7 mil pequenos grupos, portanto digo com toda a segurança que, se você estiver pensando seriamente em promover algumas mudanças duradouras na sua vida, a melhor maneira, e a mais eficaz, de fazer isso será contar com o apoio de outras pessoas. Na Saddleback Church, quando 12 mil pessoas perderam mais de 112 mil quilos no total, descobrimos que aquelas ligadas a um pequeno grupo perderam o dobro de peso do que as que tentaram seguir o programa por conta própria.

Em outro capítulo você aprenderá que um pequeno grupo o poderá ajudar de maneiras específicas na sua jornada para ter uma vida saudável, encorajando-o, orando por você, apoiando-o e dando o suporte necessário.

A Bíblia está repleta de versículos sobre a importância da comunidade. Hebreus 10.25 diz: "Não deixemos de reunir-nos como igreja, segundo o costume de alguns, mas procuremos encorajar-nos uns aos outros". Gálatas 6.2 diz: "Levem os fardos uns dos outros e, assim, cumpram a lei de Cristo". Salomão disse:

> É melhor ter companhia
>   do que estar sozinho,
> porque maior
>   é a recompensa do trabalho
>   de duas pessoas.
> Se um cair,
>   o amigo pode ajudá-lo a levantar-se.
> Mas pobre do homem que cai
>   e não tem quem o ajude a levantar-se!
> E se dois dormirem juntos,
>   vão manter-se aquecidos.
> Como, porém,
>   manter-se aquecido sozinho?
> Um homem sozinho pode ser vencido,

mas dois conseguem defender-se.
Um cordão de três dobras
não se rompe com facilidade (Eclesiastes 4.9-12).

Você não precisa de muitas pessoas para formar seu pequeno grupo do Plano Daniel. Pode começar com duas ou três. Jesus disse: " 'Pois onde se reunirem dois ou três em meu nome, ali eu estou no meio deles' " (Mateus 18.20). Isso faz parte do "fator fé" do Plano Daniel. Jesus estará com você.

À medida que ler estes capítulos, você perceberá que o Plano Daniel não é complicado. É simples e direto. Você faz uma avaliação da sua saúde atual e dedica seu corpo a Deus. Pede a ajuda de Deus. Reúne alguns amigos e forma um grupo de apoio semanal. Começa a fazer escolhas saudáveis que se transformarão em hábitos conforme as puser em prática. Finalmente espera que Deus o capacite a ser persistente, reafirmando a promessa de Filipenses 1.6: "Estou convencido de que aquele que começou a boa obra em vocês, vai completá-la até o dia de Cristo Jesus".

Estou orgulhoso por você querer ser mais saudável e espero que se junte aos milhares de pessoas, inclusive eu, que têm usado o Plano Daniel como ferramenta para mudar aquilo que temiam que jamais mudasse. Este é o seu momento! É impossível adivinhar o que Deus poderá fazer com você à medida que adquirir mais energia, pensar com mais clareza, sentir-se mais confiante e ficar mais forte e mais flexível fisicamente.

Orarei por você, especificamente as palavras de 3João 2: "Amado, oro para que você tenha boa saúde e tudo lhe corra bem, assim como vai bem a sua alma".

Quando você iniciar o Plano Daniel, eu gostaria muito de saber o que está acontecendo na sua vida, no seu pequeno grupo e na sua igreja. Envie um *e-mail* para PastorRick@saddleback.com ou entre em contato comigo pelo Twitter (@RickWarren), Facebook (PastorRickWarren) ou LinkedIn (Pastor RickWarren). E, por favor, inscreva-se no *site* The Daniel Plan (*danielplan.com*) para receber o *Daily Hope*, meu devocional diário gratuito, e outras informações úteis. Bem-vindo à jornada!

> **REFLITA E DÊ O PRIMEIRO PASSO...**
>
> Você está pronto para iniciar a jornada rumo a uma vida mais saudável? Está na hora de fazer algumas mudanças?
> Vá em frente; assuma o compromisso com você e com Deus. Temos muito apoio a oferecer nos capítulos que darão a você o suporte de que necessita para ser bem-sucedido.
>
> Preencha seus dados pessoais. Visite agora o site: *danielplan.com*.

Capítulo 2

OS ELEMENTOS ESSENCIAIS

" 'Ame o Senhor, o seu Deus, de todo o seu coração, de toda a sua alma, de todas as suas forças e de todo o seu entendimento' e 'ame o seu próximo como a si mesmo' ".
Lucas 10.27

Steven Komanapalli pesava mais de 140 quilos quando começou o Plano Daniel na Saddleback Church. Seu nível de colesterol estava alto, e o de triglicérides chegando perto de 400mg/dL (o normal é por volta de 150 mg/dL). Sua condição era de pré-diabético, e ele tomava vários medicamentos.

Steven revelou-me: "Iniciei o Plano Daniel quando minha mulher e eu começamos a conversar sobre a chegada do nosso primeiro filho, os planos que faríamos e as decisões que tomaríamos em conjunto. Um dos assuntos que surgiram foi nossa longevidade. Ela me disse: 'Se você morrer precocemente, meu caro, vou sentir sua falta. Mas, se for por causa de uma doença que poderia ser prevenida, ficarei muito decepcionada por você não ter feito o possível para continuar comigo e com sua filha'. A verdade é que ela precisou dizer isso apenas uma vez para chamar minha atenção".

Steven levou o assunto a sério e seguiu as recomendações dos médicos do Plano Daniel e do pastor Warren. Fez uma análise de sua fé. Pediu a seu grupo masculino que o apoiasse. Começou a planejar os dias em torno de alimentos saudáveis. Encontrou jogos que o ajudavam a exercitar-se e pôs o corpo em movimento. Depois de mais de dois anos, Steven perdeu 36 quilos, e os exames de sangue apresentaram resultados melhores. Ele está tomando menos medicamentos, mas continua a seguir o Plano Daniel porque mudou sua vida.

Esperamos que a história de Steven o incentive. Já explicamos por que a saúde é tão importante, e contamos a você uma parte da história de Steven para mostrar que é possível seguir o exemplo dele. Queremos agora mostrar as cinco áreas da sua vida que trabalham juntas em torno da sua saúde – para o bem ou para o mal. O Plano Daniel baseia-se em cinco *elementos essenciais*: Fé, Alimentação, Condicionamento Físico, Foco e Amigos.

Esses elementos têm objetivos mais altos que melhorar a saúde física. Cada um deles sustenta sua vida, estimula seu corpo, enriquece sua mente e enche seu coração. Juntos, os cinco elementos podem produzir uma vida saudável e edificante, que o ajudará a amar plenamente, servir com alegria e, acima de tudo, exercer seu chamado da melhor forma possível. Queremos despertar para a vida e oferecer o melhor que possuímos. E queremos o mesmo para você.

O pastor Warren mergulhará na sua saúde espiritual e caminhará a seu lado enquanto você assenta o alicerce. O dr. Hyman dirá a você tudo o que precisa saber sobre o poder que o alimento possui de exercer influência na sua mente e no seu corpo. Assim que você entender o que os alimentos certos podem fazer por sua saúde, esperamos que eles o incentivem a adquirir novos hábitos que o agradem.

Sean Foy, fisiologista do exercício, eliminará os obstáculos que o impedem de exercitar-se. Mostrará a você como é divertido movimentar o corpo e todos os benefícios que resultam disso. O dr. Amen o ajudará a transformar seu cérebro na ferramenta poderosa planejada por Deus, mostrando a você como melhorar a saúde física, renovar a mente e cumprir seu propósito.

A sinergia poderosa desses elementos essenciais, aliada ao apoio de amigos, será mais proveitosa que qualquer outro elemento essencial isolado. O profeta Daniel não optou simplesmente por ter uma alimentação mais saudável; ele fez a escolha com base na fé que tinha, com um objetivo claro e o apoio de amigos. Portanto, não é de admirar que sua saúde e porte físico tenham superado os das outras pessoas da corte do rei.

ELEMENTO ESSENCIAL FÉ

Esta é uma pergunta muito franca: Você abandona a fé todas as vezes que tropeça em um obstáculo? Você diz: "Esqueça, Deus. Não sou capaz de fazer isto o tempo todo; então de que adianta"? Não! Sabemos que a fé se fundamenta em Deus. É ele quem a constrói e a sustenta.

Deus concede-nos a graça e o poder para nos relacionarmos com ele. Sua Palavra ensina-nos a participar dessa corrida de fé. O poder de Deus é o segredo para as mudanças transformadoras na nossa vida, inclusive na nossa saúde. Deus quer transferir esse poder para nós, a fim de que possamos viver e nos movimentar da maneira que ele planejou.

Se acredita realmente que pode contar com o poder de Deus, dando energia e sustento a você, o que o impede de avançar?

O Plano Daniel começa com a fé, porque a saúde espiritual dá-nos o alicerce para construir hábitos e perspectivas saudáveis em qualquer área. Conforme o pastor Warren mencionou no capítulo 1, a fé faz parte do segredo do Plano Daniel. Talvez você tenha tentado dezenas de dietas e dezenas de programas de exercícios. Mas a saúde é mais que um programa. A saúde origina-se de reconhecer e usar o poder de Deus na nossa vida e cuidar do corpo e da mente com o cuidado que ele planejou.

Se Deus guia, ele também fornece os meios. Quando ele chama você, fornece as ferramentas necessárias. Ele não necessita da sua força nem da sua determinação; precisa do seu comprometimento. Ele quer que você tenha uma vida plena que inclui fé vibrante, corpo vibrante e mente vibrante. Mas você precisa confiar em Jesus.

As escolhas malfeitas deixam muitos de nós sem energia mental, física ou espiritual para aceitar a missão que Deus nos destinou neste planeta. Alguns leitores deste livro poderão pensar: É tarde demais para mim. Eu poderia fazer isso se fosse mais jovem, mas perdi a oportunidade. *Infelizmente, estou*

> "Nunca tive a menor dúvida de que o Deus que iniciou esta grande obra em vocês irá preservá-los e conduzi-los a um final grandioso, no dia em que Cristo Jesus se manifestar."
> (Filipenses 1.6, *A Mensagem*)

fora de forma. Jamais vou chegar ao lugar em que precisaria estar. Mas nunca é tarde demais.

Pense na sua fé – está sempre mudando, sempre aumentando, sempre enfrentando desafios. Às vezes você dá um passo adiante. Às vezes dá um passo para trás. Saiba, porém, que sua fé é uma corrida que dura a vida inteira. Hebreus 12.1,2 diz: "[...] corramos com perseverança a corrida que nos é proposta, tendo os olhos fitos em Jesus, autor e consumador da nossa fé".

Você precisa acreditar que não pode ter uma vida saudável se ainda não conseguiu vê-la. Hebreus 1.1 diz: "Ora, a fé é a certeza daquilo que esperamos e a prova das coisas que não vemos". Fé é visualizar o futuro. É ver o futuro no presente. Todas as grandes realizações começaram quando alguém as viu antecipadamente. Quando o presidente John F. Kennedy lançou o desafio de enviar o homem à Lua, ainda não existia tecnologia para tal façanha.

O mesmo se aplica quando se trata de ter uma vida saudável. Você olha no espelho e acredita que, com a ajuda de Deus, será mais saudável, embora a pessoa à sua frente esteja exausta, estressada, fora de forma e acima do peso.

UM MAGNÍFICO PRESENTE

"Com fé, aceitei com entusiasmo a mudança [do modo de vida de acordo com o Plano Daniel] e fui em frente. Não sabia aonde cairia espiritualmente, mas sabia que precisava permanecer perto de Deus. Lembro-me do dia em que senti o Espírito Santo me dizendo que o vaso no qual Deus me transformou não deveria mais ser controlado por mim.
Ele estava quebrando minha teimosia, para meu próprio bem. Estava prestes a fazer uma nova criação, uma criação embelezada à maneira dele, que, de alguma forma, inspiraria outras pessoas. Eu tinha de aceitá-la e, no fundo, sabia que ela causaria um impacto na minha vida de uma forma que eu jamais poderia imaginar."

MATTHEW BURSTEIN

Você precisa seguir em frente, mesmo quando sente vontade de desistir. Corrie Ten Boom, sobrevivente do Holocausto disse: "Se você olhar para o mundo, ficará angustiado. Se olhar para dentro de você, ficará deprimido. Mas, se olhar para Cristo, ficará em paz". Tudo depende de onde seu foco está; o ponto no qual você concentra atenção determina como você se sente.

Haverá dias difíceis na jornada rumo a uma vida saudável. Se você começar a habituar-se a recorrer a Deus em tempos difíceis, quando enfrentar problemas com alimento, condicionamento físico ou foco, adquirirá o hábito de recorrer a ele em busca de ajuda. A graça de Deus está sempre presente, mesmo quando você se sente cansado ou tentado a desistir.

Você precisa acreditar que Deus tem em mente o que é melhor para você, mesmo quando não vê o que ele está fazendo. Ao longo do Plano Daniel, faremos o melhor possível para explicar por que – tanto em termos bíblicos quanto científicos – estamos fazendo certas recomendações. Mas, no final, tudo se resumirá a seu relacionamento com Deus e à saúde da sua fé.

Abraão é um exemplo clássico de obediência, mesmo sem entender a ordem recebida. Ele tinha mais ou menos 75 anos de idade, e Deus pediu-lhe que abandonasse toda a segurança que tinha (v. Hebreus 11.8). Lembre-se da fé de Abraão quando você começar a fazer perguntas deste tipo:

- Até que ponto ficarei saudável se seguir este plano?
- Quanto tempo vai durar?
- Como vou saber se tive sucesso?

Você precisa confiar em Deus, mesmo quando não consegue o que deseja. Todos nós sabemos, por experiência pessoal, que a fé não nos livra de problemas. É fácil confiar em Deus quando tudo vai bem e nos sentimos fortalecidos. Mas é nos vales que a fé se desenvolve. Quando nossos sonhos vão por água abaixo e nos sentimos de mãos atadas, é aí que temos de acreditar no poder e na presença de Deus. Portanto, se você já passou pela experiência do vale, e sua fé foi posta à prova, sabe exatamente como enfrentar as profundezas da jornada rumo a uma vida saudável: confie em Deus.

Praticamente, a fé pode ser considerada um verbo. A fé é ativa, não passiva. É algo que você faz. A tomada de decisão é uma atividade construída sobre a fé. Use os músculos da fé para desenvolver seus músculos físicos.

Deus atribuiu a você uma missão na vida, e somente você poderá realizá-la. Vai permitir que sua saúde seja um obstáculo no caminho? Terá coragem de enfrentar o Salvador no fim da vida e dizer: "Terminei a corrida. Cumpri a missão para a qual TU me criaste. Não me cansei nem me desgastei. Entreguei tudo a Jesus, inclusive minha saúde física"? É o que esperamos que você diga, por isso queremos ajudar você a aumentar a fé, permanecendo ligado ao poder de Deus e pedindo-lhe que abra os olhos para enxergar os planos que ele tem para sua vida. Você será transformado de dentro para fora.

ELEMENTO ESSENCIAL ALIMENTAÇÃO

O que você conhece realmente a respeito dos alimentos? Conhece aqueles dos quais gosta. Conhece aqueles dos quais não gosta. Conhece aqueles que seus filhos adoram comer. Acredite ou não, os alimentos são muito mais que simples sustento na hora das refeições. Eles revigoram a saúde, unem famílias, restauram o entusiasmo nas comunidades, trazem progresso à economia, melhoram o meio ambiente e reduzem a poluição. Ajudam também as crianças a tirar notas melhores na escola e evitam problemas digestivos, obesidade e uso de drogas.

> "Assim, quer vocês comam, bebam ou façam qualquer outra coisa, façam tudo para a glória de Deus" (1Coríntios 10.31).

Quantos de nós já pensamos que os alimentos podem curar? Essa foi a maior descoberta científica desde a teoria dos germes (todas as doenças contagiosas são causadas por micro-organismos) e dos antibióticos: os alimentos agem como remédio. São a droga mais poderosa do Planeta. Melhoram a transmissão de milhares de genes, equilibram dezenas de hormônios e otimizam dezenas de milhares de conjuntos de proteínas. Curam a maioria das doenças crônicas e funcionam mais rápido, melhor e mais barato que qualquer droga – e todos com bons efeitos colaterais.

O TAMANHO DO PREJUÍZO

Um em cada dois americanos sofre de alguma doença crônica.[1] Doenças cardíacas; diabetes; câncer; demência; doenças autoimunes; alergia; refluxo gastroesofágico; irritação intestinal; problemas neurológicos; depressão; transtorno de déficit de atenção e hiperatividade; disfunção na tireoide; problemas hormonais e menstruais; problemas dermatológicos, inclusive eczema, psoríase, acne e outros. Nosso sistema de saúde gasta quase US$ 3 trilhões por ano, e quase 80% desse valor destina-se a doenças crônicas evitáveis e reversíveis relativas ao nosso estilo de vida.[2]

Os alimentos contêm mensagens, instruções e informações que dizem ao seu corpo o que fazer a cada momento para aumentar a vitalidade ou desenvolver uma doença. Cada bocado que você ingere é uma grande oportunidade para trazer cura ou enfermidade. Os alimentos verdadeiros e integrais que vêm da terra – os alimentos criados por Deus – curam, ao passo que os alimentos

---

[1] Chronic Diseases and Health Promotion. **Centers for Disease Control and Prevention**, 13 ago. 2012. Disponível em: <http://www.cdc.gov/chronicdisease/overview/index.htm>.

[2] Chronic Diseases: The Power to Prevent, the Call to Control. **Centers for Disease Control and Prevention**, 2009. Disponível em: <http://cdc.gov/chronicdisease/resources/publications/aag/dhronic.htm>.

industrializados, produzidos em fábricas por mãos humanas, são prejudiciais.

Lamentavelmente, muitos de nós deixamos de ingerir alimentos. Comemos substâncias semelhantes a alimentos, produzidas em fábricas e industrializadas. Essa informação deveria fazer-nos parar para pensar. Devemos abastecer nosso corpo com esse tipo de comida?

ABAIXO AS COMIDAS NOCIVAS À SAÚDE

O National Institutes of Health gasta US$ 800 milhões por ano tentando descobrir a causa da obesidade.[3] Seriam os 13 quilos de batatas fritas, os 10 quilos de pizza, os 11 quilos de sorvete, os 200 litros de refrigerante, os 11 quilos de adoçantes artificiais, o 1,2 quilo de sal, os 90 mil miligramas de cafeína consumidos a cada ano pelo americano comum?[4]

Pensamos nesses alimentos como alimentos "de conveniência". Durante muito tempo, a invenção dos alimentos em vidro, enlatados e empacotados parecia uma ótima ideia no preparo de refeições convenientes e práticas. Agora, porém, descobrimos que essa conveniência produz depressão, obesidade, fadiga e o aumento expressivo de pessoas que tomam vários medicamentos para doenças causadas pelo estilo de vida, como cardiopatia, depressão e refluxo gastroesofágico. Até que ponto isso é conveniente?

A boa notícia é que existe uma vida exuberante e cheia de vitalidade ao alcance de todos nós. Na verdade, ela se encontra na nossa cozinha. É hora de voltar à cozinha e recuperar a saúde. Fomos convencidos de que comer bem é difícil, é caro e consome

---

[3] HBO Documentary Films. **The Weight of the Nation**, 2012. Disponível em: <https://theweightofthenation.hbo.com/films/bonus-shorts/obesity-research-and-the--national-institutes-of-health>.

[4] Food Consumption in America: What Are We Eating? **Visual Economics: The Credit Blog**, 2010. Disponível em: <http://creditloan.com/blog/food-consumption--in-america>.

muito tempo. Estamos aqui para dizer que saborear uma comida verdadeira, fresca e sem ingredientes artificiais é fácil, barato e, acima de tudo, delicioso.

O Plano Daniel baseia-se em um princípio muito simples: elimine as comidas nocivas e coma à vontade. A escolha é sua. Não queremos concentrar-nos no que você não pode comer (embora tenhamos a intenção de o instruir e advertir a respeito de certas substâncias alimentares). Queremos nos concentrar mais no que você pode incluir nas refeições – alimentos deliciosos e puros, com aroma delicioso, texturas agradáveis e surpresas ocultas. Nossa filosofia é esta: se o alimento desenvolveu-se em uma planta, coma-o. Se foi produzido em fábrica, deixe-o na prateleira.

Sim, nós encorajamos que você coma grandes quantidades de verduras e legumes. Nossa teoria a respeito de vegetais é esta: se você os odeia, é porque nunca os preparou corretamente. Foram enlatados, cozidos em demasia, fervidos, fritos por imersão em óleo ou altamente processados com sabor de papa. Esses alimentos definitivamente não agradam ao paladar nem são apetitosos.

> Nossa filosofia é esta: se o alimento desenvolveu-se em uma planta, coma-o. Se foi produzido em fábrica, deixe-o na prateleira.

Conforme o dr. Hyman diz: "Cozinhar é um ato revolucionário". Infelizmente, temos abdicado do ato essencial de cozinhar – o único ato que nos torna seres humanos – em favor de alimentos industrializados. Tornamo-nos consumidores de alimentos, não produtores ou preparadores de alimentos. Deixamos a procura de alimentos a cargo das empresas. Precisamos voltar a cozinhar em casa. Cozinhar é divertido, libertador e simples.

O Plano Daniel foi elaborado para eliminar a necessidade de comer determinados alimentos, satisfazer seu apetite e ensinar você a ouvir seu corpo. Talvez não acredite, mas seu corpo começará a rejeitar naturalmente a comida nociva à saúde – alimentos com alto teor de açúcar, processados e refinados – e começará a sentir o desejo de ingerir alimentos verdadeiros.

Você será convidado a comer alimentos naturais que trazem vitalidade e energia para o corpo e a mente. À medida que começar, aos poucos, a ingerir alimentos verdadeiros, puros e frescos, seu corpo reagirá automaticamente, e os sintomas crônicos desaparecerão da memória. O Plano Daniel apresenta um mundo totalmente novo de alimentos frescos: frutas e vegetais, leguminosas, grãos inteiros, frutos secos, sementes, ovos, frango, peixe, produtos magros ou de animais criados naturalmente, e especiarias. O Plano Daniel dará a você um plano claro e verdadeiro.

Estamos profundamente preocupados com nosso país obeso e enfermo, com o futuro dos nossos filhos e dos seus filhos. O melhor remédio para esse problema é algo muito simples, muito fácil, muito salutar, disponível e acessível a quase todas as pessoas: cozinhar alimentos verdadeiros e puros em casa com sua família e amigos.

ELEMENTO ESSENCIAL CONDICIONAMENTO FÍSICO

Seja franco. O que você pensa quando ouve a expressão "condicionamento físico"?

A maioria de nós entende que, para ter uma vida adequada, saudável, cheia de energia e plena, precisa se exercitar. Mas a verdade é que a maioria de nós não se exercita. De fato, mais de 70% das pessoas não fazem exercícios periódicos suficientes para manter a saúde. Não por falta de informação ou instrução. Faz anos que os médicos, os profissionais da área de condicionamento físico e as agências governamentais nos encorajam, empurram e estimulam dizendo que, para ter vida saudável e em boa forma, precisamos nos exercitar.

Da mesma forma que o alimento, o exercício apresenta resultados melhores que os medicamentos. Portanto, o que nos impede de tomá-lo em doses regulares? Sinceramente, para muitos de nós o exercício não é uma prática que agrada muito. Não se encontra na nossa lista de prioridades.

Esses sentimentos lhe parecem comuns?

"Quem tem tempo e energia para exercitar-se periodicamente?"

"Já tentei fazer exercícios físicos, mas é difícil transformá-los em rotina."

"Os exercícios físicos não são nada divertidos; dão muito trabalho!"

"Quando me exercito, só sinto dor!"

A maioria de nós admite que fazer exercícios periodicamente é difícil, porque nossa agenda está sempre lotada. E aqueles que já começaram a movimentar-se desistem depois de algumas semanas. Se você faz parte dessas estatísticas, não está sozinho – e, acima de tudo, temos boas notícias para dar.

Gostaríamos de compartilhar com você um método diferente para a boa forma física, que o ajudará a gostar dos exercícios em vez de considerá-los desagradáveis. Trata-se de um método comprovado para movimentar seu corpo e ajudar você a entender o propósito, o prazer e o plano de Deus para sua saúde e bem-estar.

Ao contrário de outros regimes apresentados em livros muito conhecidos sobre saúde e boa forma física, comerciais na TV, DVDs ou aulas em academias, o fisioterapeuta Foy mostrará como extrair o máximo da sua experiência com esse método e passar a gostar dele, para que se torne, conforme costumamos dizer, *forte como Daniel.*

ANDANDO COM PODER

Na casa dos 50 anos de idade, Patti Kaminski nunca sonhara que se tornaria fanática pela boa forma física. "Eu mal tinha força para atravessar a porta da frente da minha casa [quando pesava 50 quilos a mais do que peso hoje] para caminhar 10 quilômetros em declive todos os sábados. Uma vez por mês eu caminhava perto de 13 quilômetros." Ela chegou a contratar um *personal trainer* e adora ir à academia. "Agora meu treinador é meu companheiro de exercícios físicos e meu novo filho adotivo extraoficial. Adoro cada minuto! Tenho uma energia louca, ótima memória (muito aguçada) e mudei completamente minha perspectiva de vida."

O profeta Daniel era um homem forte. No corpo, na mente, no coração e no espírito, ele encontrou poder, propósito e força na devoção a Deus. Onde quer que estivesse e em todos os seus afazeres, ele sempre tinha um objetivo apaixonado: honrar Deus em tudo o que fazia. No conforto do palácio do rei ou na escuridão na cova dos leões, Daniel estava sempre preparado e determinado a seguir Deus com responsabilidade, devoção e força raramente vistas. Estava pronto a servir, em qualquer lugar, em qualquer situação, em extrema dificuldade e em todas as circunstâncias. Ele era Daniel, o forte. Contudo, da mesma forma que todos nós, ele não nasceu com aquela força. Ao contrário, desenvolveu-a enquanto seguia o plano e o propósito de Deus para a sua vida.

Daniel foi reconhecido desde cedo por seu potencial e escolhido, ainda jovem, para servir ao rei da Babilônia. Treinou diligentemente o físico, o intelecto, a capacidade de relacionamento e o espírito com o propósito de ser o melhor possível. Com um corpo forte, mente forte, caráter forte, e acima de tudo, fé muito forte, Daniel honrou a Deus em tudo o que fez – e você também pode fazer isso.

Outro homem forte como Daniel foi Eric Liddell, um homem homenageado e que sempre será lembrado na história das Olimpíadas por uma corrida da qual não participou. Tratava-se de uma corrida preliminar de 100 metros para classificar-se para os Jogos Olímpicos de 1924 realizados em Paris, França. Liddell era o favorito e esperava-se que ele levasse a Medalha de Ouro para seu país. Mas a corrida de classificação foi programada para um domingo, o dia em que ele considerava o Dia do Senhor. Para espanto e frustração da imprensa e do mundo, Liddell, um cristão devoto, desistiu da corrida, desejando honrar a Deus acima de todas as expectativas, ferrenha oposição e ganho pessoal.

Alguns dias depois, Liddell concentrou a atenção em uma corrida para a qual não estava suficientemente treinado, os 400 metros. Por ser uma corrida na qual participariam competidores que haviam quebrado recordes mundiais, pouco se esperava de

Liddell naquele evento. No entanto, além de vencer a corrida de 400 metros, ele também quebrou o recorde mundial da época com um tempo de 47,6 segundos, que só seria ultrapassado depois de muitos anos.

O REMÉDIO CHAMADO EXERCÍCIO

O exercício é a melhor estratégia para:

- aumentar a energia
- melhorar a força, o tônus e a resistência muscular
- deixar você mais feliz, reduzir o estresse, a ansiedade e a depressão
- olhar no espelho e sentir-se anos mais jovem
- controlar o peso e reduzir a gordura corporal
- aumentar a produtividade
- estimular a criatividade
- aguçar o foco
- proporcionar sono reparador
- aprimorar a intimidade e os relacionamentos
- fortalecer os ossos
- deixar você mais esperto
- melhorar a função imunológica
- aumentar a mobilidade das articulações
- melhorar a postura
- tratar e prevenir mais de 40 doenças crônicas

É preciso dizer mais?

Liddell é conhecido por ter afirmado: "Quando eu corro, sinto que Deus fica satisfeito". Essa frase personifica o homem, o servo e o atleta Liddell. Também engloba a verdadeira essência do significado do condicionamento físico no Plano Daniel.

Não precisamos ser atletas olímpicos – nem mesmo treinar como um deles – para entender a lição extraordinária demonstrada na vida de Eric Liddell. Ele descobriu que seu amor pela corrida, pelo treinamento e pelos exercícios não servia apenas para deixar seu corpo forte e saudável, mas também lhe dava grande satisfação e alegria e preparava-o para estar na melhor forma possível pelo resto da vida.

As principais organizações que tratam de saúde e bem-estar, como a American College of Sports Medicine, descobriram que a movimentação do corpo, mesmo que um pouco por vez em intervalos regulares, melhora não apenas a saúde física, mas também a saúde intelectual, emocional, social, financeira e espiritual.

Assim como Daniel e Eric Liddell, fomos criados para nos movimentar. Quando estamos em forma, nosso corpo, nossa mente e nossos relacionamentos trabalham melhor, e temos o potencial, a elasticidade e a força para ser tudo aquilo para o qual fomos planejados.

Seja qual for a fase em que você se encontra em relação ao condicionamento físico – mesmo que não se exercite com regularidade –, o Plano Daniel o ajudará a encontrar uma estratégia pessoal que será do seu agrado. Nós o ajudaremos a descobrir o que o motiva, para que você possa desenvolver e fortalecer o corpo que recebeu de Deus.

ELEMENTO ESSENCIAL FOCO

Você pode ter uma fé sólida, fazer escolhas saudáveis e muitos exercícios, mas continua a sabotar sua saúde. O principal sabotador? O cérebro. A saúde mental é de suma importância para a saúde em geral. Pensamentos negativos, pensamentos positivos ou falta de pensamento podem desgastar você. Dependendo do que mais desgasta sua mente, você pode fortalecer ou destruir a saúde antes mesmo de começar. Aquilo que mais atrai sua atenção dirigirá muitas outras áreas da sua vida.

Quando o cérebro trabalha corretamente, você trabalha corretamente. Quando o cérebro é saudável, sua capacidade de concentração aumenta e você toma decisões mais sábias. Há muitas distrações que competem para chamar sua atenção, por isso é importante renovar a mente e o foco no plano de Deus e nas prioridades da sua vida.

> ### MUDE DE MENTALIDADE
>
> "Finalmente, irmãos, tudo o que for verdadeiro, tudo o que for nobre, tudo o que for amável, tudo o que for de boa fama, se houver algo de excelente ou digno de louvor, pensem nessas coisas" (Filipenses 4.8). Manter o foco significa, em parte, ser capaz de ter domínio sobre a qualidade dos seus pensamentos. Os pensamentos mentem — e mentem muito. Em geral, são seus pensamentos não esquadrinhados que geram a depressão, a ansiedade, o medo e a gula que prejudicam o progresso rumo a uma saúde melhor.

Em última análise, a saúde do cérebro exerce enorme influência na qualidade das suas decisões e capacidade para manter o foco. O cérebro participa de tudo o que você faz. A neurociência moderna afirma claramente que, quando o cérebro trabalha corretamente, temos a tendência de ser mais felizes, mais saudáveis fisicamente e mais ponderados, porque tomamos decisões mais sábias. (A tomada de decisão é uma função do cérebro.)

Um paciente, lutador de artes marciais mistas (MMA),[5] consultou o dr. Amen. Imagina-se que o MMA não seja bom para o cérebro. Aquele paciente vinha lutando e competindo por mais de cinco anos e tinha problemas para manter o foco e lutava com seu temperamento e humor. Ao seguir os Elementos Essenciais do

---

[5] Sigla em inglês para Mixed Martial Arts. [N. do T.]

Plano Daniel – que incluía maior conexão com seu propósito na vida, mudança de dieta, exercícios específicos para não prejudicar o cérebro, uso de alguns suplementos simples para melhorar a função cerebral e convivência com amigos –, o paciente demonstrou um progresso notável.

Uma das partes mais importantes do Elemento Essencial Foco é conhecer sua motivação, ou por que você precisa ter saúde. Sem um entendimento claro e fundamental de motivação, é muito difícil permanecer no rumo certo nos tempos bons e nos tempos maus. Mas, assim que você entender por que se preocupa com sua saúde, por que precisa manter-se em forma, sua motivação proporcionará o estímulo necessário para manter o foco. Pergunte a você mesmo por que precisa ser mais saudável. Para viver segundo a vontade de Deus? Para ter mais saúde e clareza mental? Ou para ser um ótimo exemplo para alguém que você ama?

Todas as vezes que você pensa, seu cérebro libera elementos químicos. Pensamentos negativos, pensamentos de raiva e de desânimo produzem elementos químicos negativos que prejudicam o corpo e a mente; em contrapartida, pensamentos positivos, felizes e cheios de esperança produzem um conjunto completamente diferente de elementos químicos que o ajudam a sentir-se descontraído, feliz e no controle dos seus impulsos. Explicaremos mais adiante os vários motivos pelos quais a mente distorce a verdade. Aprender a rebater os pensamentos negativos é de suma importância para você concentrar-se na verdade da Palavra de Deus e para o ajudar a viver na íntegra a saúde mental e física que Deus deseja para você.

De modo semelhante, para disciplinar a mente de maneira que tenha pensamentos corretos e sinceros, é importante também concentrar a atenção todos os dias em tudo aquilo pelo qual você é grato. As pesquisas médicas modernas revelam que, quando você se concentra todos os dias nas bênçãos e naquilo pelo qual é grato, isso tem efeitos positivos na sua saúde física e mental. Por exemplo, o psicólogo Martin Seligman, da Universidade da

Pensilvânia, descobriu que, quando as pessoas anotam todos os dias três coisas pelas quais são gratas, dentro de três semanas o nível de felicidade delas aumenta significativamente.[6] Conforme você verá, a gratidão ajuda o cérebro a funcionar melhor.

PERDENDO MAIS QUE QUILOS

Laura, uma gerente de projetos de 53 anos de idade, lutou vários anos para perder peso. Tentou uma dieta atrás da outra, mas sem sucesso permanente. Sua decisão de aprender a concentrar-se na gratidão, corrigir tendências de pensamento negativo e aprender com os próprios erros em vez de autodestruir-se — em conjunto com os elementos fé, alimentos, condicionamento físico e amigos — fez enorme diferença para ela no decorrer do tempo. Ela perdeu quase 20 quilos em seis meses e dedicou-se a um novo modo de vida em vez de seguir uma dieta da moda.

Em geral, as tentativas de melhorar a saúde ou a vida fracassam ou terminam muito rápido porque é difícil ter força de vontade. Você sabe que sua força de vontade precisa contar com o poder de Deus, mas ela se tornará mais forte com clareza mental e autocontrole. Pense nas vezes em que você tentou evitar fazer algo que o prejudicasse, mas fracassou porque não conseguiu controlar seus impulsos. É frustrante, não? Lembre-se, portanto, da pergunta mais importante quando se trata da sua saúde: *o quê?*.

- *O que* acontecerá se eu comer isto?
- *O que* acontecerá se eu disser estas palavras impulsivas à minha esposa?

---

[6] **Authentic Happiness**. New York: The Free Press, 2002.

- *O que* acontecerá se eu permanecer acordado à noite diante do computador e não dormir o suficiente para enfrentar o dia de amanhã?

Se essas duas palavras ocuparem a parte principal da sua mente e você decidir ter bons hábitos, como dormir o suficiente e alimentar-se corretamente, haverá uma diferença dramática na sua saúde mental e física, que, por sua vez, beneficiará suas amizades e comunhão com Deus.

O fato de você ter um foco definido e mente saudável não evitará fracassos nessa jornada. O fracasso faz parte da jornada de todos nós. Mas é sua atitude em relação ao fracasso que determinará seu sucesso definitivo. O foco definido e a mente saudável o ajudarão a ter a atitude certa diante do fracasso. Estamos dizendo desde já que você terá altos e baixos na jornada para ter vida mais saudável. Haverá sucessos e reveses.

Não se sinta derrotado nem desnorteado pelo fracasso. Na verdade, o fracasso aumenta suas possibilidades de sucesso definitivo. O Plano Daniel o encorajará a transformar os dias maus em boas informações e a analisar seus fracassos. Aprender com os próprios erros ajuda a evitar que eles ocorram no futuro.

Um dos exercícios favoritos do dr. Amen para ajudar as pessoas a ter boa saúde e mantê-la durante a vida chama-se Bifurcação na Estrada.

Imagine uma placa de bifurcação na estrada:

À esquerda, imagine um futuro de sofrimento. Se você não cuidar do cérebro e do corpo e continuar a fazer o que sempre tem feito, como será sua vida daqui a um ano... cinco anos... dez anos? Imagine seu corpo continuando a envelhecer e todas as consequências... confusão mental, cansaço, depressão, perda de memória e doença física.

À direita, imagine um futuro com saúde. Se você cuidar do corpo, que é uma dádiva de Deus, e seguir o Plano Daniel, como será sua vida daqui a quarenta dias, um ano... cinco anos... dez anos? Imagine seu corpo e espírito ficando cada vez mais saudáveis e todas as consequências... clareza mental, mais energia, bom humor, boa memória, um corpo esguio e saudável, pele mais saudável e cérebro mais saudável.

Se potencializar sua saúde mental, você potencializará todos os outros esforços para ter uma vida mais saudável.

ELEMENTO ESSENCIAL AMIGOS

Não é a primeira vez que muitos de vocês tentam manter a saúde sob controle. O tempero secreto – os amigos – mistura tudo isso.

Quando o assunto é saúde, *todos* necessitam de um *parceiro*. Afinal, Deus criou o Universo de tal forma que precisamos uns dos outros. O Novo Testamento usa repetidas vezes a expressão "uns aos outros". Amem uns aos outros, animem uns aos outros, sirvam uns aos outros, apoiem uns aos outros. O verbo "apoiar" significa literalmente aumentar o potencial um do outro.

Não é isso que você gostaria de ter? Saiba que já tem. Talvez tenha um círculo de orações para apoiar sua jornada espiritual. Talvez se reúna com os amigos para preparar uma refeição na qual todos sintam alegria em colaborar. Talvez você faça parte de um grupo de pais no qual todos têm a oportunidade de falar sobre os problemas diários a respeito da educação dos filhos. Tem amigos que o apoiam.

Imagine agora como seria sua jornada rumo a uma vida saudável se você não vivesse em comunidade. Uma pesquisa mostra que as pessoas que se reúnem para ter vida saudável perdem o dobro de peso das que fazem isso sozinhas.[7] Esse sucesso aumenta dramaticamente quando você se junta a outras pessoas, recebendo incentivo constante para permanecer concentrado e motivado em relação a seus objetivos.

---

[7] The Two-Month Curse: Don't Let January Workout Resolutions Fade. **Inside IU Bloomington**, 7 fev. 2013. Disponível em: <http://inside.iub.edu/editors-picks/health-wellness/2013 – 02 – 07-iniub-health-workout.shtml>.
WILLIAMS, Laines. Fitness for Life. **Time Inc.**, 2006. Disponível em: <http://timeinc.net/web/partners/pb/fitness_for_life.html>.

Os amigos e a fé destacam o Plano Daniel como um modo de vida viável e sustentável. Os livros sobre dieta e nutrição poderão fornecer instruções práticas, mas somente o apoio de um grupo poderá melhorar os resultados e mantê-los.

O rei Salomão, o homem mais sábio do mundo, sabia disto: "É melhor ter companhia do que estar sozinho" (Eclesiastes 4.9).

O profeta Daniel entendeu também esse princípio. Ele não assumiu sozinho seu compromisso com Deus de fazer escolhas saudáveis e seguir o caminho certo. Fez isso com três amigos. Os quatro – juntos – foram muito mais fortes que qualquer um deles sozinho.

> Aprenda outras sugestões práticas sobre como ter boa saúde por intermédio dos cinco Elementos Essenciais.

Deus nunca desejou que você caminhasse sozinho por esta vida, e isso inclui sua jornada para ter boa saúde. Procure algumas pessoas para participar do Plano Daniel com você – escolha um grupo de vizinhos, convide os pais dos amigos dos seus filhos, organize um grupo no escritório, inscreva-se para participar de um pequeno grupo na igreja ou reúna sua família. A convivência social é muito importante. Quando você está cercado de pessoas que têm os mesmos valores, os mesmos objetivos e os mesmos hábitos saudáveis, o progresso é maior do que quando se esforça sozinho.

Por exemplo, quando está enfrentando uma situação difícil, a quem você recorre? Aos amigos ou à família, aqueles que você conhece melhor, aqueles que vão orar por você. Essas pessoas se apresentarão para o apoiar, acompanhar e ajudar. Os amigos inspiram e motivam.

Talvez você não sinta vontade de comer alimentos saudáveis hoje, mas, se o amigo com quem for almoçar pedir uma entrada composta de ingredientes bons para a saúde, você sentirá o impulso de fazer o mesmo. Se não estiver disposto a meditar na Palavra de Deus, mas for à igreja ou reunir-se com um pequeno grupo esta noite, eles o conduzirão à presença de Deus. As aulas de condicionamento físico e as atividades em grupo são muito populares, graças a esse senso de comunidade. Elas proporcionam motivação para mudanças de longo prazo.

Deus promete estar com você quando houver um grupo de amigos fiéis. Jesus Cristo fez uma promessa incrível a esse respeito: " 'Pois onde se reunirem dois ou três em meu nome, ali eu estou no meio deles' " (Mateus 18.20).

Um grupo de amigos servirá para mantê-lo no caminho certo para a corrida que Deus planejou para você. E você fará o mesmo pelos outros. Este é o segredo do Plano Daniel: inclua amigos em cada Elemento Essencial, e você verá a grande distância que será capaz de percorrer. Vamos participar dessa corrida juntos.

REFLITA E DÊ O PRIMEIRO PASSO...

Chegou a hora de você avaliar onde está. Cada um de nós tem um ponto de partida diferente; portanto aja de acordo com seu modo de ser. Como está sua saúde no geral? Que mudanças você deve fazer primeiro? Comece fazendo anotações sobre onde você se encontra nos cinco Elementos Essenciais que acabou de ler. Nos quarenta dias seguintes, faça um acompanhamento para ver como suas escolhas e mudanças começaram a restaurar seu corpo e sua mente. Estaremos aqui, a seu lado, para que tenha uma vida mais saudável.

Capítulo 3

FÉ

Tudo posso naquele que me fortalece.
Filipenses 4.13

Antes de começar a fazer mudanças para ter uma vida saudável, primeiro você precisa acreditar que essas mudanças são possíveis.

E, mais importante ainda, se você deseja a ajuda de Deus, precisa confiar nele para receber dele poder para mudar. Jesus disse: " 'Que lhes seja feito segundo a fé que vocês têm!' " (Mateus 9.29).

Damos a isso o nome de Elemento Essencial Fé, e essa é uma das diferenças fundamentais entre o Plano Daniel e outros métodos para ter uma saúde melhor. Se você não confia em Deus para o ajudar a ser uma pessoa saudável, só resta depender da força de vontade – e você sabe por experiência que, em geral, a força de vontade não dura muito tempo. Ficará cansado de fazer o que é certo e desanimará.

A Bíblia diz: "E não nos cansemos de fazer o bem, pois no tempo próprio colheremos, se não desanimarmos" (Gálatas 6.9). Onde, porém, você encontrará a força para prosseguir? Em Deus, se pedir a ele que o capacite e confiar nele momento após momento.

Deus é capaz de promover mudanças na sua vida que você nunca chegou a imaginar. Ele é especialista em transformações.

"Vocês sabem muito bem que Deus pode fazer qualquer coisa, muito mais do que poderiam imaginar ou pedir nos seus sonhos!" (Efésios 3.20, *A Mensagem*). Esse é o poder que você não encontra em nenhum outro lugar.

Centenas de livros de autoajuda são publicados a cada ano. Muitos apresentam conselhos excelentes, porém a maioria não menciona o ingrediente mais importante: explicar onde você encontra o poder para mudar. Eles dizem o que você deve fazer, mas não fornecem o poder. Isso é frustrante.

Por exemplo, você já tentou abandonar a cafeína ou o açúcar? Pode ter conseguido durante alguns dias ou semanas, mas o estresse instala-se e você acaba precisando de uma dose. Antes que perceba, você já tomou duas xícaras por dia de café expresso coberto com espuma de leite durante uma semana. Ou já tentou perdoar alguém que nunca admitiu que o prejudicou? Você decide perdoar e sente-se em paz por algum tempo. De repente, algo aciona sua memória, a mágoa e a raiva retornam e você pensa: *Jamais poderei perdoar aquela pessoa*. Você está certo. Não pode fazer isso sem a ajuda de Deus.

O **PODER** DE DEUS

PROVÉRBIOS 16.9 DIZ: "O homem faz seus planos, mas o Eterno é quem possibilita que sejam realizados" (*A Mensagem*). Fracassamos em todas as nossas boas intenções porque deixamos de depender de Deus. Quantas vezes você começou um novo ano com uma nova intenção, um novo desejo ou uma nova dieta, e depois de algumas semanas voltou ao ponto de partida? Você precisa ter força de vontade, mas também precisa mais que isso para uma mudança permanente. Deus diz: " 'Não por força nem por violência, mas pelo meu Espírito' " (Zacarias 4.6).

> Jesus [disse]: "Para o homem é impossível, mas para Deus todas as coisas são possíveis." (Mateus 19.26)

Pense nisto: Que mudanças positivas poderiam ocorrer na sua vida se você confiasse no poder ilimitado de Deus em vez de confiar na sua força de vontade limitada? O Elemento Essencial Fé no Plano Daniel significam que você não conseguirá isso por conta própria. Deus o ajudará se você confiar nele para receber capacidade e poder a fim de mudar o que você deseja mudar. Eu explico isso detalhadamente em *Uma vida com propósitos*:

> Somente o Espírito Santo tem o poder de realizar as transformações que Deus deseja para nossa vida. [...] Nós permitimos que Cristo viva *através* de nós [...]. Pelas escolhas que fazemos. Nós escolhemos fazer a coisa certa nas diversas situações da nossa vida e confiamos no Espírito Santo de Deus para nos dar força, amor, fé e sabedoria para fazê-la. Uma vez que o Espírito de Deus vive dentro de nós, essas coisas estão sempre à disposição quando pedidas.[1]

---

[1] **WARREN**, Rick. São Paulo: Vida, 2003, 2013.

Deus o entende melhor do que você se entende. Deus sabe o que impulsiona você – sabe o que dá energia a você, o que o deixa cansado, o que o aborrece e o que faz você agir da melhor maneira possível. Eu pergunto: não faz sentido confiar nele para que o ajude?

Deus esteve presente em todos os momentos da sua vida. Viu você ser formado no ventre da sua mãe e ouviu sua primeira respiração. Isso significa que ele cuida de cada detalhe seu, inclusive da sua saúde. Então por que você tenta ter uma vida saudável – algo que Deus deseja claramente – sem confiar nele?

A verdade é que você nunca terá ótima saúde sem prestar atenção às dimensões espirituais da sua vida. Você tem um corpo, porém é muito mais que um corpo. Cada área da sua vida exerce influência em todas as outras áreas. Por exemplo, é difícil ter espírito forte e a mente alerta quando você está estressado emocionalmente ou fatigado fisicamente. Se estiver fraco ou doente emocional ou fisicamente, seu corpo não poderá funcionar com perfeição. O Plano Daniel gira em torno da sua saúde total, não apenas da sua boa forma física. Por esse motivo, para começar, precisamos saber como é o seu relacionamento com Deus – o Criador que o formou no ventre da sua mãe sabe como seu corpo deve funcionar e tem o poder de o ajudar a fazer as mudanças que você deseja ver.

VOCÊ PRECISA DE DEUS PARA MUDAR

Sem o poder de Deus na sua vida, você está apenas gastando energia. Deus nunca desejou que você fizesse isso. É como ter um *notebook* desligado da tomada; com o tempo, a bateria descarrega e o computador para de funcionar. Por que viver assim se Deus o criou para ser muito mais?

Se você se sentir cansaço o tempo todo, pode ser que esteja tentando resolver todos os problemas, cumprir com as responsabilidades e fazer todas as mudanças sem a ajuda de ninguém. Uma pista para descobrir por que isso está acontecendo é quando você mais se preocupa do que ora.

Pense desta maneira: Você tem uma pequena bateria no seu interior com uma quantidade limitada de energia. Quando ela descarrega, você para de funcionar. Ao mesmo tempo,

DEUS TIROU-ME DO SOFÁ

"No fim de semana em que falou sobre a necessidade de ter uma vida saudável para executar o plano de Deus para a vida, o pastor Rick lançou um desafio àqueles que estavam carregando alguns quilos a mais: que anotassem quantos quilos queriam perder até o Natal e deixassem um cartão em um cesto. Escrevi 11 quilos, na esperança de conseguir até aquele prazo. Aos 36 anos de idade, eu pesava 130 quilos e provavelmente teria todos os problemas de saúde de uma pessoa obesa.

"Eu não sabia nada a respeito da jornada à qual Deus me estava conduzindo. Não senti nada diferente. Não ouvi Deus falar comigo. Apenas coloquei um cartão no cesto. Deus sabia o que eu estava fazendo. Ele acabara de inscrever-me no Plano Daniel 1.0, como costumo dizer. Quando acordei na manhã seguinte, Deus havia levado toda a minha força física. Não exercitava havia anos. Naquele dia, comecei devagar, fazendo uma caminhada. Naquele dia, comecei a ver os alimentos de forma diferente. Minha batalha de longa data com o peso mudou naquele dia porque Deus assumiu o controle e mudou o meu coração. Neste momento, estou com 31 quilos a menos que seis meses atrás.

"Deus tirou-me do sofá seis meses trás, e o crédito será todo dele quando eu cruzar a linha de chegada da Ironman Arizona.[2] Nadei, pedalei e corri quase 32 mil quilômetros nos últimos seis anos. Durante esse tempo, proferi muitas orações de gratidão por Deus ter me concedido a capacidade e o desejo de estar em boa forma física. Não conheço modo melhor de adorar a Deus do que estar ao ar livre apreciando sua criação e fazendo aquilo para o qual ele me criou."

JOEL GUERRA

---

[2] Modalidade de triatlo de longas distâncias compreendendo aproximadamente 3,8 km de natação, 180 km de ciclismo e 42,195 km de corrida. Disponível em: <pt.wikipedia.org/Ironman_Triathlon>. [N. do T.]

Deus oferece a você acesso à sua usina elétrica de potência ilimitada. Você só precisa conectar-se a ela... com o fio da oração.

Pare de tentar e comece a confiar. O segredo de uma vida de fé não está em tentar com mais empenho. Não está em preparar-se para uma situação difícil, mas em descansar na graça de Deus, de modo que ele possa agir livremente por meio de você. Filipenses 2.12,13 diz: "Vivam a salvação, mantendo a reverência e a sensibilidade para com Deus. Essa força vem de Deus, um poder interior, um trabalho do próprio Deus em vocês, que resultará no prazer dele" (*A Mensagem*).

Mais adiante, no mesmo livro, Paulo diz: "Tudo posso naquele que me fortalece" (Filipenses 4.13). O texto diz "*tudo* posso". Isso inclui eliminar os maus hábitos e desenvolver hábitos saudáveis.

Viver pela fé significa que você está tentando fazer algo que não consegue fazer sozinho. Tudo o que você pode fazer com esforço próprio evidentemente não exige fé. Mas nas áreas da sua vida que parecem imutáveis – os problemas difíceis demais de ser tratados, as áreas persistentes de fracasso, os maus hábitos que teimam em não reagir à força de vontade –, essas coisas exigem um poder maior que aquele que você possui. Pergunte a alguém que se recuperou de uma dependência química por meio do programa Celebrando a Recuperação.[3]

Talvez você tenha tido tantos fracassos ao tentar mudar a maneira pela qual se alimenta e se exercita, pensa ou age, que a possibilidade de uma mudança duradoura pareça ser um objetivo inatingível. Bom, vou ser sincero com você. Provavelmente será – a não ser que você se mantenha conectado ao poder de Deus. Aquilo que é impossível do ponto de vista humano é fácil para Deus. Com Deus, a impossibilidade de hoje é o milagre de amanhã. Você está pronto para presenciar um?

A Bíblia diz: "Sem fé é impossível agradar a Deus" (Hebreus 11.6). É preciso ter fé para ter e manter a saúde total que Deus

---

[3] No Brasil, é desenvolvido pelo ministério Propósitos. Para obter mais informações, acesse: http://propositos.com.br.

deseja para você. Mas, antes de tudo, você precisa admitir que não tem poder suficiente para conseguir isso sozinho. As pessoas de fé são aquelas que admitem não possuir esse poder. A jornada começa com humildade. Você já deu o primeiro passo?

Para algumas pessoas, só depois de anos de frustrações e fracassos é que elas admitem que a força de vontade sozinha não funciona quando as mudanças são muito profundas. Precisamos de um salvador e de um gerente (ou "Senhor") da nossa vida. Felizmente, Deus veio ao mundo na pessoa de Jesus para realizar essa função para nós. É por isso que o Natal é a maior comemoração do Planeta. Se não necessitássemos de um Salvador, Deus não teria perdido tempo e energia para enviá-lo há dois mil anos.

O AMOR POR DETRÁS DO PODER

Para entender realmente o poder de Deus, é preciso conhecer o amor que ele sente por você e acreditar nesse amor. Deus o ama tanto que concede seu poder gratuitamente para operar na sua vida. Deus provou seu amor ao enviar Jesus para morrer na cruz *por você*, antes mesmo que você conhecesse a importância disso. Qual é o tamanho do amor de Deus por você?

Efésios 3.17-19 diz:

> [Oro] para que Cristo habite no coração de vocês mediante a fé; e oro para que, estando arraigados e alicerçados em amor, vocês possam, juntamente com todos os santos, compreender a largura, o comprimento, a altura e a profundidade, e conhecer o amor de Cristo que excede todo conhecimento, para que vocês sejam cheios de toda a plenitude de Deus.

Esse versículo revela que o amor de Deus por nós é muito maior do que a mente é capaz de abranger. É tetradimensional:

O amor de Deus é largo o suficiente para estar em toda parte. Não existe nenhum lugar neste planeta onde Deus não esteja presente. Não existe nenhum lugar no Universo onde o amor de Deus termine. Você passará por muitas experiências na vida que o deixarão triste, desanimado ou abandonado. Mas você não está sozinho. Não há nem haverá nenhum momento na sua vida no qual Deus não esteja prestando atenção em você.

> ### O PODER DA FÉ
>
> Kalei Kekuna sempre lutou com a imagem do próprio corpo e queria estar consciente disso. Lutou durante anos com uma disfunção alimentar. Quando ela se deu conta do poder e amor de Deus por meio do Plano Daniel, seu foco mudou. "Aprendi que Deus me ama do jeito que eu sou, incondicionalmente. Não se trata necessariamente de perder peso ou ter determinada aparência. Trata-se mais de fazer escolhas saudáveis que me ajudem a seguir o plano de Deus para mim.
>
> "Digo todas as manhãs ao acordar: 'Deus, preciso da tua ajuda. Peço que estejas comigo durante todo este dia para que eu faça escolhas saudáveis e decida ir à academia em vez de ficar sentada no sofá, e opte por uma salada saudável em vez de comer um doce'. Passei por uma enorme transformação só em pensar que ele está comigo o tempo todo, ajudando-me a atravessar o dia."

O amor de Deus é vasto o suficiente para durar eternamente. O amor humano, em geral, murcha e morre, porque é condicional. As pessoas dizem: "Eu o amarei se..." ou "Eu o amo porque...", mas, quando as circunstâncias mudam, o amor desaparece. O amor de Deus, porém, é incondicional, por isso ele nunca, nunca deixará de amar você. Você não pode forçar Deus a parar de o amar, porque o amor de Deus se baseia em quem ele é, não no que você faz. O amor de Deus baseia-se no caráter dele, não na sua conduta. Isso não significa que Deus aprova ou aceita tudo o que você faz. Não é verdade. Mas seu pecado não impede Deus de amar você. É nessa graça incondicional de Deus, não na aprovação condicional, que o Plano Daniel se baseia.

O amor de Deus é profundo o suficiente para cuidar de tudo. Você pode confiar no amor de Deus, não importa o que tenha sofrido no passado, que problemas esteja atravessando neste momento ou que sofrimento enfrentará no futuro. Há dias em que você sente que chegou ao fundo do poço e possivelmente não conseguirá afundar mais. Bom, abaixo do fundo do poço existe o alicerce rochoso do amor de Deus. Nada é mais profundo que seu amor por você.

O amor de Deus é alto o suficiente para enxergar acima dos meus pecados. Jesus disse: " 'não vim para julgar o mundo, mas para salvá-lo' " (João 12.47). Você já aceitou seu perdão e salvação pela fé? É nesse ponto que o Elemento Essencial Fé começa. Você não pode ter o poder de Deus na sua vida se não tem Jesus. Tudo começa com um relacionamento. Não com regras. Não com regulamentos. Não com rituais. Não com religião. Tudo gira em torno de um relacionamento com Deus por meio de seu Filho, Jesus.

As leis e os mandamentos de Deus mostram nossa incapacidade de agir corretamente sem sua graça e seu poder em nós:

> Seu propósito foi mostrar que não tínhamos um relacionamento de verdade com Deus, ou seja, mostrar como é absurdo esperar que um sistema religioso consiga sozinho o que só é possível, com fé, pelo cumprimento da promessa de Deus. Pois, se observar regras pudesse trazer vida para nós, nós já a teríamos obtido (Gálatas 3.21,22, *A Mensagem*).

Resoluções e regras não são suficientes para mudar o coração humano. Por exemplo, o governo pode criar uma lei que proíba o racismo, mas nenhuma lei transformará um racista em uma pessoa bondosa e amorosa. Esse tipo de transformação no coração requer o amor de Deus agindo dentro dele.

A mudança saudável começa no coração. Se você ainda não abriu o coração para o amor de Deus, eu insisto que faça isso agora, antes de ler o capítulo seguinte. É a escolha mais saudável que você fará na vida. Quando convidar Jesus para ser o Salvador e Senhor (gerente) da sua vida, seu passado será perdoado, você terá um novo propósito para viver e um lar no céu. Além disso, estará ligado ao poder de Deus para mudar sua vida.

> A Bíblia promete: "Oro também para que [...] vocês conheçam [...] a incomparável grandeza do seu poder para conosco, os que cremos [...]. Esse poder ele exerceu em Cristo, ressuscitando-o dos mortos..." (Efésios 1.18-20).

Esta é uma oração que eu gostaria que você repetisse. As palavras não são tão importantes quanto a atitude do seu coração. Se você estiver em um lugar onde possa ler a oração em voz alta, eu o encorajo a fazer isso. Caso contrário, leia-a em silêncio:

> Amado Deus, obrigado porque me criaste e me amaste para que eu tivesse um relacionamento contigo. Obrigado por entenderes a frustração que sinto quando deixo de mudar as coisas em mim que necessitam ser mudadas. Entendo que sem tua ajuda não tenho nenhum poder para mudar meus hábitos, minhas mágoas e minhas paixões. Necessito de um Salvador, e te agradeço porque enviaste Jesus para morrer na cruz por mim.
>
> Jesus, necessito da tua presença, do teu poder e do teu propósito na minha vida. Quero abandonar meus planos e seguir os teus, deixar de depender do meu poder e passar a depender do teu. De agora em diante, quero que sejas o Senhor e o gerente da minha vida. Pela fé, peço-te humildemente que perdoes os meus pecados e as minhas imperfeições e me ajudes a ser a pessoa que planejaste para mim. Pelo resto da minha vida, quero conhecer-te melhor, para que eu possa confiar mais em ti. Faço esta oração em teu nome. Amém.

COMO O PODER DE DEUS ATUA

Filipenses 2.12,13 (*Almeida Revista e Atualizada*) explica que a mudança e o crescimento espiritual permanentes resultam da nossa cooperação com Deus. Não podemos fazer isso sozinhos, porém ele não o fará sem nossa cooperação. Deus fornece os recursos e o poder para a mudança, mas precisamos fazer escolhas para desenvolver essas coisas na nossa vida. Em outras palavras: "Continue a desenvolver a sua salvação com temor e tremor, pois é Deus quem efetua em você tanto o querer quanto o realizar, de acordo com a boa vontade dele".

Observe as duas palavras: "desenvolver" e "efetuar". Somos ordenados a *desenvolver* a salvação enquanto Deus *efetua* em nós tanto o querer quanto o realizar! Essa é a cooperação necessária para a mudança. O que significa desenvolver a salvação? Bom, não significa "esforçar-se PARA" conquistar a salvação, porque a salvação não pode ser conquistada. "Pois vocês são salvos pela graça, por meio da fé, e isto não vem de vocês, é dom de Deus; não por obras, para que ninguém se glorie" (Efésios 2.8,9).

Quando você faz um exercício físico, desenvolve os músculos que Deus já deu a você. Nesses versículos, a Bíblia fala de um exercício espiritual – não para ganhar ou conquistar a salvação, mas para expandir e desenvolver a nova vida que Deus concedeu. Portanto, no seu desenvolvimento e mudança, Deus tem uma participação e você tem outra. Você se exercita, e Deus faz uma parte e você faz a outra. Você desenvolve, e Deus efetua!

Primeiro vamos analisar o lado de Deus da equação (o que ele efetua) e depois analisaremos o nosso lado da equação (o que nós desenvolvemos).

1. Deus usa sua Palavra para realizar uma mudança em nós. A primeira ferramenta que Deus usa para nos mudar é a Bíblia. Ele nos ensina, por meio da Escritura, como viver e mudar. Lemos em 2Timóteo 3.16,17: "Toda a Escritura é inspirada por Deus e útil para o ensino, para a repreensão, para a correção e para a instrução na justiça, para que o homem de Deus seja apto e plenamente preparado para toda boa obra". Outra forma de dizer isso é que a Palavra de Deus nos mostra: 1) o caminho no qual devemos andar, 2) quando nos desviamos do caminho, 3) como retornar ao caminho e 4) como permanecer no caminho certo.

Se você está pensando sério em mudar sua vida de uma forma significativa, precisa mergulhar na Bíblia. Precisa lê-la, estudá-la, memorizá-la, meditar nela e pô-la em prática. Jesus disse: " 'E conhecerão a verdade, e a verdade os libertará' " (João 8.32). Às vezes sentimo-nos angustiados quando passamos a conhecer a verdade a respeito de nós — porque queremos negá-la, mas, em última análise, a verdade é libertadora.

> "A fé vem por se ouvir a mensagem, e a mensagem é ouvida mediante a palavra de Cristo" (Romanos 10.17).

O primeiro elemento do Plano Daniel é a fé e, para desenvolver a fé, você precisa encher a mente com a verdade da Palavra de Deus.

2. Deus usa o Espírito Santo para realizar mudanças em nós. O segundo recurso que Deus usa para nos mudar é seu Espírito habitando em nós. Ele não se limita a nos dar conselhos de longe. Quando nos comprometemos com Cristo, o Espírito Santo entra na nossa vida para nos capacitar e dirigir (v. Romanos 8.9-11). O Espírito de Deus dá-nos a força para agir corretamente. Lemos em 2Coríntios 3.18: "[...] segundo a sua imagem estamos sendo transformados com glória cada vez maior, a qual vem do Senhor, que é o Espírito".

Observe que o objetivo de Deus em todas as mudanças que realizamos é que nos tornemos cada vez mais semelhantes a Cristo. O propósito número um de Deus na nossa vida é tornar-nos semelhantes a Jesus Cristo. O Espírito de Deus usa a Palavra de Deus para tornar o filho de Deus semelhante ao Filho de Deus. E como Jesus é? Na sua vida terrena, ele pôs em prática os nove frutos do Espírito relacionados em Gálatas 5.22,23: amor, alegria, paz, paciência, amabilidade, bondade, fidelidade, mansidão e domínio próprio.

3. Deus usa as circunstâncias para realizar mudanças em nós. A maneira ideal de Deus nos mudar é por meio da Bíblia, para que aprendamos como devemos viver, e também por meio de seu Espírito que habita e nós e nos capacita a fazer isso.

Infelizmente, somos muito teimosos, e não mudamos com facilidade nem com rapidez. Os maus hábitos permanecem arraigados em nós, por isso Deus usa uma terceira ferramenta para trabalhar em nós: as circunstâncias! As circunstâncias referem-se aos problemas e pressões, dores de cabeça e tempos adversos, dificuldades e estresse que todos nós enfrentamos.

Os problemas sempre nos chamam a atenção, e, quanto mais dolorosos, mais lhes damos atenção. C. S. Lewis comentou que Deus sussurra para nós nos momentos de alegria, mas grita conosco no sofrimento. Em geral, é necessária uma situação dolorosa para nos chamar a atenção. Todos conhecemos a verdade de Provérbios 20.30:

> Os golpes e os ferimentos
>   eliminam o mal;
>   os açoites limpam as
>   profundezas do ser.

A verdade é que não somos mais propensos a mudar porque sentimos o calor, não porque vemos a luz! As pessoas raramente mudam, a não ser que o sofrimento ultrapasse o medo da mudança.

É interessante notar como Deus usa as circunstâncias. A origem das circunstâncias não faz nenhuma diferença para ele. Na maioria das vezes criamos problemas para nós por causa das nossas decisões erradas, escolhas malfeitas, maus julgamentos e pecados. Outras vezes, nossos problemas são causados pelas pessoas. Às vezes é o Diabo que nos causa sofrimento, conforme ele fez com um homem da Bíblia chamado Jó. Deus, porém, diz que a origem da circunstância é irrelevante. Deus ainda usa a circunstância para o nosso bem e crescimento, se cooperarmos com ele.

Em Romanos 8.28,29 há uma das mais extraordinárias promessas da Bíblia: "Sabemos que Deus age em todas as coisas para o bem daqueles que o amam, dos que foram chamados de acordo com o seu propósito. Pois aqueles que de antemão conheceu, também os predestinou para serem conformes à imagem de seu Filho, a fim de que ele seja o primogênito entre muitos irmãos".

> ### A LIÇÃO DO SAPATO
>
> "Eu uso sapatos para meu conforto, não por causa da moda, e assim que os calço e me sinto confortável, detesto ter de abandoná-los. Alguns anos atrás, tive um par de sapatos que usei todos os dias durante um ano. Finalmente começaram a apresentar alguns furos na sola, mas eram tão confortáveis que continuei a usá-los. Não podia cruzar as pernas quando me sentava em uma plataforma, para que a congregação não visse os furos! Eu sabia que precisava comprar sapatos novos, mas continuei a adiar a compra. Foi então que choveu durante uma semana inteira. Depois de quatro dias de meias encharcadas, senti motivação para comprar sapatos novos.
>
> "O primeiro passo para mudar costuma ser desconfortável!"
>
> PASTOR WAYNE

Deus promete encaixar tudo – até seus contratempos, recaídas e fracassos – no plano e propósito que ele tem para sua vida. Deus adora transformar pedras de tropeço em degraus acessíveis e crucificações em ressurreições.

Portanto, ele mostra a você como mudar por meio da verdade na Bíblia. A partir daí, o Espírito no seu interior dá a você força para mudar. Mas, se você não fizer caso disso, Deus usará alegremente as circunstâncias para chamar sua atenção. Deus o ama da maneira que você é, mas o ama muito para permitir que você permaneça no caminho errado, e usa o que for necessário para ajudar você a alcançar a maturidade espiritual.

NOSSA PARTE NA MUDANÇA

SE A RESPONSABILIDADE DE DEUS é conceder a você a verdade capaz de transformar vidas, o poder do Espírito Santo e as experiências pessoais para o ajudar a mudar e a crescer espiritualmente, qual é então sua responsabilidade para promover uma mudança na sua vida? Você precisa criar três hábitos espirituais que intensificarão sua fé e desenvolverão sua força espiritual.

ESCOLHA ENCHER A MENTE COM A PALAVRA DE DEUS TODOS OS DIAS

Mudar é uma questão de escolha. Não podemos ficar sentados passivamente sem fazer nada e esperar que a vida melhore. Precisamos fazer escolhas saudáveis para usar os recursos que Deus nos dá, e a primeira atitude saudável é escolher com muito cuidado aquilo em que nós pensamos.

O povo costuma dizer: "Você não é aquilo que pensa ser; mas aquilo em que você pensa, esse sim, é você!". Entendeu? Se deseja mudar de vida, precisa antes de tudo mudar sua forma de pensar – sua ideia a respeito de Deus, a respeito de você mesmo, a respeito da vida, a respeito dos alimentos, a respeito da sua saúde e a respeito de tudo o mais. A mudança sempre começa com um novo pensamento. Precisamos mudar as tendências da nossa mente. (Examinaremos o assunto mais detalhadamente no capítulo 6 sobre Foco.)

A palavra bíblica para mudança pessoal é "arrependimento". A maioria das pessoas está redondamente enganada a respeito dessa palavra. A noção comum de arrependimento é: "Pare de pecar! Pare de fazer o que é errado!". Mas, na verdade, a palavra significa *mudar a mente*. Deriva da palavra grega *metanoia*, que significa mudar a perspectiva, pensar de modo diferente, dar uma guinada mental.[4] Evidentemente, se você mudar a mente, seu

---

[4] μετάνοια, ας, ή (metanoia). **Strong's Concordance**, 3341. Disponível em: <http://biblesuite.com/greek/3341.htm>.

comportamento acompanhará a mudança, mas o arrependimento começa na mente, não nas ações.

Decidir mudar a perspectiva e aquilo que você pensa é sua primeira responsabilidade para ter uma vida saudável. A Bíblia ensina que seu modo de pensar determina seu modo de sentir, e seu modo de pensar determina seu modo de agir. Se quiser mudar um comportamento, precisa começar a desafiar sua perspectiva negativa sobre aquele assunto. Por exemplo, se você tem dificuldade em controlar a raiva, não comece com as ações; ao contrário, comece identificando e mudando os pensamentos que incitam à raiva. Romanos 12.2 diz que somos transformados pela renovação da nossa mente. Não somos transformados pelo simples desejo de mudar, mas pelo arrependimento – ver tudo pela perspectiva de Deus.

> ### O COMEÇO DA MINHA MUDANÇA
>
> "Quando me arrependi e aceitei o dom de Deus da salvação pela graça, mudei minha perspectiva sobre muitas coisas. Comecei a pensar de modo diferente a respeito de Deus, do bem e do mal, do meu passado, do meu presente, do meu futuro, dos meus relacionamentos, do meu dinheiro, do meu tempo, do sexo, do trabalho, do divertimento e de tudo o mais.
>
> "Quando você se arrepende de verdade, vê tudo de modo diferente. A nova perspectiva muda seus valores. O apóstolo Paulo disse: 'Mas o que para mim era lucro, passei a considerar como perda, por causa de Cristo' (Filipenses 3.7)."
>
> PASTOR WARREN

Imagine que você tenha um barco de corrida com o piloto automático programado para atravessar um lago em direção leste e, de repente, você decide seguir na direção oeste, a direção exatamente oposta. O que faria?

Você tem duas opções: a mais difícil seria agarrar o timão e forçar o barco a seguir na direção oposta à programada. Ao tentar desviar o rumo, você poderá forçar o barco a dar uma guinada de 180°. Enquanto você segurar firme o timão, o barco seguirá na nova direção. Mas você sentirá o tempo inteiro a tensão nos braços e no corpo por estar forçando o piloto automático a seguir contra a direção programada. Você se sentirá tenso e nervoso e logo ficará cansado e soltará o timão. A essa altura, o piloto automático do barco voltará imediatamente a seguir na direção leste.

A maneira mais simples e fácil de mudar a direção do barco é mudar o piloto automático. Aí ele seguirá naturalmente na direção que você deseja.

De modo semelhante, é por isso que as dietas, os planos para deixar de fumar e outros esforços de autoajuda com base na força de vontade falham. O tempo inteiro em que você se força a mudar, fica sob tensão porque o modo antigo de pensar diz inconscientemente que você deve continuar a fazer o que sempre fez. Estamos cansados de fazer o que achamos ser "anormal" e logo abandonamos os exercícios físicos, ou voltamos a fumar, ou aos maus hábitos e maneiras destrutivas de nos relacionar com os outros. Somos vítimas do nosso piloto automático, que foi programado para ser repetido.

Seu piloto automático é a coleção de pensamentos e ideias na sua mente que você considera verdadeiros a respeito de você mesmo e daquilo que parece natural. Complete esta frase dez vezes, e você terá uma boa ideia de como é seu piloto automático: "É como se eu...".

> O que eu penso determina como me sinto.
> O que eu sinto determina como ajo.

A boa notícia é que Deus pode mudar seu piloto automático mensal muito mais rápido que você. Ele é especialista em proporcionar um novo modo de pensar. Esse novo modo de pensar mudará a maneira de você se sentir, que, por sua vez, mudará sua maneira de agir.

Ressaltei anteriormente que Jesus disse que a verdade nos libertará. Quando você começar a renovar a mente com a Palavra de Deus e substituir as velhas mentiras, as ideias falsas e os conceitos errados sobre a verdade, se libertará dos hábitos e bloqueios que limitam sua vida. Suas ações começarão a alinhar-se naturalmente com suas novas atitudes.

Esse processo só ocorre quando seguimos as instruções de Deus. A Palavra de Deus dá-nos a verdade que transforma a vida, mas precisamos lê-la, estudá-la, memorizá-la, meditar nela e pô-la em prática. Quando uso a palavra "meditação", estou falando da meditação bíblica conforme descrita em Salmos, em Josué 1.8 e em muitas outras passagens da Bíblia.

A meditação bíblica é, de muitas maneiras, o oposto da meditação ocidental ou da Nova Era, que gira em torno de esvaziar a mente e repetir uma só palavra ou mantra. Meditação bíblica significa escolher um versículo da Bíblia, como uma promessa, um mandamento ou uma história, e pensar seriamente em seu significado. Dessa forma, você pensa nas implicações e na aplicação da verdade de Deus para sua vida. Esse é o tipo de meditação ao qual Davi se referiu quando disse repetidas vezes: "[...] e nessa lei medita dia e noite" (v. Salmos 1.2; 119.48 etc.).

Deus faz algumas promessas incríveis para aqueles que separam um tempo para pensar seriamente em sua Palavra. Salmos 1.1-3 diz:

> Como é feliz aquele [...]
> [cuja] satisfação
> está na lei do SENHOR [a Bíblia],
> e nessa lei medita dia e noite.
> É como árvore plantada
> à beira de águas correntes:
> Dá fruto no tempo certo
> e suas folhas não murcham.
> Tudo o que ele faz prospera!

Que promessa! Você gostaria de prosperar em tudo o que fizesse? Deus faz essa promessa para aqueles que meditam na Bíblia.

> ### VENDO AS COISAS DE MODO DIFERENTE
>
> Por ser pastor, Tom Crick notou uma mudança em sua vida espiritual quando iniciou o Plano Daniel. "Se você estiver pensando constantemente na Bíblia, lendo e fazendo seus devocionais, de repente começará a ver algumas coisas ali que falam realmente ao que você vai fazer no resto da vida". Os princípios bíblicos que ele leu antes passaram a ter aplicação prática em sua saúde. Parecia que as Escrituras estavam todos os dias encorajando-o a alimentar-se melhor e a ter mais energia. Ele começou, então, a notar que a mesma coisa acontecia com os outros que estavam seguindo o Plano Daniel.
>
> "Assim como eu, observei pessoas começando a ver coisas na Bíblia que não viram antes. Elas podiam [ler] a Bíblia e dizer: 'Isto se aplica a mim, e é assim que estou atravessando nestes tempos difíceis quando sinto um forte desejo de comer o que não devo. [Vi outras pessoas] usando a Palavra de Deus para ajudá-las [...]. Que diferença quando você começa realmente a descobrir o que a Escritura significa para sua vida."

E como você aprende a meditar na Palavra de Deus como Davi meditou? Não é nem um pouco difícil. Você concentra a atenção em uma verdade da Bíblia e continua a pensar nela o dia inteiro. Se consultar um dicionário, verá que um sinônimo para *meditação* é a palavra "ruminação". Ruminação é o que a vaca faz quando mastiga o bolo alimentar. A vaca come grama, mastiga-a e engole-a. A grama para no estômago por alguns momentos. Depois, o alimento volta do estômago à boca – com um novo sabor! A vaca mastiga-o algumas vezes mais e finalmente o engole de novo. Esse processo chama-se ruminação. A vaca extrai todos os nutrientes que consegue obter daquela grama conforme é digerida.

De modo semelhante, a meditação bíblica é a digestão da verdade. Você não põe a mente no ponto morto; é exatamente no oposto. Meditação bíblica significa engatar a mente para sondar, considerar e analisar o que Deus disse em sua Palavra. Você pensa em um versículo da Bíblia repetidas vezes para digerir o significado e aplicação que ele tem para sua vida.

Filipenses 4.6,7 explica os benefícios de meditar na Escritura em vez de viver ansioso: "Não andem ansiosos por coisa alguma, mas em tudo, pela oração e súplicas, e com ação de graças, apresentem seus pedidos a Deus. E a paz de Deus, que excede todo o entendimento, guardará o coração e a mente de vocês em Cristo Jesus".

MAIS FÁCIL QUE VOCÊ PENSA

Você pode estar pensando que a meditação bíblica é uma prática difícil para ser desenvolvida, mas já sabe como fazer isso se sabe o que significa viver ansioso! Quando você tem um medo, um problema ou um pensamento negativo e pensa nele repetidas vezes, isso se chama ansiedade. Quando você escolhe um versículo da Bíblia e pensa nele repetidas vezes, isso se chama meditação bíblica.

Se estiver pensando seriamente em melhorar sua vida e saúde, você precisa gastar no mínimo dez minutos por dia lendo a Bíblia, meditando no que leu, anotando o que aprendeu e depois conversando com Deus em oração sobre isso. Esse hábito saudável chama-se "tempo diário de quietude". Se quiser aprender mais sobre como organizar e estruturar um tempo diário de quietude, envie um *e-mail* a PastorRick@saddleback.com, e terei a satisfação de enviar a você um livreto que escrevi há quase quarenta anos e que tem ajudado milhões de pessoas a começar a desenvolver esse hábito. Você ficará surpreso diante da transformação que ocorrerá na sua vida.

ESCOLHA DEPENDER DO ESPÍRITO DE DEUS EM TODOS OS MOMENTOS

Todos os que confiam em Cristo para salvá-los recebem o Espírito Santo na vida, mas poucas pessoas sentem o poder do Espírito Santo porque continuam dependentes do próprio poder. Aprender a depender do Espírito de Deus para nos guiar, fortalecer, capacitar e usar é o segundo hábito que precisamos desenvolver para obter força espiritual.

Jesus oferece uma bela ilustração disso em João 15, comparando nossa vida espiritual a uma videira e seus ramos. Jesus disse: "Eu sou a videira; vocês são os ramos. Se alguém permanecer em mim e eu nele, esse dará muito fruto; pois sem mim vocês não podem fazer coisa alguma" (v. 5).

Nenhum galho da videira pode produzir frutos se não permanecer ligado a ela, e você não pode produzir fruto espiritual se não estiver ligado ao Espírito de Deus. A quantidade de frutos que você produzirá será proporcional à sua dependência do Espírito Santo. Tentar produzir frutos (e realizar mudanças positivas) por conta própria é tolice tão grande quanto amarrar maçãs nos galhos de uma macieira morta. A certa distância, talvez a árvore pareça estar viva e produzindo frutos. Mas, se olhar de perto, você verá que se trata de um engodo.

Muitos "religiosos" tentam produzir frutos falsos. Amarram todos os tipos de atividades positivas – como comparecer aos cultos na igreja, ajudar os pobres e ser educado e generoso com os outros –, mas não existe vida espiritual nem poder dentro deles, porque não estão ligados a Deus. Todas as suas atividades "espirituais" não passam de exibição. Quando nos aproximamos deles, vemos que não possuem um relacionamento pessoal com Jesus.

Como você pode ter um relacionamento vibrante e inspirador com Deus? Da mesma forma que você se relaciona com as outras pessoas!

Isso exige tempo, conversa e confiança. Para ser amigo de Deus, você precisa conversar continuamente com ele, ouvi-lo por meio de sua Palavra e conversar com ele em oração. Se você não conversa com Deus durante o dia, com certeza não está dependendo dele. Orar é muito mais que ter um tempo de quietude uma vez por dia ou proferir uma oração memorizada antes de cada refeição. Deus quer manter uma conversa constante com você!

Pelo que você deve orar? Por tudo! Veja esta regra simples: se vale a pena ficar preocupado, então vale a pena orar pelas preocupações. Se você orasse na mesma proporção em que se preocupa, teria muito menos com que se preocupar.

MINHA CONVERSA DIÁRIA

"Enquanto trabalho durante o dia, quase sempre me surpreendo orando após cada tarefa: 'Qual é o próximo passo, Senhor?'. E, antes de entrar em uma reunião, sempre faço uma oração silenciosa, pedindo a Deus que me conceda sabedoria naquela reunião. A oração é a chave para permanecer ligado a Deus, e permanecer ligado é a chave para o poder e a eficácia de Deus. Recentemente, *tuitei* estas palavras: 'Muita oração — muito poder. Pouca oração — pouco poder. Nenhuma oração — nenhum poder'. Se eu não estiver conversando silenciosamente com Deus enquanto trabalho, não estou dependendo dele naquele momento. E, se eu não conversar com Deus a respeito do que estou fazendo, isso mostra que estou dependendo apenas do meu poder."

PASTOR WARREN

Escolha confiar em Deus em todas as circunstâncias

Você não pode controlar tudo o que acontece. Na verdade, a maior parte do que acontece à sua volta foge totalmente do seu controle. Mas você pode ter controle sobre dois fatores importantes: controlar sua reação e controlar até que ponto decide confiar em Deus, sejam quais forem as circunstâncias.

Viktor Frankl, um judeu, foi enviado a um dos campos de concentração nazistas na Segunda Guerra Mundial. Em sua extraordinária obra clássica, *Man's Search for Meaning* [A busca do homem por sentido], Frankl escreveu que, enquanto foi prisioneiro em Dachau, os guardas tiraram tudo o que ele possuía. Tiraram-lhe a identidade. Tiraram-lhe a esposa e a família. Tiraram-lhe as roupas. Tiraram-lhe até a aliança de casamento, Mas, ele disse, houve uma coisa que os guardas não puderam tirar dele: a liberdade de escolher suas reações e atitudes. Ele escreveu: "Eles apresentaram prova suficiente de que tudo pode ser tirado de um homem, exceto uma coisa: a última das liberdades humanas – escolher qual será a atitude de alguém em determinadas circunstâncias, escolher o caminho que esse alguém seguirá".[5] Nenhum guarda foi capaz de tirar isso de Viktor Frankl. A escolha pertencia a ele.

Nenhum de nós sabe o que nos acontecerá, mas podemos controlar nossa maneira de responder e reagir. Podemos escolher se algo nos tornará melhores ou piores. Deus nos deu essa liberdade e está observando como reagimos aos eventos que não fazem parte do nosso caminho. O importante na vida não é o que acontece *a* nós, mas o que acontece *em* nós.

Um dos exemplos mais famosos desse princípio é a história de José no Antigo Testamento. José foi traído por seus irmãos mais velhos e invejosos e vendido como escravo. Anos depois, quando se encontraram novamente, os irmãos temeram retaliação, mas José disse-lhes: " 'Vocês planejaram o mal contra mim, mas Deus o tornou em bem, para que hoje fosse preservada a vida de muitos' " (Gênesis 50.20). Essa verdade aplica-se também a você. Ao longo da vida, você encontrará pessoas com intenções de o prejudicar. Mas o propósito de Deus para sua vida é muito maior que o problema que você enfrentar, e Deus quer usar esse problema para o bem,

---

[5] Boston: Beacon Press, 1992, p. 75.

conforme Romanos 8.28 promete. Qualquer pessoa pode extrair o que é bom de coisas boas, mas Deus pode extrair coisas boas de coisas más — se você confiar nele em todas as circunstâncias.

> Às vezes as circunstâncias que parecem ter surgido para nos destruir acabam sendo situações que nos fazem crescer. É por isso que Tiago 1.2-4 diz: "Meus irmãos, considerem motivo de grande alegria o fato de passarem por diversas provações, pois vocês sabem que a prova da sua fé produz perseverança.
> E a perseverança deve ter ação completa, a fim de que vocês sejam maduros e íntegros, sem lhes faltar coisa alguma".

As circunstâncias são a terceira ferramenta que Deus usa para mudar-nos, desenvolver-nos e tornar-nos mais semelhantes a Cristo. Isso nos impede de ser pessoas ressentidas ou amargas. Romanos 5.3,4 diz: "Não só isso, mas também nos gloriamos nas tribulações, porque sabemos que a tribulação produz perseverança; a perseverança, um caráter aprovado; e o caráter aprovado, esperança".

Esse é o plano de Deus desde o princípio. Quando Deus decidiu criar seres humanos, também decidiu criar-nos à imagem dele (v. Gênesis 1.17). O que isso significa? Não significa que todos nós seremos deuses (não seremos), mas que seremos pessoas comprometidas, com as mesmas qualidades morais de amabilidade, bondade, justiça e integridade que Deus possui. Ele quer desenvolver em nós um caráter semelhante ao de Cristo, o que é mais importante que aparência, conquistas e aquisições na vida.

O seu caráter é muito importante porque vai levá-lo com você para o céu. Você não vai levar sua carreira para o céu. Não vai levar seu carro, roupas ou bens materiais que ajuntou na terra. Vai levar seu caráter! Seu caráter é, em última análise, a coisa mais importante que você pode desenvolver neste mundo. Os cinco Elementos Essenciais do Plano Daniel —

Fé, Alimentação, Condicionamento Físico, Amigos e Foco – serão muito mais úteis que apenas ajudar você a ser mais saudável fisicamente. Eles o ajudarão a intensificar sua fé e a desenvolver seu caráter, o que, no longo prazo, será muito mais importante que a maneira de você se sentir aqui e agora. O caráter semelhante ao de Cristo produzirá recompensas eternas que você desfrutará para sempre.

Queremos que você se lembre de uma verdade muito importante: Deus não está esperando que você tenha boa saúde física ou amadureça espiritualmente para começar a amar você ou gostar de você. Ele o ama neste exato momento e o aplaudirá em cada fase do seu crescimento e desenvolvimento. Deus não está esperando que você cruze a linha final. Está sorrindo enquanto você participa da corrida.

Você poderá pensar: *O que acontecerá se eu tropeçar ou cair durante a corrida?*. Imagine esta cena: os pais estão vendo o filho participar de uma corrida na escola e a criança tropeça e cai. O que os pais amorosos fazem? Aplaudem com mais intensidade. Não criticam nem depreciam o filho. Eles gritam: "Eu sei que você vai conseguir! Levante-se! Eu acredito em você! Não desanime! Foi apenas um pequeno contratempo! Continue a correr! Sei que você vai cruzar a linha de chegada!".

É isso que Deus está dizendo neste momento. "Estou orgulhoso por você tentar e vou ajudar você. Vou conceder o poder de que você necessita, se passar alguns momentos comigo lendo minha Palavra todos os dias, se você depender do meu Espírito dentro de você em todos os momentos, e se confiar em mim para usar cada circunstância da sua vida para seu bem e crescimento espiritual."

Este, portanto, é o momento para agarrar o amor e o poder de Deus. O momento em que você passa a ter uma visão mais clara e um alicerce mais forte de fé. O momento em que Deus começa a mudar você de dentro para fora.

REFLITA E DÊ O PRIMEIRO PASSO...

A fé é o alicerce do Plano Daniel, e aprender a confiar no poder de Deus é o segredo para uma mudança permanente. Não tenha medo de se abrir com Deus. Ele quer ouvir o que você tem a dizer. Comece com esta oração simples:
"Pai, quero fazer o que for necessário para ter uma vida saudável e glorificar-te. Sei que não sou capaz de fazer isso sozinho. Já tentei e fracassei, e estou com medo de fracassar novamente. Estou disposto a fazer minha parte, Senhor, e vou confiar fervorosamente que estás trabalhando para que eu tenha êxito. Estou aprendendo que desejas meu sucesso mais do que eu desejo. Ajuda-me a ver rapidamente tua mão me auxiliando e dá-me coragem em todos os momentos enquanto me esforço para ter uma saúde melhor. Amém".

Capítulo 4

ALIMENTAÇÃO

*Assim, quer vocês comam, bebam ou façam qualquer
outra coisa, façam tudo para a glória de Deus.*
1Coríntios 10.31

A maioria dos americanos se confunde a respeito dos alimentos. Devemos nos alimentar como o homem primitivo e nos limitar a comer carne, vegetais e frutas e evitar todos os tipos de grãos, leite e seus derivados? Ou devemos comer somente frutas, vegetais e ervas como os gorilas? Baixo teor de carboidratos ou baixo teor de gorduras? E quanto aos rótulos dos alimentos e a contagem de calorias? E quanto a todos os avisos contidos no rótulo? Alimentos de baixo teor calórico ou alimentos *diet*? Qual é a dieta certa?

Será que tudo isso faz sentido para nós? Não é muito fácil, mas a indústria dos alimentos e dietas ganha bilhões de dólares – na verdade, mais de 1 trilhão de dólares – criando essas perguntas na sua cabeça. É bom para eles e mau para você.

Quando você proporciona as condições para um ser humano ter boa saúde e elimina os obstáculos que impedem uma vida saudável, em geral a doença não se apresenta como efeito colateral. Quando você se concentra na saúde, a cura e a perda de peso ocorrem automaticamente. É exatamente isso que ocorre no Plano Daniel.

O Plano Daniel não foi idealizado para ser um programa de emagrecimento. Na verdade, nunca nos concentramos no peso, mas na saúde. Como se cria um ser humano saudável? Quando iniciamos o programa na Saddleback Church, queríamos que fosse um programa de bem-estar físico, combinando os Elementos Essenciais Fé, Alimentação, Condicionamento Físico, Foco e Amigos em uma poderosa poção de renovação e cura. Os participantes pioneiros perderam mais de 112 mil quilos no total no primeiro ano e, mais importante ainda, relataram que houve melhora ou eliminação de sintomas crônicos e doenças, inclusive asma, alergia, dores de cabeça, síndrome do intestino irritável, refluxo gastroesofágico, doenças autoimunes, depressão, doenças cardíacas, diabetes, hipertensão, acne e problemas dermatológicos como eczema e psoríase, confusão mental, fadiga e insônia. Relataram também que houve ligação mais intensa com a família, amigos, igreja e comunidade, e que conseguiram ter um propósito maior de servir aos outros. Muitos perderam mais de 45 quilos, e muitos que sofriam de diabetes tipo 2 livraram-se da insulina e de medicações múltiplas. Não tivemos de tratar de todas essas doenças individualmente. A maioria das doenças e sintomas crônicos surge das mesmas causas gerais: desequilíbrios nos cinco Elementos Essenciais principais.

Você já parou para pensar no significado do alimento, por que o ingerimos e o que ele faz conosco quando o ingerimos? A ligação entre o alimento e nosso bem-estar é muito imediata, muito profunda e direta, mesmo assim a maioria de nós não sabe que a maneira de nos sentir está ligada ao que comemos, que nossas várias queixas, condições, humor e energia (ou falta dela) são conduzidos pela motivação que injetamos no nosso corpo.

É raro os médicos fazerem esta pergunta simples: "Como se cria um ser humano saudável?". Os veterinários fazem um estudo profundo da nutrição. O que se deve fazer para que um cavalo ganhe o Kentucky Derby? A resposta é esta: aperfeiçoe ao máximo seu metabolismo e saúde com a qualidade do alimento que você lhe oferece.

É isso o que desejamos para você – aperfeiçoar a saúde ao máximo. Queremos que você ame, aprecie e comemore a comida e a use para os enriquecer e alegrar. O alimento pode transformar sua saúde em algumas semanas por meio dos princípios simples do Plano Daniel.

> "Que seu alimento seja seu remédio, e que seu remédio seja seu alimento."
> Hipócrates, médico grego da Antiguidade

O Plano Daniel é um modo de vida ou, como alguns dizem, um *estilo de vida* que tira as dúvidas do que comer e cozinhar. Você pode comer de tudo se seguir uma regra: Coma alimentos verdadeiros, integrais. Coma uma variedade colorida de alimentos verdadeiros e integrais extraídos de ingredientes verdadeiros que você mesmo pode preparar – ou de alimentos preparados por pessoas mais próximas a você.

Se deseja comer batatas fritas, use batatas integrais e frite-as em óleo não refinado e não processado. Provavelmente você não come batatas fritas todos os dias, mas, se seguir esse procedimento, vai gostar mais delas, e elas serão muito mais benéficas à sua saúde.

Alimentos simples, verdadeiros, frescos, deliciosos e nutrientes são fáceis de cozinhar, alimentos de origem natural, não industrializados, alimentos que percorreram a menor distância entre o campo e nosso garfo – são esses que devemos comer.

É isso aí – você pode pular para o capítulo seguinte.

Bom, talvez ainda não. Infelizmente, a maioria de nós não aprendeu o que é alimento verdadeiro; por isso, a título de precaução, vamos explicar para você neste capítulo: o que é o alimento, quais eu devo evitar, como encontrar bons alimentos e como preparar minhas refeições.

ALIMENTOS **QUE CURAM**:
O QUE DEVEMOS COMER?

O QUE É ALIMENTO? NUTRIÇÃO? Fonte de energia ou de calorias? Prazer e sabor?

Sim, o alimento pode ser tudo isso. Contudo, como médico que dedicou sua carreira a estudar como o alimento exerce influência no corpo e provoca ou previne enfermidades, o dr. Hyman tem um conceito diferente sobre alimento: Alimentação é remédio.

O alimento tem poder para nos curar. É a ferramenta mais potente de que dispomos para ajudar a prevenir muitas doenças crônicas ou tratar delas – inclusive diabetes e obesidade. De fato, a comida que colocamos no garfo é responsável por nos fazer sentir bem ou mal, magros ou gordos, exauridos ou cheios de energia.

> Alimentação é remédio. É a ferramenta mais poderosa de que dispomos para combater doenças crônicas.

Como o alimento faz tudo isso? Por intermédio da ciência inovadora conhecida como *nutrigenômica*. As moléculas contidas no alimento proporcionam muito mais que combustível para o corpo. Proporcionam instruções que dizem a cada célula do corpo o que elas devem fazer a todo instante. Mais de 95% das doenças crônicas não se relacionam com os nossos genes, mas ao que esses genes estão expostos durante nossa vida inteira. Damos a isso o nome de *expossoma*.

Expossoma é a soma de tudo o que você come, respira, bebe, pensa e sente, além das toxinas em seu meio ambiente e até mesmo dos 100 trilhões de bactérias que vivem dentro de seu intestino. Essa é uma boa notícia porque significa que você tem um controle quase completo da sua saúde. E o ato de comer é a coisa mais importante ainda que você faz todos os dias para interagir com seus genes.

Portanto, na próxima vez que colocar alguma coisa no garfo, imagine o que seus genes vão sentir. Será que vão gostar daquela quantidade exagerada de refrigerante ou salgadinhos de milho com queijo, ou vão preferir alguns mirtilos doces ou brócolis salteados com alho e azeite de oliva?

Queremos ensinar você a tratar o corpo com respeito e bondade. Queremos ensinar a você que alimentos escolher para sua nutrição e quais os que deve evitar. Acima de tudo, mostraremos a você como criar um relacionamento saudável e pacífico com os alimentos e a maneira de prepará-los. Isso produzirá automaticamente perda de peso, saúde radiante e sensação geral de bem-estar.

As Escrituras ensinam-nos como viver e amar plenamente. Temos, porém, a tendência de pular as partes que nos instruem a honrar o local onde o Espírito Santo habita, isto é, nosso corpo. Quando nos encontramos em coma alimentar causado pela ingestão de açúcar e comidas prejudiciais à saúde, quando os elementos químicos do cérebro são controlados por alimentos que passam por processos de industrialização para deixá-los tão apetitosos a ponto de nos tornar dependentes deles, deixamos de ser os donos do nosso corpo e da nossa mente. Se os alimentos que está ingerindo fazem de você uma pessoa doente, sem rumo e tão indolente que, quando sente vontade de se exercitar, fica deitado até a vontade passar, é muito difícil ter uma vida de plena dedicação e respeito a Deus.

> "O alimento é nossa base comum, uma experiência universal."
> JAMES BEARD

O alimento verdadeiro tem o poder de devolver sua vida e o deixar totalmente comprometido com o propósito da sua existência. O motivo disso não é conseguir entrar naquela calça *jeans* ou ficar elegante dentro daquele vestido guardado no armário, mas despertar para a beleza e o milagre da vida, ser capaz de cumprir seu propósito na vida, amar, servir, viver em comunhão com os outros e celebrar os dons que Deus concedeu a você.

Se você nutrir seu corpo com ingredientes verdadeiros e de alta qualidade, terá mais energia, perderá peso e conseguirá reverter muitas doenças crônicas. Além disso, se sentirá mais leve e mais motivado a exercitar-se, seu humor melhorará, o cérebro terá maior lucidez, permitindo que você afaste os obstáculos do caminho do seu relacionamento com as outras pessoas e com Deus.

E o que significa alimento "verdadeiro"? Qualquer alimento que seja integral, fresco e não industrializado. Coisas que sua bisavó reconheceria como alimentos. Frango, vegetais, leguminosas, nozes, grãos, frutas, ovos. O resto não passa de alimento falso que exaure a energia e a saúde. O alimento verdadeiro cura. O alimento verdadeiro nutre.

TRANSFERINDO O CONTROLE

"Minha maior vitória em relação à saúde até hoje foi perder 68 quilos", diz Chloe Seals. "Eu não sabia disso na época, mas em 2010 meu médico me disse que eu era considerada uma pessoa diabética quando pesava 125 quilos. O diabetes foi totalmente eliminado depois que mudei meus hábitos alimentares e passei a escolher alimentos mais saudáveis.
A sensação foi a de ter reconquistado a vida, e sinto-me mais no controle daquilo que eu como, sem permitir que o conforto e a atração dos alimentos me controlem.

"Aprendi a gostar de uma variedade de alimentos que preparo para mim e para meus dois filhos. Sinto-me muito melhor comigo mesma, sem aquela sensação constante de culpa. Minha maior motivação vem dos meus filhos e quero ter saúde até quando for possível para estar ao lado deles.

A boa notícia é que a lista dos alimentos verdadeiros é curta, fácil de entender e fácil de identificar. Infelizmente, porém, a maioria de nós não está muito familiarizada com os alimentos verdadeiros. Recorremos à indústria alimentícia em busca de comida embalada, industrializada e preparada de acordo com o gosto do cliente, sem falar dos restaurantes do tipo "*fast-food*" e das lojas de conveniência. Mas não há conveniência nenhuma em sentir-se desligado, indolente, apático, confuso ou deprimido ou ainda contrair doenças e ter de tomar remédio quando enchemos o estômago com "alimentos convenientes".

Vamos enfrentar um mito e desmascará-lo. Fomos levados a acreditar que comer bem é muito caro e que cozinhar o próprio alimento exige muito tempo. Os fatos são muito diferentes. As pesquisas mostram que podemos comer bem e gastar menos tempo e menos dinheiro que comprar alimentos industrializados.[1] Com alguns truques simples, você poderá fazer boas compras, cozinhar com simplicidade e comer melhor e mais barato, gastando o mesmo tempo que levaria para chegar à janela de um *drive--through* e fazer uma refeição. E mais importante ainda: o alimento verdadeiro é mais gostoso, mais nutritivo e mais gratificante. Pode até eliminar suas gulodices.

O Plano Daniel concentra-se nos grupos principais de carboidratos saudáveis, gorduras saudáveis, proteínas saudáveis, especiarias saudáveis, bebidas e superalimentos. E o Plano Daniel apresenta uma orientação fácil para você usar em qualquer refeição:

- 50% de vegetais sem amido
- 25% de proteínas saudáveis – animais ou vegetais
- 25% de amidos saudáveis ou grãos integrais
- acompanhamento de frutas de baixo teor glicêmico
- bebida – água ou chás herbais

---

[1] Environmental Working Group. Good Food on a Tight Budget, 12 ago. 2012. Disponível em: <http://www.ewg.org/release/good-food-tight-budget-ewg-s-new-easy-use-guide>.

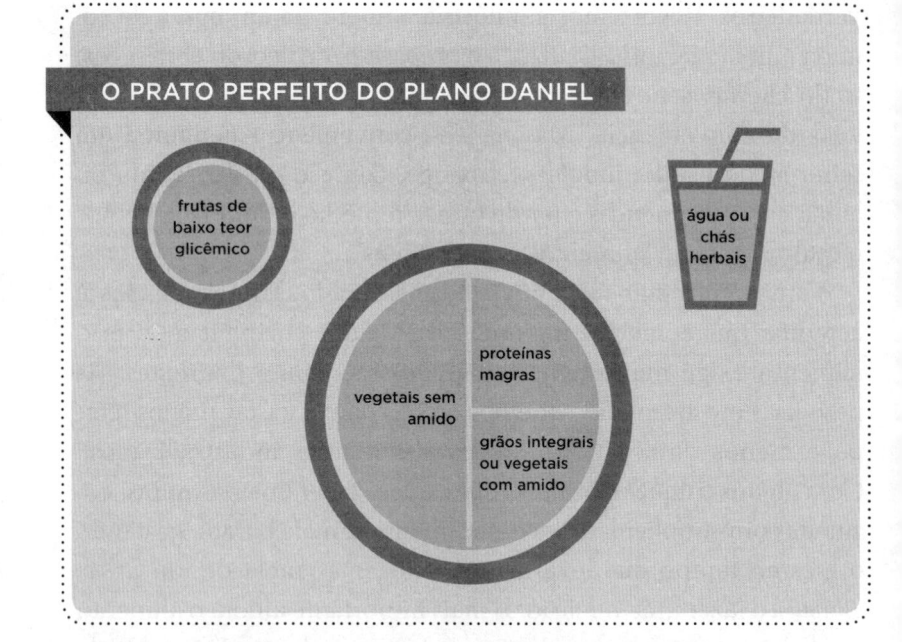

O PRATO PERFEITO DO PLANO DANIEL

- frutas de baixo teor glicêmico
- vegetais sem amido
- proteínas magras
- grãos integrais ou vegetais com amido
- água ou chás herbais

AS DEZ ESCOLHAS PRINCIPAIS EM CADA GRUPO DE ALIMENTO para você iniciar

VEGETAIS SEM AMIDO	PROTEÍNAS	AMIDO OU GRÃO	FRUTAS COM BAIXO TEOR GLICÊMICO
Aspargo	Feijão	Beterraba	Maçã
Pimentão	Carne bovina	Arroz preto ou integral	Amora preta
Brócolis	Frango	Cenoura	Mirtilo
Couve-flor	Ovos	Trigo-sarraceno	Gogi berry[3]
Couve	Halibute[2]	Ervilha	Toranja
Pepino	Lentilhas	Milho	Ameixa
Leguminosas verdes	Frutos secos	Quinoa	Kiwi
Repolho	Salmão	Batata-doce	Nectarina
Espinafre	Sementes	Nabo	Pêssego
Abobrinha	Peru	Abóbora-menina	Framboesa

[2] Peixe do gênero *hippoglossus*, da família dos pleuronectídeos, mais conhecido como linguado gigante. [N. do T.]

[3] Fruto da planta *Lycium barbarum*, originária do sul da Ásia. [N. do T.]

OS CARBOIDRATOS BONS

O Plano Daniel é uma dieta com alto teor de carboidratos. Na verdade, os carboidratos são os únicos alimentos (e os mais importantes) que podemos comer para ter boa saúde e perder peso no longo prazo. Isso quer dizer que podemos nos fartar de cereais, pão, arroz, massa, biscoitos, bolos e *donuts*? Sinto muito, não. Todos os alimentos derivados de plantas contêm carboidratos. Você deve escolher os carboidratos certos: não industrializados, não processados, mais conhecidos como vegetais e frutas. Grãos inteiros e leguminosas também contêm carboidratos, mas, por incluir um pouco mais de amido, devem ser ingeridos com moderação.

Infelizmente menos de 10% dos americanos consomem as porções recomendadas (de cinco a nove) de frutas e vegetais por dia. (Uma porção significa meia xícara ou um pedaço de fruta.) No entanto, as pesquisas científicas insistem em nos dizer que a coisa mais importante que podemos fazer por nossa saúde é consumir mais vegetais e frutas. De fato, trata-se da única coisa com a qual todas as filosofias nutricionais concordam.

Os alimentos derivados de plantas contêm uma rica combinação de nutrientes que equilibram o nível de açúcar no sangue, anti-inflamatórios, compostos desintoxicantes chamados fitonutrientes. A inflamação tem sido relacionada com a maioria das doenças causadas pela idade, inclusive infartos, diabetes, câncer e demência senil. Na verdade, o sobrepeso é um estado inflamatório crônico. Os vegetais e as frutas contêm os anti-inflamatórios mais poderosos da natureza.

Os alimentos derivados de plantas são a fonte principal de vitaminas e minerais na nossa dieta. Essas vitaminas e minerais controlam cada reação química do nosso corpo; agem como a graxa que lubrifica as engrenagens do nosso metabolismo. A fibra contida nos alimentos derivados de plantas é necessária para manter o sistema digestivo saudável, alimentar as boas bactérias que impedem o desenvolvimento de inflamações e manter o equilíbrio da taxa de açúcar no sangue. A maioria dos americanos consome de

> "Disse Deus: 'Eis que lhes dou todas as plantas que nascem em toda a terra e produzem sementes, e todas as árvores que dão frutos com sementes. Elas servirão de alimento para vocês'" (Gênesis 1.29).

8 a 12 gramas ou menos, ao passo que necessitamos de 30 a 50 gramas de fibra por dia.

A boa notícia é que ingerimos quantidades ilimitadas de fibras nos vegetais. Pense numa "comilança de brócolis". (Está bem, a palavra brócolis talvez não provoque tanto entusiasmo, mas aguente firme conosco!) Quando pensar em almoço, pense em cozinhar dois ou três tipos diferentes de vegetais ou algumas variedades de vegetais crus mergulhados em um molho delicioso, como *homos* ou molho mexicano apimentado (V. receitas no capítulo 10.) Quando fizer refeições fora de casa, peça dois ou três acompanhamentos de vegetais e evite pão e massa, que comprovadamente engordam e causam diabetes.

Na verdade, esses alimentos derivados de plantas deveriam compor 50% da nossa dieta. Para muitas pessoas, essa é uma grande mudança, mas, quanto mais você aumentar a quantidade de vegetais e complementá-los com frutas, mais saúde terá (e o Planeta também).

REFORCE A QUANTIDADE DE FIBRAS

Acrescente os seguintes ingredientes à sua dieta para aumentar a quantidade de fibras:
- grãos integrais, como quinoa ou arroz integral
- vegetais, vegetais, vegetais
- Linhaça (moa os grãos e salpique sobre saladas ou frutas)
- leguminosas

Quando você se acostumar a consumir alimentos verdadeiros, nós o encorajaremos a manter o foco em um conceito simples: concentre-se em alimentos que não elevem o açúcar no sangue ou que não o elevem rapidamente. Esse conceito chama-se índice glicêmico ou carga glicêmica de alimentos. Por exemplo, o pão branco é um carboidrato que eleva o açúcar no sangue em proporção maior e mais rápida que o açúcar comum, ao passo que os vegetais verdes crocantes mal chegam a interferir nas taxas de açúcar. Ambos são carboidratos, mas agem de forma muito diferente em termos de calorias.

O ÍNDICE GLICÊMICO

O índice glicêmico (IG) é uma ferramenta nutricional para identificar como os carboidratos exercem influência nas taxas de açúcar no sangue. Carboidratos com IG baixo (55 ou menos) não provocam um grande aumento das taxas de açúcar no sangue, mas proporcionam energia constante. Carboidratos com IG alto (70 ou mais) aumentam as taxas de açúcar no sangue por um período mais prolongado. Uma das melhores estratégias para manter baixa a taxa de açúcar no sangue é incluir alimentos com IG baixo na alimentação diária. Estes são alguns dos efeitos benéficos à saúde:

- Ajudam a evitar ingerir alimentos de emergência porque você se sente satisfeito.
- Mantêm baixas as taxas de insulina, o que facilita a queima de gordura.
- Ajudam a liberar a gordura do corpo e a manter magro o tecido muscular.
- Reduzem os triglicérides, o colesterol total e o mau colesterol (LDL).
- Aumentam as taxas do colesterol bom (HDL).
- Diminuem o risco de desenvolver o diabetes tipo 2.

- Limitam o risco de desenvolver doença cardiovascular.
- Sustentam a energia por mais tempo, aumentando dessa forma o desempenho mental e físico.

AS DEZ MELHORES SUGESTÕES PARA O CONSUMO DE ALIMENTOS COM BAIXO TEOR GLICÊMICO

1. Prepare um prato de acordo com o Plano Daniel.
2. Encha metade do prato com vegetais coloridos.
3. Limite a quantidade de vegetais com amido, como batata, abóbora-menina ou beterraba cozida (apenas 1/4 do prato).
4. Limite (ou elimine) produtos que contenham açúcar e farináceos.
5. Consuma proteínas no café da manhã, como batida de alimentos integrais com proteínas (v. receita na página 372), ovos inteiros ou uma omelete, ou troque o café da manhã por uma refeição mais substanciosa. Ou inclua mais frutos secos e sementes no café da manhã.
6. Inclua gorduras saudáveis em sua dieta, como azeite extravirgem, abacate, frutos secos e sementes e manteiga de coco extravirgem.
7. Substitua massa com amido por grãos sem glúten, como trigo-sarraceno, arroz preto ou integral ou quinoa.
8. Consuma feijão, lentilha ou grão-de-bico.
9. Escolha proteína magra (animal ou vegetal) em cada refeição.
10. Leve com você alguns frutos secos e vegetais com *homos* para evitar ingerir alimentos de emergência.

Substitutos para o café da manhã: dê preferência a grãos integrais, como aveia em flocos com amêndoas e morangos em vez de cereais em caixa.

O MITO DAS CALORIAS

Chegou a hora de acabarmos com o mito das calorias. O mito é este: todas as calorias são criadas de forma igual.

A lição que todos nós aprendemos é que as calorias são uma forma de energia e, de acordo com as leis da física, uma caloria é uma caloria – a quantidade de energia necessária para elevar a temperatura de um litro d'água em 1 grau centígrado. Essa lei é verdadeira para a física, mas tudo cai por terra quando incluímos a biologia na mistura. Se tudo girasse em torno de "coma menos, faça mais exercícios", todos faríamos isso e seríamos magros e elegantes. Há, porém, diferentes tipos de calorias: calorias que curam e calorias que causam doenças. A explicação é esta:

Vamos comparar 570 gramas de refrigerante com 240 calorias com o número equivalente de calorias dos brócolis (cerca de 7,5 xícaras). O refrigerante não contém fibras nem vitaminas nem minerais, mas contém 15 colheres de chá de açúcar na forma de xarope de milho com alto teor de frutose e ácido fosfórico – que causa osteoporose. O açúcar no refrigerante desequilibra as taxas de insulina, cria gordura no fígado, aumenta os triglicérides, reduz o bom colesterol, aumenta o mau colesterol, aumenta o cortisol (o hormônio do estresse) e causa diabetes, doença cardíaca, câncer e demência senil.

Os brócolis (se você for capaz de comer as 7,5 xícaras!) têm o mesmo número de calorias, mas cerca de 1/2 colher de chá de açúcar natural e 35 gramas de fibras e é rico em vitaminas e minerais, inclusive ácido fólico e magnésio. Os brócolis também contêm fitonutrientes poderosos, que são compostos de plantas que curam. Os fitonutrientes ajudam a reduzir o risco de câncer e aumentam a capacidade de desintoxicação. E os brócolis têm pouca capacidade de elevar a taxa de açúcar no sangue. Na verdade, quando entra no corpo, ele tem o efeito exatamente oposto ao do refrigerante. Cria saúde em vez de destruí-la. As mesmas calorias – resultados muito diferentes.

É claro que nem todas as calorias são iguais. Trata-se de uma questão de qualidade. Queremos, portanto, ajudar você a querer ser um "qualitariano".

VEGETAIS COM BAIXO TEOR GLICÊMICO

Os vegetais com baixo teor glicêmico são seus novos e melhores amigos. Vá em frente e consuma grandes quantidades de plantas que dão vida. Elas devem compor 50% de seu prato. Mantenha uma lista delas quando for ao supermercado, que passará a ser sua nova "farmácia", na qual você encontrará o melhor remédio para o corpo e a alma. Consuma dois ou três pratos de vegetais no jantar. Faça uma salada de rúcula, alcachofra e abacate, acompanhada de abobrinha salteada com alho e azeite de oliva e alguns cogumelos tostados. Empanturre-se!

Experimente alguns vegetais raros; eles possuem quantidades muito mais altas de nutrientes e fitoquímicos terapêuticos que a maioria das variedades mais conhecidas.

CHAMPIGNON

Quase todos nós conhecemos o cogumelo tipo *champignon* e costumamos usá-lo cru em saladas. Não faça isso. Ele contém toxinas cancerígenas quando ingerido cru. Há, porém, outros membros extraordinários da família dos cogumelos com propriedades anti-inflamatórias, inibidoras de câncer e que aumentam as defesas do sistema imunológico. Contêm altos teores de minerais e são as melhores (e talvez a única) fonte vegetal de vitamina D. Tente encontrar tipos diferentes de cogumelos. Eles possuem excelente textura e sabor. O dr. Hyman coloca-os em uma panela e frita-os rapidamente com azeite de oliva, alho e sal e depois os tosta. Ficam deliciosos!

Experimente estes tipos de cogumelos: *porcino*, *hiratake*, *shitake*, *shimeji* e *portobello*. Você poderá adquiri-los na seção de produtos importados nos grandes supermercados.

Quando possível, escolha variedades de plantas da herança. São variedades únicas que precederam o cultivo das principais plantas dos últimos cem anos. Por exemplo: tomate cereja roxo, cenoura *Touchon* ou alface Simpson de sementes pretas. São muito mais nutritivos. Podem ser encontrados em mercados de fazendas ou em programas de produtos agrícolas para a comunidade.

O único tipo de vegetal que pode ser consumido à vontade origina-se da família dos crucíferos, que inclui repolho, couve, brócolis, couve-de-bruxelas, couve-flor e rabanete. Eles contêm poderosos elementos químicos desintoxicantes chamados glucosinolatos que previnem o câncer e fazem bem à saúde. Recomendamos uma ou duas xícaras todos os dias.

VEGETAIS MARINHOS

Antes que você ache esse nome muito estranho, já deve ter provado alga marinha em rodadas de *sushi*. É aquela tira preta enrolada no arroz. A alga marinha é um dos alimentos que contém os nutrientes mais densos, mais ricos em minerais e mais inibidores de câncer do Planeta. Se você nunca experimentou vegetais marinhos, faça uma tentativa. Experimente lanches apetitosos e crocantes de *nori*. Você poderá acrescentar algas marinhas, como *kombu*, *arame* e *wakame* a sopas e ensopados.

Procure-os na seção de produtos importados dos grandes supermercados; para encontrar outras variedades, recorra a uma mercearia especializada em produtos asiáticos. Acrescente *kombu* quando cozinhar feijão. Ele reduz a formação de gases.

VEGETAIS COM AMIDO

A maioria de nós cresceu comendo ervilha, cenoura e milho verde como acompanhamento das refeições. Esses alimentos ricos em amido fazem parte de uma dieta saudável. Talvez você ainda goste deles para acompanhar as refeições. São mais doces e, para algumas pessoas, elevam a taxa de açúcar no sangue. Mas são ricos em antioxidantes e fitonutrientes terapêuticos. Use vegetais com amido — inclusive beterraba, cenoura, milho, ervilha verde, alcachofra-de-jerusalém, mandioquinha, batata, abóbora, couve-nabo, batata-doce ou inhame, nabo, abóbora-menina — em proporções maiores que os grãos.

FITONUTRIENTES

Agora, vamos voltar aos fitonutrientes. O corpo humano é preguiçoso — bioquimicamente falando. Ele não faz as coisas de um jeito que pode ser feito por outros meios. A mágica do corpo humano é que podemos usar o poder das plantas para administrar as funções importantes que nos mantêm saudáveis. Há uma classe inteira de compostos (fitonutrientes) nos alimentos derivados de plantas que trabalham muito para reduzir inflamações; eliminam as toxinas do corpo; melhoram a metabolização dos alimentos e aumentam a queima de calorias; melhoram sensivelmente a função imunológica; previnem câncer, doença cardíaca, diabetes e demência senil. E contêm antioxidantes poderosos que evitam que nosso corpo enferruje e envelheça muito rápido.

Alimentos desintoxicantes: Vegetais crucíferos são alimentos com alto poder de desintoxicação. Há outros desintoxicantes poderosos: chá verde, agrião, dente-de-leão, coentro, casca de produtos cítricos, romã e até cacau em pó sem açúcar (não o chocolate quente com açúcar).

Para alimentos anti-inflamatórios, pense em cerejas e frutas vermelhas escuras. Consuma verduras de folhas verde-escuras e batata-doce com polpa cor de laranja para reduzir inflamações. A curcuma é encontrada no tempero amarelo chamado açafrão-da-terra e usada em *curries* e mostardas. É o ibuprofeno da natureza e o mais poderoso anti-inflamatório. Acrescente-a em frituras ou quando cozinhar grãos ou preparar *curries*.

O ARCO-ÍRIS DOS ALIMENTOS

Consuma vegetais com as cores do arco-íris (e não, não estamos falando de balas coloridas) encontrados no mundo das plantas, e estará ingerindo todas as bases de fitonutrientes. Pense em vegetais vermelhos, alaranjados, amarelos, verdes, roxos e azuis — quanto mais escuras e intensas forem as cores, melhor serão para sua saúde.

Coma de cinco a nove porções por dia, no mínimo, de alimentos com as cores do arco-íris. Visite supermercados ou quitandas para encontrar esses vegetais. Eles contêm maior poder de fitonutrientes em cada mordida.

Alimentos ricos em antioxidantes: Esses alimentos previnem o envelhecimento e beneficiam a saúde em geral. São encontrados em frutas vermelhas escuras, arroz preto, beterraba e romã; vegetais alaranjados e amarelos, como abóbora-menina; verduras de folhas verde-escuras, como couve e espinafre; e frutas que contêm resveratrol, como uvas roxas, mirtilo e cerejas.

Alimentos que equilibram a taxa hormonal: Alimentos como *missô*, *tempeh* e *tofu* (todos derivados de soja *integral*) e sementes de linho moídas ajudam a equilibrar a taxa hormonal e previnem o câncer.

Muitos alimentos com alto teor de fitonutrientes também são considerados superalimentos. São os mais ricos em proteína de alta qualidade, gorduras saudáveis, vitaminas e minerais. Encontram-se entre os alimentos mais benéficos à saúde que você pode comer. Visite o *site* do Plano Daniel (*danielplan.com*) para encontrar a lista dos superalimentos.

GRÃOS

Os grãos inteiros podem fazer parte de uma dieta saudável, mas desde que consumidos com moderação. Para algumas pessoas, os grãos podem provocar o aumento e a diminuição de forma muito rápida do açúcar no sangue. O segredo está na quantidade e no que você come com eles. A porção ideal de grãos é 1/2 xícara para homens e 1/3 de xícara para mulheres. Talvez você tolere mais se costuma correr em maratonas, mas, para as pessoas em geral, a quantidade extra de açúcar pode provocar insulina, ganho de peso e inflamação.

O segredo também é comer apenas grãos *inteiros*, sem ter passado por nenhum processo de industrialização. Significa que você deve comprá-los na forma original, como aveia, trigo e até pipoca. Algumas embalagens dizem "grãos integrais", mas quase sempre há um pouco de farinha integral misturada com farinha branca, cereais açucarados ou outros produtos. A lista dos ingredientes dirá o que as embalagens contêm realmente.

Se você é diabético ou pré-diabético, pode ser que só será capaz de tolerar grandes quantidades de grãos inteiros em sua dieta

DÁ-NOS O PÃO DE CADA DIA

Jesus ensinou esta oração aos discípulos: "Dá-nos o pão de cada dia". Comer pão é quase um mandamento religioso. Infelizmente, o pão que comemos hoje não é o pão feito com os grãos dos tempos bíblicos. A maioria dos pães de hoje passa por muitos processos de industrialização e é feita de um tipo genético de trigo diferente, com alto teor de amido e contém glúten, um agente inflamatório bastante conhecido. (Falaremos mais desse assunto na página 137.)

Você já se surpreendeu comendo mais pão do que deveria? Os grãos processados ou refinados tiveram as fibras removidas, portanto agem como açúcar no organismo. Se o alimento for feito de farinha (com glúten ou sem glúten), comece a pensar nele como se contivesse alto teor de açúcar. Se você quer perder peso ou sofre de problemas inflamatórios, é melhor eliminar esse alimento ou reduzir o consumo ao mínimo.

Estas são algumas sugestões para você apreciar melhor um pão de qualidade:

depois de corrigir os desequilíbrios metabólicos básicos. Portanto, os melhores grãos são os que não contêm glúten. Experimente grãos com baixo teor glicêmico, como arroz preto (também conhecido como arroz do imperador), arroz integral, arroz vermelho, trigo-sarraceno e quinoa. Massas cozidas *al dente* (quando mordidas, conservam um pouco da textura firme) contêm baixo teor glicêmico, mas os farináceos devem ser considerados alimentos que só devem ser consumidos de vez em quando.

FRUTA

A fruta é uma fonte extraordinária de poderosos compostos de anti-inflamatórios e fitonutrientes antioxidantes. Quanto mais escuras e mais ricas forem as cores, quanto mais únicas e maravilhosas, mais nutrientes elas contêm. Focalizaremos as frutas com baixo teor de açúcar, como frutas vermelhas, maçãs e peras, e usaremos

- Se não for intolerante ao glúten (v. página 133), o melhor pão é o pão alemão feito com o núcleo do centeio (feito também com linho e espelta), não com o grão inteiro de farinha. Fica delicioso quando torrado com alguma coisa por cima.
- Se preferir pão comum de farinha, veja se não contém farinha branca (também conhecida como "farinha de trigo") e se é feito de grão integral de farinha ralado grosseiramente, com proteína extra e ingredientes de fibra, como frutos secos e sementes.
- Experimente pães de grãos inteiros germinados, como consta em Ezequiel 4.9, se você é saudável e esbelto.
- Mude a maneira de pensar no pão. Pense como se ele fosse uma guloseima, para ser consumido com parcimônia. O ideal é não comer mais de uma fatia por dia.
- Reduza a ingestão de alimentos que contêm farinha, como *waffles*, *donuts* e biscoitos.
- Experimente alguns biscoitos isentos de farinha, feitos com sementes e frutos secos.

as outras como guloseimas em quantidades menores. A porção média é de 1/2 xícara ou um pedaço de fruta. (Se você estiver acima do peso ou tiver taxa alta de açúcar no sangue, é melhor tomar cuidado com a ingestão de frutas e limitá-las a uma porção por dia.) Há uma grande variedade de frutas com baixo teor glicêmico.

- *Frutas vermelhas escuras.* Mirtilo, amora e framboesa são ricos em fitonutrientes. Você poderá comprar frutas orgânicas congeladas e adicioná-las a *shakes* ou preparar excelentes sobremesas geladas, batendo as frutas no liquidificador.

- *Frutas com caroço.* Ameixa, pêssego, nectarina, cereja e suas variantes são conhecidas como "frutas com caroço". São saudáveis e contêm fibras e elementos químicos terapêuticos e baixo teor de açúcar.

- *Romã, kiwi, mamão papaia e manga* são também frutas terapêuticas extraordinárias.

- *Frutas cítricas,* como toranja, laranja, limão e lima são excelentes, porém é melhor evitar o suco dessas frutas. Em geral, contêm a mesma quantidade de açúcar que os refrigerantes. (Explicaremos o motivo quando falarmos dos açúcares.)

Restrinja o consumo de frutas com alto teor de açúcar. Melão, abacaxi e uva são salutares, porém é melhor ingeri-los em quantidades menores por causa de seu alto índice glicêmico. Também frutas secas, como abricós, uvas-passas brancas e uvas-passas pretas contêm muito açúcar, portanto use-as com parcimônia. Há muitas frutas secas que recebem uma quantidade extra de açúcar. Coma um ou dois figos secos ou tâmaras secas ou 2 colheres de sopa de uvas-passas brancas ou uvas passas-pretas como guloseima, ou misture uma pequena quantidade com frutos secos e sementes e crie um *mix* que agrade ao seu paladar.

FORTALEÇA-SE COM PROTEÍNAS

O segredo para ter ótima saúde, pouco desejo de comer alimentos prejudiciais, taxa de açúcar equilibrada no sangue e perda de peso está em ingerir proteína de alta qualidade em todas as refeições. Mas onde encontrar essa proteína? Os americanos aprenderam a equiparar a proteína com carne de vaca, de porco ou de frango, e a carne continua a ser o ingrediente principal da maioria dos pratos, tanto em casa como nos restaurantes. O grande debate sobre a dieta vegana ou a dieta paleolítica confunde ainda mais as pessoas.

A ciência defende os benefícios à saúde apresentado pelos dois lados. Alguns estudos mostram que o exagero de proteína animal e laticínios podem causar doença cardíaca e câncer. No entanto, se compararmos as carnes que ingerimos em forma de frios – ou até a carne de gado criado à base de ração – com a carne magra de animais selvagens, como o búfalo e o bisão, ou com a carne de gado alimentado com gramíneas ou, ainda, com a carne de frango caipira, os efeitos serão totalmente diferentes.

O fato irônico é que a dieta vegana e a dieta paleolítica estão mais próximas uma da outra que a dieta padrão americana cheia de açúcar, gorduras *trans* e alimentos industrializados. As dietas vegana e paleolítica destacam os alimentos integrais, com grande quantidade de frutas, vegetais e sementes. Algumas pessoas se dão bem com as dietas veganas, e outras não. Algumas se sentem mais magras comendo carne. A bioquímica, o metabolismo e a genética diferem completamente de pessoa para pessoa.

Cada um de nós precisa ouvir o próprio corpo e respeitar suas peculiaridades. O corpo nunca comete erro. Quando colocamos um alimento na boca sem pensar e sem considerar se está oferecendo nutrição ou cura para o corpo, estamos criando problemas para nossa saúde. Portanto, temos de aprender o que é bom para o nosso corpo e ingerir o que há de melhor para ele.

Conclusão: Você precisa incluir proteína de boa qualidade em todas as refeições, e ela deve compor mais ou menos 25% de seu prato ou refeição. Uma porção pesa de 115 a 170 gramas ou tem o tamanho da palma da sua mão.

Apresentamos a seguir as melhores fontes de proteína em sua dieta.

1. Produtos animais saudáveis

Se você gosta de proteína animal, sempre que possível escolha produtos de origem animal que contenham os melhores nutrientes para sua saúde (e causem menos impacto no Planeta). Nem sempre você encontrará as fontes de proteínas mais puras e de menor impacto; no entanto, as orientações a seguir mudarão o sistema de produção de alimentos, melhorarão sua saúde e reduzirão o impacto negativo no meio ambiente.

Escolha as aves certas. Sempre que possível, escolha aves criadas na natureza, alimentadas naturalmente, sem a inclusão de hormônios, antibióticos e pesticidas. Frango e peru são boas fontes de proteína e não custam caro. Uma refeição à base de frango assado é mais barata que uma ida da família a um restaurante *fast-food*. Compre aves de boa qualidade, encontradas nos supermercados tradicionais. Que tal experimentar carne de peru moída nos hambúrgueres de vez em quando? Para encontrar receitas de hambúrguer de peru, visite o site *danielplan.com* ou adquira o *The Daniel Plan Cookbook* [Livro de receitas do Plano Daniel].

Saboreie ovos com ômega 3 ou ovos de aves criadas na natureza. Os ovos foram injustamente criticados durante muito tempo. Os ovos ômega 3 contêm ADH (ácido docosa-hexaenoico), a última palavra em gordura ômega 3 e alimento para o cérebro. Os ovos *não* aumentam o colesterol; fazem o contrário. A gema de ovo também contém colina e vitaminas B. Dê preferência aos ovos inteiros, e não às claras.

Pesque. O peixe é uma das melhores fontes de proteína e gorduras ômega 3. No entanto, por causa da contaminação dos oceanos e da piscicultura, não é tão fácil encontrar peixes

> **PEIXES E CARNES QUE PODEM SER CONSUMIDOS COM SEGURANÇA**
>
> Baixe o aplicativo ou cartão de referência do *seafoodwatch. org*, ou visite *cleanfish.com* para encontrar nomes de empresas e tipos de peixes criados na natureza (não de pesca predatória) e com baixo teor de toxinas.
>
> Consulte o Environmental Working Group's Meat Eater's Guide [Guia dos grupos de comedores de carne que trabalham em prol do meio ambiente] em *ewg.org/meateatersguide* a fim de escolher as melhores fontes de carne para você e o Planeta.

como antigamente. Os melhores peixes para consumo são os menores e os pescados em seu *habitat*, sem toxinas, como sardinha, tilápia, lagostim e truta de água doce. Pense em peixes pequenos. Se o peixe inteiro couber na frigideira, provavelmente pode ser consumido. É melhor evitar peixes com altos níveis de mercúrio. Para encontrar uma lista de peixes com os mais baixos teores de mercúrio, visite *nrdc.org/health/effects/mercury/walletcard.PDF* [em inglês].

Compre moluscos. Camarões e vieiras também são formas saudáveis de frutos do mar com baixos teores de toxinas e altos teores de proteína de boa qualidade e minerais. As ostras fazem parte das maiores fontes de zinco.

Reduza a quantidade de carne. Prefira qualidade a quantidade. Pequenas porções de carne de vaca ou de cordeiro – magra, orgânica, natural, sem hormônios e sem antibióticos – podem fazer parte de uma dieta saudável. Pense até em comprar e congelar um animal inteiro para dividi-lo com familiares, amigos ou um grupo da igreja. Experimente comprar carne de animais mais magros, criados na natureza, como bisão, búfalo ou veado. A carne vermelha pode ser consumida uma ou duas vezes por semana, e cada porção deve ter entre 115 e 170 gramas. Há boas fontes de carne em casas de alimentos saudáveis, e muitos supermercados estão começando a oferecer opções melhores.

A carne de porco é a menos saudável. O consumo em excesso tem sido associado a câncer, doença cardíaca e diabetes. Evite consumir carne tostada ou queimada, que causa câncer porque o tempo excessivo sobre a grelha produz elementos cancerígenos.

2. Fontes de proteína vegetariana

Dê preferência a frutos secos. Os frutos secos podem fazer parte da sua ingestão de proteínas. São fontes excelentes de proteínas, fibras, minerais e gorduras saudáveis que satisfazem o apetite e reduzem o risco de diabetes e doenças cardíacas. A manteiga de frutos secos é um alimento muito saboroso. Mantenha os frutos secos em vasilhas bem fechadas na despensa ou na geladeira. Saboreie nozes, amêndoas, pecãs e macadâmias. Preste atenção às quantidades. Uma porção equivale a um punhado ou de 10 a 12 frutos secos. Compre-os ao natural ou ligeiramente torrados e sem sal. Evite frutos secos fritos ou cozidos em óleo.

Adicione sementes à sua saúde. É fácil acrescentar sementes a saladas, leguminosas ou grãos, e bebidas de textura cremosa, ou apenas saborear um punhado delas. Experimente sementes de abóbora, girassol e gergelim, ou adicione sementes raras à sua dieta, como sementes de gergelim preto. (Salpique-as sobre ovos ou frituras.) Experimente misturá-las com sementes de cânhamo, chia e linho; são ricas em gorduras ômega 3 e fibras.

Aprenda a gostar de soja. Esse é um assunto controverso, e muitas pessoas se preocupam com os efeitos prejudiciais da soja na nossa saúde. A ciência, porém, usa de muita franqueza. Dê preferência aos produtos tradicionais de soja, que incluem *tempeh, missô* e *natt.* São decompostos ou fermentados para facilitar a digestão. Os produtos de soja industrializados da era moderna, extraídos dos grãos de soja no processo de criar óleo de soja (que depois é usado para produzir gorduras *trans*), causam câncer e devem ser evitados. Mais de 90% da soja na dieta normal americana é oculto e feito de grãos de soja geneticamente modificados ou industrialmente refinados. Portando, evite produtos de soja industrializados, como aqueles encontrados em substitutos de frios, queijo de soja ou barras de proteína de soja.

LEGUMINOSAS

Leguminosas assadas e com muito açúcar, servidas como acompanhamento de cachorros-quentes. É assim que a maioria de nós experimenta essa "delícia" pela primeira vez. Mas as leguminosas são excelentes, baratas e fontes de proteínas, fibras, vitaminas e minerais. Não provocam o desequilíbrio dos níveis de insulina para a maioria das pessoas, e algumas estratégias simples podem facilitar sua digestão. Compre leguminosas pré-cozidas e enlatadas (de preferência que não contenham BPA),[4] ou compre-as a granel e cozinhe-as em casa. Se cozinhá-las, acrescente à panela um pedaço de *kombu* (uma alga marinha), sementes de erva-doce ou fatias de gengibre fresco durante a fervura das leguminosas para melhorar a digestão. Se preferir, consuma enzimas digestivas para ajudar seu organismo a digerir as leguminosas.

Experimente variedades diferentes, como grão-de-bico, feijão-azuqui, feijão-preto, feijão-branco e jalo em sopas, ensopados e saladas. As lentilhas cozinham rapidamente, e há muitas variedades delas, como lentilhas francesas, vermelhas e a comum.

Abuse das leguminosas. Você pode preparar esses alimentos com um pouco de antecedência, deixando-os de molho durante a noite e cozinhando-os em grandes quantidades. Essa é a maneira mais barata de investir seu dinheiro. Ou compre leguminosas em latas

---

[4] Bisfenol A. Difenol utilizado na produção do policarbonato, material presente nas embalagens para acondicionar alimentos e bebidas. [N. do T.]

sem toxinas (sem BPA) para uma refeição rápida, adicionadas a saladas, sopas ou refogados.

GORDURAS SAUDÁVEIS

No Plano Daniel você pode saborear muitas gorduras saudáveis. Pensávamos que todas as gorduras fossem prejudiciais e causassem doenças cardíacas. Este é o segredo sobre as gorduras. As boas gorduras, como os ômega 3 de peixes, frutos secos, sementes, abacates, azeitonas e azeite de oliva extravirgem e manteiga de coco (ou óleo de coco, uma gordura saturada derivada de planta) comprovaram ser capazes de reduzir diabetes, doenças cardíacas, câncer e demência senil. Reduzem a taxa de colesterol e triglicérides. E são poderosos compostos anti-inflamatórios. Contudo, mais importante ainda, deixam a comida saborosa e satisfazem o apetite.

Em um estudo sobre dietas na Espanha, os pesquisadores dividiram as pessoas a serem estudadas em três grupos. Todas foram instruídas a alimentar-se da dieta básica mediterrânea, mas o primeiro grupo recebeu um litro de azeite de oliva extravirgem por semana; o segundo grupo recebeu 30 gramas de frutos secos por dia e o último grupo seguiu apenas a dieta. Os grupos que ingeriram azeite de oliva e frutos secos apresentaram uma redução de 30% de infartos e morte.[5] Trata-se de um resultado melhor que dos medicamentos à base de estatina – sem nenhum dos efeitos colaterais. Quanto mais gordura, melhor.

Se você consome gorduras de alta qualidade em cada refeição, sairá da mesa satisfeito e sem desejo de comer outras coisas. A taxa de açúcar no sangue ficará mais equilibrada, e seu cérebro será feliz. Na verdade, 60% do nosso cérebro é composto de gordura, especificamente de ADH. O ADH está presente nos peixes

---

[5] Estruch, Ramon, M. D., Ph.D. et al. Primary Prevention of Cardiovascular Disease with a Mediterranean Diet. **New England Journal of Medicine**, 25 fev. 2013. Disponível em: <http://www.nejm.org/doi/full/10.1056/NEJMoa1200303#t+article>.

COMBATENDO O COLESTEROL

Quando Tracy Keibler começou a seguir o Plano Daniel, sua taxa de colesterol diminuiu. O colesterol total caiu de 260 para 207, com uma relação entre LDL e HDL de 1,6 e relação entre Total e HDL de 2,5. A taxa de triglicérides foi de 48. "Tudo isso aconteceu sem o uso de medicamentos à base de estatina ou de outros medicamentos!", Tracy diz. Um de seus médicos chegou a dizer que ela era uma paciente exemplar. Mas isso não foi tudo.

"O mais importante foi que meu arsenal de medicamentos desapareceu. Não preciso mais de inaladores para asma, os sintomas gastrointestinais sumiram e os problemas de eczema e as alergias sinusais melhoraram substancialmente."

e algas. Cada uma dos nossos 10 trilhões de células é envolta por membrana adiposa. A saúde das nossas células determina nossa saúde, e as gorduras boas produzem membranas celulares saudáveis. (Discutiremos a saúde do cérebro no capítulo 6).

Basicamente, todos nós precisamos fazer uma troca de gorduras. Troque as gorduras más pelas gorduras boas e veja os benefícios. Sua saúde, sua memória e sua pele melhorarão, e as unhas e cabelos terão mais brilho. Portanto, abasteça sua despensa com uma variedade de gorduras saudáveis. Aprenda a usá-las. É simples. Pegue um punhado de frutos secos, abra uma lata de salmão selvagem, retire do vidro uma colher de sopa de manteiga de coco cremosa ou despeje azeite de oliva extravirgem sobre vegetais ou saladas.

Nossas fontes favoritas de gorduras saudáveis e de boa qualidade encontram-se nos alimentos dos quais já falamos. Peixes e frutos do mar são fontes excelentes de gorduras ômega 3 (e também de proteínas e minerais). Sardinha, arenque e salmão selvagem são melhores fontes de gorduras ômega 3. Tenha várias latas desses alimentos em sua despensa o tempo todo. São ótimas em saladas, ou experimente usá-las com bebida à base de limão ou com suas ervas ou especiarias favoritas. Os frutos secos e a manteiga de frutos secos (sem adição de açúcar, sal ou gorduras hidrogenadas) contêm gorduras monoinsaturadas. Eles devem ser ingeridos crus ou ligeiramente torrados. Pegue um punhado de frutos secos ou mergulhe fatias de maçã em um recipiente com manteiga de frutos secos e você terá um lanche delicioso. As sementes são alimentos espetaculares que poucas pessoas consomem. Não se destinam apenas aos pássaros.

Azeitona, abacate e coco são outras fontes de gorduras saudáveis. O azeite de oliva e a azeitona são ricos em gorduras monoinsaturadas, bem como de fitonutrientes e polifenóis anti-inflamatórios e antioxidantes. O azeite de oliva extravirgem, prensado a frio, é o óleo mais importante que você deve ter à mão em sua despensa. Pode ser adicionado a saladas ou vegetais, ou cozido em temperaturas baixa ou média; em altas temperaturas, pode oxidar e queimar. Para cozimento em alta temperatura, use óleo de semente de uva ou óleo/manteiga de coco. Para dar sabor durante o cozimento, como frituras com pouco óleo, use óleo de gergelim não refinado.

O abacate é uma fruta excelente que contém alto teor de gorduras boas monoinsaturadas e poderosos compostos anti-inflamatórios. Corte-o ao meio e pingue algumas gotas de vinagre balsâmico. Inclua abacate picado em saladas ou esmague-o para fazer um *guacamole* com suco de limão, tomates picados, cebola cortada em cubos, sal e pimenta. O abacate serve para fazer batidas cremosas e pode até ser usado para preparar um pudim saudável de chocolate. (Visite *danielplan.com* para conhecer a receita de "Amazing Avocado Gelato" [Gelato delicioso de abacate].)

A manteiga ou óleo de coco extravirgem é um superalimento extraordinário que contém um tipo especial de gordura saturada anti-inflamatória chamada ácido láurico. É o estímulo preferido de nosso cérebro, e aumenta a energia e o poder do cérebro.

USE OUTROS TIPOS DE ÓLEO/AZEITE

Abasteça sua despensa com estes óleos/azeites não refinados que fazem bem para seu corpo e cérebro:
- Azeite de oliva extravirgem, prensado a frio: para molhos de saladas, marinadas, e para cozimento em fogo baixo ou médio.
- Óleo de coco extravirgem, prensado a frio ou não refinado: para cozimento em temperaturas média ou alta.
- Óleo de semente de uva: para cozimento em altas temperaturas.
- Óleo 100% de abacate: uma quantidade menor desse óleo rende mais que o azeite de oliva extravirgem.
- Óleo de gergelim: para cozimento quando você quiser adicionar um pouco mais de sabor ao alimento.

E QUANTO ÀS BEBIDAS?

Precisamos informar que seu paladar tem sido enganado. Refrigerantes, *drinks* esportivos, café aromatizado com xarope, chás adoçados, bebidas *diet* e energéticos são caminhos largos e perigosos para obesidade, desejo incontrolável de consumi-los e problemas com a química cerebral.

A melhor coisa, e a mais fácil, que você pode fazer por sua saúde é recalibrar seu paladar e aprender a apreciar a água pura e cristalina. Se preferir, adicione suco de limão ou ervas, em forma espumante ou não, mas você precisa beber de seis a oito copos d'água por dia.

A água deve ser sua matéria-prima. A água ideal precisa ser filtrada (para remover o cloro, pesticidas e outros elementos químicos e insetos), vir de sua torneira e ser guardada em vasilha de vidro ou aço inoxidável.

Há outras bebidas para você apreciar se quiser variar um pouco:

- **Chás herbais.** Coloque alguns saquinhos em uma jarra grande de vidro, despeje água fervente por cima, deixe em infusão e coloque na geladeira.

- **Chá verde.** O chá verde gelado é uma bebida refrescante e tem poderoso efeito terapêutico.

- **Folhas de hortelã, gomos de laranja ou fatias de pepino.** Adicione-os à água para dar um pouco mais de sabor a ela.

- **Café.** Uma xícara de manhã é uma boa maneira para começar o dia, mas o consumo exagerado de café pode elevar a pressão sanguínea, acelerar as batidas cardíacas, aumentar a ansiedade, enfraquecer os ossos e provocar fadiga e insônia. (V. página 132 para mais informações sobre o café.)

NÃO FIQUE NUNCA MAIS EM ESTADO DE EMERGÊNCIA ALIMENTAR

Entendemos que a vida agitada de hoje torna difícil encontrar e comer alimentos bons e integrais. Estamos sempre correndo de um lado para o outro. Todos os dias, a maioria dos americanos vive em estado de agitação constante. Pulam o café da manhã ou ficam à mercê da padaria perto de casa que oferece café com muito açúcar, *donuts* ou pãezinhos doces (que parecem alimentos saudáveis, mas, na verdade, são iguarias disfarçadas com alto teor de açúcar). Depois, no trabalho há tigelas contendo balas e uma ampla variedade de refrigerantes vendidos em máquinas. No caminho para casa, os restaurantes *fast-food* e as lojas de conveniência atraem seu olhar com uma "comida rápida" para matar sua fome. Vivemos em uma terra tóxica em termos nutricionais, portanto fuja de uma situação de emergência alimentar.

O que é emergência alimentar? Quando a taxa de açúcar no sangue começa a cair, sentimos um desejo enorme de comer qualquer coisa (ou tudo) que estiver à nossa frente. O fato de pensar que podemos usar a força de vontade para controlar a fome e a necessidade de comer determinado alimento contradiz a ciência sobre como o cérebro controla o nosso comportamento. Quanto mais força de vontade queremos ter, mais ela se torna contraproducente. Com que frequência você se vê comendo exageradamente, ou comendo o que está à sua frente?

Há, porém, uma solução – uma ideia simples e prática na qual a maioria de nós nunca pensou: planejar e levar alimento conosco. Se você sofre de diabetes tipo 1, é claro que não sai de casa sem levar a seringa de insulina ou um tablete de açúcar. Se não fizer isso, sua vida estará em perigo. Se você sofre de séria alergia a amendoim, não vai a lugar nenhum sem levar um medicamento contra choque anafilático. O simples pó de amendoim poderá levar você à morte, se não tiver esse medicamento à mão.

Embora você não venha a morrer em uma hora se estiver com muita fome, ficará doente, engordará e terá uma vida mais curta e menos satisfatória se entrar na rotina de ficar com o estômago vazio por tempos prolongados. Passará a escolher alimentos de baixa qualidade, refinado e com alto teor de açúcar e comerá mais do que necessita. Para evitar a emergência alimentar, comece o dia com um café da manhã balanceado, alimente-se a cada três ou quatro horas, hidrate o corpo o dia inteiro e tenha à mão um *kit* de emergência alimentar.

Recomendamos que cada pessoa crie uma embalagem de emergência alimentar, para ser sua rede de segurança. Escolha seus alimentos favoritos; as opções são muitas. Guarde essas embalagens em casa, na mala ou na bolsa, no carro e no local de trabalho com os suprimentos essenciais para qualquer emergência alimentar. Se não teve tempo de tomar o café da manhã, o que pode levar no carro? Ou se está atarefado no trabalho, o que poderá encontrar na sua gaveta para atravessar o dia, ou o que terá à mão no fim da tarde se começar a esmorecer?

Recomendamos que a maioria das escolhas contenha proteína, porque a proteína controla o apetite e equilibra o açúcar no sangue por longos períodos de tempo. Os lanches com proteína mantêm a energia, mas sem aqueles resultados imediatos da maioria dos "lanches rápidos" que nos deixam com mais fome e cansaço.

> ## O *KIT* DE EMERGÊNCIA ALIMENTAR DE VIAGEM DO DR. HYMAN
>
> Quando estou na estrada, ponho minha saúde em risco todas as vezes que saio do meu meio ambiente controlado. Aeroportos, frigobares de hotéis e restaurantes de qualidade duvidosa são, em geral, péssimas escolhas, por isso levo alimentos comigo e faço questão de nunca comer em aviões ou aeroportos (embora seja cada vez mais fácil encontrar alimentos integrais em aeroportos, é preciso saber pesquisar!). Nunca saio de casa sem essas coisas, e guardo um bom estoque na minha despensa. Quando viajo, basta jogá-las dentro de uma sacola. Ocupam pouco espaço e são muito nutritivas.
>
> - Tiras de carne seca de salmão selvagem
> - Carne bovina de animais criados na natureza ou tiras de carne seca de peru
> - Embalagens de manteiga de coco e manteiga de macadâmia
> - Barras de proteína
> - Amêndoas orgânicas
> - Macadâmias orgânicas
> - Tâmaras orgânicas

Se você esperar até estar faminto, fará escolhas irracionais. Portanto, programe-se para fazer escolhas mais sensatas. Tenha sempre opções nutritivas perto de você.

Com um pouco de planejamento e compras, podemos permanecer saudáveis e sem entrar em estado de emergência alimentar. Guarde seus petiscos em vasilhas de vidro com tampa e embalagens para sanduíches. Compre uma caixa de isopor ou um pequeno *cooler* para guardar os alimentos. São apenas ideias, e você poderá usar a criatividade, mas não se esqueça de incluir

LANCHES RÁPIDOS

Guarde estes itens na sua despensa. Eles duram muito:
- Salmão selvagem ou sardinha em lata
- Biscoitos de linhaça
- Carne seca (de bisão, gado criado na natureza ou peru)
- Tiras de carne seca de salmão
- Frutos secos e sementes
- Pacotes pequenos de manteiga de coco
- Alimentos integrais ou barras de proteína
- Coração de alcachofra
- Pimentões vermelhos assados

Prepare alguns lanches fáceis para viagem:
- Grão-de-bico com azeite de oliva, suco de limão, alho e sal
- Ovos cozidos
- Homos
- Cenoura, pepino, pimentão e salsão cortados em pedaços pequenos
- Maçã ou pera

Outras ideias deliciosas:
- Chocolate escuro (70%)
- Figos secos
- Tâmaras

alimentos com proteína de boa qualidade, com gorduras boas e baixo teor de açúcar.

E AS VITAMINAS?

As informações em massa da ciência básica e experimental defendem o uso de suplementos nutricionais para a prevenção de doenças e manutenção da saúde. As vitaminas não funcionam para tudo, mas são importantes para cada reação química e função fisiológica do organismo.

Há milhares de suplementos nutricionais à venda no mercado. Quais devemos tomar? Ficamos confusos só em pensar quais deles devemos escolher, mas isso é muito simples. A maioria de nós necessita apenas de uma simples multivitamina e mineral, um suplemento de gordura ômega 3 e vitamina D3. Há outros suplementos que trazem benefícios às pessoas à medida que envelhecem ou para aquelas com condições diferentes. Saiba mais visitando o site *danielplan.com*.

VÍCIO OU DESEJO INCONTROLÁVEL POR ALGUNS ALIMENTOS

Se eu prometesse 1 milhão de dólares para você prender a respiração embaixo d'água por quinze minutos, você faria isso? Claro que não! Não podemos viver sem oxigênio. Nosso cérebro sente um desejo incontrolável de oxigênio. E a maioria também sente um desejo incontrolável de açúcar. Trata-se simplesmente de um mecanismo de sobrevivência. Portanto, se você acredita que a força de vontade será capaz de o impedir de ter maus hábitos alimentares e de sentir um desejo incontrolável por salgadinhos, açúcar ou carboidratos refinados, esqueça isso. É o mesmo que tentar prender a respiração por uma hora.

É uma questão de hormônios e química do cérebro. Vigie as duas coisas, e seus desejos incontroláveis desaparecerão em questão de dias (não de oxigênio, claro!). É difícil imaginar, mas é verdade.

No livro *Salt Sugar Fat* [Sal açúcar gordura], Michael Moss revela que a indústria alimentícia tem produzido de propósito e cientificamente alimentos superprocessados, superdeliciosos ao paladar e com alto teor de açúcar para nos viciar – não no sentido metafórico, mas no sentido físico. Pense em pirulitos de heroína ou bolinhos de morfina. A indústria criou "especialistas em desejos incontroláveis" para encontrar o "ponto alto de satisfação" dos alimentos.

Estudos das imagens do cérebro confirmam que esses alimentos acionam as partes do cérebro que reagem a narcóticos, como a heroína, e estimulam a fome e o desejo incontrolável de comer. Na verdade, o açúcar vicia mais que a cocaína.[6] Não é de admirar que sintamos esses desejos!

CONTROLE OS QUATRO HORMÔNIOS DO APOCALIPSE

É fácil equilibrar os hormônios principais. Veja como eliminar os desejos incontroláveis:

- Elimine completamente o açúcar e a farinha branca da alimentação.
- Elimine todos os adoçantes artificiais.
- Aumente a quantidade de fibras.
- Consuma proteína no café da manhã.
- Coma um punhado de frutos secos 15 minutos antes da refeição para diminuir o apetite.
- Pare de comer e beber exageradamente à noite.
- Concentre-se no tamanho da porção. Aprenda a calcular porções apropriadas de proteínas e grãos inteiros.
- Espere 20 minutos antes de comer a segunda porção. É esse o tempo que o alimento leva para chegar à parte inferior do intestino delgado e acionar o PPY, o poderoso hormônio que domina o apetite.
- Coloque o garfo no prato entre um bocado e outro. Isso o deixará mais calmo, e depois de algum tempo não desejará comer mais.
- Aumente os exercícios físicos, que apresentaremos no capítulo seguinte.

---

[6] Lenoir, Magalie et al. Intense Sweetness Surpasses Cocaine Reward. **PLoS ONE**, 1 ago. 2007. Disponível em: <http://www.plosone.org/article/fetch/Article.action?articleURI=info%3Adoi%2F10.1371%2Fjournal.pone.0000698>.

- Durma de sete a oito horas, no mínimo, por noite. As pessoas que perdem uma ou duas horas de sono por noite sentem mais desejo de comer carboidratos e acabam comendo quantidades maiores durante o dia.[7]
- Respire fundo. A maneira mais simples e rápida de relaxar e reduzir o cortisol é respirar fundo cinco vezes. Conte até cinco enquanto estiver inspirando, e conte até cinco enquanto estiver expirando o ar. Faça isso cinco vezes.
- Brinque. Essa forma de condicionamento físico é algo que fazemos sem pensar quando somos jovens. É uma forma excelente para baixar o cortisol.
- Dê e receba — uma das formas mais poderosas de cura e restauração do mundo.

Há quatro hormônios principais que acionam a química do cérebro e controlam nosso apetite e metabolismo. Damos a eles o nome de "os quatro hormônios do apocalipse". Se você aprender truques simples para readquirir o controle desses hormônios, os desejos incontroláveis de comer desaparecerão rapidamente, em geral em menos de quarenta e oito horas. Se você conseguir controlar esses hormônios, todo o resto se reajustará automaticamente:

1. **Insulina.** É produzida em grandes quantidades pelo pâncreas em reação ao açúcar ou amido que provoca acúmulo de gordura na barriga e interfere nos centros de controle do apetite no cérebro, deixando a pessoa com fome e desejando mais açúcar e carboidratos.

---

[7] SCHMID, S. M. A Single Night of Sleep Deprivation Increases Ghrelin Levels and Feelings of Hunger in Normal-Weight Healthy Men. University of Luebeck. PubMed.gov, 17 set. 2008. Disponível em: <http://www.ncbi-nlm.nih.gov/pubmed/18564298>.

2. **Grelina.** É o hormônio da fome produzido no estômago. Em grande parte, o modo com que comemos ou vivemos produz o estímulo desse hormônio da fome.
3. **PYY (polipeptídeo Y).** É produzido no intestino e freia o apetite.
4. **Cortisol.** É o hormônio do estresse produzido pelas glândulas suprarrenais. Durante o estresse crônico, provoca fome, acúmulo de gordura na barriga e perda muscular.

A maravilha de acrescentar alimentos que curam, nutrem e satisfazem plenamente é que isso provoca uma transformação que exige pouquíssimo esforço para mudar a condição do seu corpo e da sua mente – uma condição na qual seus desejos incontroláveis desaparecem, sua força de vontade torna-se desnecessária porque você vai desejar, de maneira natural, alimentos que o fortaleçam e o façam sentir-se bem. Quando passa a adquirir hábitos simples – dormir um pouco mais, movimentar o corpo, acalmar a mente, respirar fundo, brincar, servir –, você muda gradualmente, dia após dia, e começa a ter uma capacidade maior de cuidar de você mesmo e ser curado. Satisfação, vida com propósito e bem-estar são os resultados naturais.

Agora que você aprendeu que o alimento é remédio, que o alimento verdadeiro tem o poder de produzir uma vida saudável, e quais os alimentos que pode consumir para ter mais energia e disposição, é hora de analisar o que estamos comendo que imaginávamos ser alimento, mas não é, e como evitar os alimentos que roubam vida, promovem doenças e causam obesidade.

CHEGA DE DESEJOS INCONTROLÁVEIS DE COMER

O pastor Tom Crick ouviu pessoas que aderiram ao Plano Daniel dizer coisas como: "Você vai superar isso em pouco tempo. Vai parar de querer tomar refrigerante ou de comer açúcar". *Ah, claro,* ele pensou.

Quando ele se concentrou em seguir o Plano Daniel, a situação começou a mudar. "Descobri que aquilo era verdade. Comecei a não sentir vontade de voltar aos hábitos anteriores. Passei a sentir o açúcar natural das frutas e coisas parecidas. Puxa, o morango é doce mesmo! Nunca notei isso antes, porque estava acostumado a usar açúcares artificiais".

ALIMENTOS **PREJUDICIAIS**:
O QUE DEVEMOS EVITAR?

DA MESMA FORMA QUE TÊM O PODER de nos curar, os alimentos também têm o poder de nos prejudicar. A única causa maior da nossa doença epidêmica crônica, de um país que deixou de se fortalecer, é a má qualidade dos nossos alimentos. Não é difícil imaginar que nos alimentamos e alimentamos nossos filhos com comida que não serviríamos ao nosso cão. Você daria *cheeseburger*, batata frita e refrigerante a ele? Então por que os oferece a seu filho? Por que existem "alimentos para crianças" ou "cardápio para crianças"? Adivinhe o que as crianças comem na Espanha. Comida espanhola! O que as crianças comem na Indonésia? Comida indonésia!

Alguém nos convenceu de que é difícil mudar o que comemos. Não é de admirar! Em muitas comunidades dos Estados Unidos, há dez vezes mais restaurantes *fast-food* e lojas de conveniência que supermercados ou centros de abastecimento. O americano consome em média 4,5 quilos de aditivos químicos por ano. Quanto mais aditivos, menos nutrientes, claro!

> "Na minha casa havia apenas duas coisas no cardápio: coma ou não coma."
> DR. HYMAN

Queremos, portanto, educar você também quanto às substâncias que não são alimentos ou que se parecem com alimentos, escondidas nas coisas que comemos todos os dias. Esta é uma forma simples de saber se o alimento é ou não verdadeiro: se você demorar mais tempo para ler e entender o rótulo que comer o que está dentro da embalagem, provavelmente não é alimento. Se contiver "ingredientes" que sua bisavó não usava para preparar as refeições da família, é bem provável que não seja alimento.

O alimento contém calorias, proteínas, gorduras, carboidratos, fibras, vitaminas e minerais, fitonutrientes e genes de plantas nos quais a soma do alimento todo é muito maior que a de qualquer ingrediente isolado. Contudo, no decorrer do século XX, nosso alimento foi substituído por antinutrientes – substâncias semelhantes a alimento que, em geral, nunca comprovaram ser seguras, tais como açúcares alterados quimicamente; aditivos, superamidos inflamatórios contendo farinha de trigo transformada geneticamente; gorduras industrializadas, conservantes com elementos químicos para fazer o alimento durar anos e corantes com pigmentos que o tornam atraente. Os alimentos industrializados contêm altos teores de gorduras tóxicas, açúcares, sal.

Esses alimentos parecem convenientes e baratos, mas o custo verdadeiro de consumi-los é responsável por destruir nossa saúde e o capital humano, sem mencionar o que um sistema de agricultura quimicamente dependente faz ao meio ambiente. Meio quilo de carne industrializada necessita de 7.600 litros de água e produz 53 vezes mais gases do efeito estufa que meio quilo de vegetais.[8] (O Environment Working Group [*ewg.org*] e o CleanFish [*cleanfish.com*] apresentam mais informações sobre como reduzir o impacto ambiental por meio da escolha inteligente dos alimentos.) Portanto, o que você come é muito mais prejudicial que aquilo que cabe no seu estômago faminto ou que o tamanho da sua cintura. Afeta tudo!

AS AMEAÇAS BRANCAS

Uma das maiores ameaças à nossa saúde é o aumento acentuado do açúcar em todas as formas da nossa dieta nos últimos cem anos. As populações de cultura forrageira consumiam umas 22 colheres de chá de açúcar por ano; hoje, o americano consome, em média, de 22 a 30 colheres de chá de açúcar por dia.[9] Em 1800, uma pessoa consumia, em média, 2,3 quilos por ano.[10]

---

[8] **The Prince's Speech:** On the Future of Food. New York: Rodale, 2012.

[9] **American Heart Association**. By Any Other Name It's Still Sweetener. Disponível em <http://www.heart.org/HEARTORG/Conditions/More/MyHeartandStrokeNews/By-Any-Other-Name-Its-Still-Sweetener_UCM_437368_Article.jsp>.

[10] GRAHAM, Tyler G.; RAMSEY, Drew, M.D. **The Happiness Diet**. New York: Rodale, 2011. p. 34.

Hoje, a média é de 69 quilos por ano.[11] Nosso corpo não foi feito para lidar com essa quantidade de açúcar. Paracelso, médico grego da Antiguidade, disse: "A dose faz o veneno". Na dose ingerida atualmente, o açúcar é veneno. A média de 570 gramas de refrigerante contém 15 colheres de chá de açúcar. Você colocaria essa quantidade em uma xícara de café ou chá?

O açúcar tem muitos nomes: açúcar de cana, caldo de cana evaporado, açúcar mascavo, dextrose, agave, xarope de bordo, mel e, claro, xarope de milho de alta frutose (sigla em inglês, HFCS), que hoje é a maior fonte de calorias na nossa dieta. Todos esses açúcares são prejudiciais quando consumidos em excesso. Bebidas adoçadas com açúcar, como refrigerantes, contêm 15% das calorias consumidas em média pelos americanos. Uma lata de refrigerante por dia aumenta em 60% o risco de obesidade infantil e em mais de 80% o risco de diabetes em mulheres.[12]

Outras ameaças: alimentos brancos refinados ou processados que provocam o desequilíbrio das taxas de açúcar no sangue, mas que não pensamos neles como açúcar. São eles: farinha de trigo branca, arroz branco e massa branca. Os alimentos brancos atuam como açúcar no organismo. Devem ser substituídos por opções melhores, como pão feito de grão de centeio integral ou arroz preto ou integral.

A partir da década de 1950, mais de 600 mil alimentos processados e embalados foram introduzidos no mercado. Oitenta por cento deles contêm muito açúcar, em geral várias colheres de sopa, oculto e disfarçado com toda sorte de nomes.[13] O açúcar está presente no pão, no *ketchup* e nos molhos de salada.

---

[11] U.S. Department of Agriculture. Profiling Food Consumption in America. USDA **Agriculture Factbook**. Disponível em: <http://www.gov/factbook/chapter2.pdf>.

[12] Sugary Drinks and Obesity Fact Sheet. **Harvard School of Public Health**, 2013. Disponível em: <http://www.hsph.harvard.edu/nutritionsource/sugary-drings-fact-sheet>.

[13] NG, S. W. et al. Use of Caloric and Noncaloric Sweeteners in US Consumer Packaged Foods 2005-2009. University of North Carolina – Chapel Hill, PubMed.gov, nov. 2012. Disponível em: <http://www.ncbi.nlm.nih.gov/pubmed/23102182>.
LUSTIG Robert, M.D. Still Believe 'A Calorie Is a Calorie'?". **Huffington Post**, 27 fev. 2013. Disponível em: <http://huffingtonpost.com/tobert-lustig-md/sugar--toxic_b_2759564.html>.

CHEGA DE DESEJOS INCONTROLÁVEIS DE COMER

Açúcares conhecidos (não saudáveis, mas verdadeiros)

Agave	Mel
Malte de cevada	Suco concentrado
Xarope de arroz integral	Xarope de bordo
Açúcar mascavo	Melaço
Açúcar de coco	Açúcar de palma
Caldo de cana evaporado ou desidratado	Açúcar

Açúcares ocultos ou açúcares tóxicos

Dextrose	Lactose
Dextrina	Maltodextrina
Dissacarídeos	Maltose
Frutose	Monossacarídeos
Xarope de milho com alto teor de frutose (ou qualquer açúcar ou xarope de milho)	Sorgo
Amido hidrogenado	Sacarose
Glicose	Xilose

Na verdade, a porção média do molho de macarrão comercializado contém mais açúcar que uma porção de biscoitos recheados de chocolate. É por isso que mostraremos, mais adiante neste capítulo, como ler e entender os rótulos dos alimentos.

POR QUE O AÇÚCAR É A CAUSA PRINCIPAL DE DOENÇAS

Desde que começaram as recomendações sobre redução do consumo de gordura na alimentação no início da década de 1980 (que, na época, todos nós pensávamos que faziam bem ao organismo), dobramos os índices de obesidade nos adultos e os triplicamos nas crianças. De fato, hoje nos Estados Unidos, uma em duas pessoas apresenta sintomas de pré-diabetes ou de diabetes tipo 2. O número de pessoas com doenças cardíacas, diabetes tipo 2, câncer, demência senil, depressão e infertilidade subiu vertiginosamente. (A verdade é que, para diagnosticar o câncer, os médicos ministram açúcar radiativo aos pacientes. O açúcar vai direto ao câncer e o destaca na tomografia PET.)[14]

O açúcar desencadeia uma cascata de mudanças no organismo, provocando doenças e ganho de peso. Veja o que acontece:

1. Você come açúcar ou carboidratos que são absorvidos rapidamente (como farinha de trigo).

2. Ocorre um desequilíbrio nas taxas de açúcar no sangue.

3. Ocorre um desequilíbrio dos níveis de insulina.

4. A insulina provoca o depósito de gordura na barriga e aumenta o apetite e o desejo incontrolável de comer açúcar.

5. O açúcar (particularmente a frutose no xarope de milho com alto teor de frutose) estimula a produção de colesterol no fígado (processo chamado lipogênese), aumentando o LDL (mau colesterol), diminuindo o HDL (bom colesterol) e aumentando os triglicérides.

6. Isso produz gordura no fígado (que hoje afeta de 60 a 90 milhões de americanos).[15]

Tudo isso aumenta a chamada *resistência à insulina*, na qual as células se tornam insensíveis aos efeitos da insulina, exigindo mais e mais insulina para manter normal a taxa de açúcar no sangue.

---

[14] Tomografia computadorizada por meio de pósitrons. [N. do T.]

[15] TARGHER, Giovanni, M.D. et al. Risk of Cardiovascular Disease in Patients with Nonalcoholic Fatty Liver Disease. **New England Journal of Medicine,** 30 set. 2010. Disponível em: <http://www.nejm.org/doi/full/10.1056/NEJMra0912063>.

Essa é a causa principal de todas as doenças crônicas relacionadas à idade (como doença cardíaca, hipertensão, derrame, câncer, diabetes tipo 2 e demência senil.)

O organismo produz mais e mais insulina, provocando mais e mais gordura e inflamação na barriga. Essa inflamação é a raiz da maioria das doenças crônicas. Ufa! Mesmo que a pessoa não tenha diabetes tipo 2, a resistência à insulina é a principal causa de infartos, derrames, muitos tipos de câncer e até de demência senil (hoje chamada diabetes tipo 3).

Conclusão: O açúcar é uma guloseima ocasional. Quando consumir açúcar, prefira as formas naturais e tradicionais: açúcar não refinado, mel em estado natural, açúcares de fruta, xarope puro de bordo. Fique longe de todos os outros tipos. Use o açúcar em alimentos e bebidas preparados por você, mas com parcimônia, e use as receitas do

MORTE LÍQUIDA: NÃO BEBA CALORIAS

Se existe uma coisa que você pode fazer para melhorar radicalmente sua saúde e perder peso, é fazer isto: não beba calorias de açúcar em forma líquida. Isso inclui refrigerantes, bebidas esportivas, cafés ou chás aromatizados, energéticos e sucos (exceto sucos de verduras feitos na hora).

Veja o que as calorias em forma líquida fazem:

- Acumulam-se e transformam-se naquela odiosa gordura abdominal.
- Transformam o fígado em fábrica de gordura, provocando mais resistência à insulina e dando início a um círculo vicioso.
- Confundem sua mente, aumentando o apetite e impedindo que você fique satisfeito. E aí você come mais do que comeria normalmente em um dia.

Conclusão: Prefira água ou chás não adoçados e sem cafeína.

Plano Daniel apresentadas no final do deste livro e no *site* (disponível em língua inglesa) como guia para sobremesas saudáveis. Evite todos os tipos de açúcar oculto e adicionado. Leia os rótulos com atenção.

Você poderá usar frutas ou sucos de fruta em pequenas quantidades como adoçante natural em sobremesas saudáveis. Quando você começar a ingerir alimentos verdadeiros, seus desejos incontroláveis de consumir alimentos nocivos à saúde serão substituídos por grande prazer e satisfação por coisas doces por natureza.

O CASO ESPECIAL DA FRUTOSE

Podemos tolerar o açúcar em pequenas quantidades como uma guloseima ocasional. A fruta natural é uma boa fonte de açúcar (não o suco ou o concentrado). A verdade é esta: a frutose que você ingere ao comer uma fruta é ótima porque contém alto teor de fibras e muitas vitaminas, minerais e fitonutrientes.

O problema é quando a frutose é ingerida fora da fruta – quando ingerimos xarope de milho com alto teor de frutose. Evite-o a todo custo. Se não tem feito nada para mudar sua dieta, faça essa única mudança e seja inflexível quanto a isso.

ADOÇANTES ARTIFICIAIS

Sabendo que o açúcar causa tantos problemas à saúde, por que não substituí-lo por adoçantes artificiais e alimentos *diet* feitos com essas alternativas? Se a perda de peso girasse apenas em torno de calorias, as bebidas *diet* seriam uma boa ideia. Um estudo de catorze anos com mais de 65 mil mulheres revelou que o oposto parece ser verdadeiro. As bebidas *diet* podem ser piores que as bebidas adoçadas com açúcar.[16]

Tudo tem seu preço. As bebidas *diet* não são boas substitutas para as bebidas adoçadas com açúcar. Aumentam os desejos

---

[16] CLAVEL-CHAPELON, Françoise; FAGHERAZZI, Guy. Diet' Drinks Associated with Increased Risk of Type II Diabetes. **Inserm**, 7 fev. 2013. Disponível em: <http://english.inserm.fr/press-area/diet-drinks-associated-with-increased-risk-of-type-ii-diabetes>.

incontroláveis de consumi-las, engordam e causam diabetes tipo 2. E viciam. Observe os nomes ocultos dos adoçantes artificiais, não calóricos ou não absorvidos, como aspartame, acesulfame e sucralose; e os álcoois de açúcar, como manitol, xilitol e outras coisas que terminam com OL.

E A ESTÉVIA?

A estévia parece a alternativa perfeita para ajudar a evitar os perigos dos adoçantes artificiais, como o aspartame. Origina-se de uma planta. É completamente natural. Não contém calorias. Os índios guaranis no Paraguai usam a estévia desde o século XVI. Parece perfeita. Até 1995, foi banida dos Estados Unidos em razão de uma forte pressão dos produtores de aspartame, um adoçante artificial. Quando o FDA (órgão governamental dos Estados Unidos responsável pelo controle dos alimentos) finalmente interveio em 1995, a estévia foi aprovada como suplemento alimentar vendido em lojas de alimentos para a saúde. Essa forma de estévia é uma boa alternativa.

No entanto, leia os rótulos com atenção, porque alguns fabricantes encontraram uma forma de extrair as partes mais amargas da planta e deixar apenas o sabor doce, transformando aquilo que era potencialmente um adoçante melhor em uma substância alimentar refinada. Isolaram o elemento químico doce chamado "rebaudioside A" ou "reb "A".

> "Quando você começar a seguir o Plano Daniel, seu paladar despertará para o sabor delicioso do alimento verdadeiro. Você não sentirá o estômago vazio, e seus desejos incontroláveis e diários de comer alimentos prejudiciais à saúde desaparecerão."

Recorra ao extrato original da planta, que você poderá encontrar em lojas ou supermercados de alimentos naturais, apresentado em líquido ou pó. Tenha em mente que os adoçantes são guloseimas, não gêneros de primeira necessidade.

A esta altura você deve estar pensando em desistir.

Nada de açúcar? Sério? A verdade é que os açúcares naturais encontrados nas frutas e em alguns vegetais terão sabor incrivelmente doce assim que você recuperar o paladar. A vida pode continuar a ser muito doce sem açúcares refinados, altamente processados, e sem adoçantes artificiais. Se você mantiver o foco nos alimentos verdadeiros – alimentos naturalmente doces, como frutas e até vegetais doces – e aprender a apreciá-los, não sentirá falta de comer inutilidades. E, se tentar novamente, parecerão extremamente doces. Experimente vegetais ou batatas-doces assados. Até as crianças adoram isso. O chocolate escuro em pequenas quantidades é também uma guloseima deliciosa. Sempre há espaço para guloseimas doces quando consumidas com moderação.

AS GORDURAS MÁS

A ciência da gordura é tão confusa que não é de admirar que deixe todos igualmente confusos. Felizmente, o novo U.S. Dietary Guidelines [Normas alimentares dos Estados Unidos] está se movimentando na direção certa, encorajando-nos a consumir os tipos certos de gorduras – dos quais já falamos – e a evitar as gorduras más.

Há duas classes principais de gorduras que nos fazem mal: a gordura *trans* e os óleos vegetais processados e refinados. Pense nos óleos transparentes ou amarelos vendidos em recipientes de plástico, usados pela maioria dos americanos e vendidos como óleo vegetal, de soja, de milho ou de canola (anteriormente chamada semente de colza, e até pouco tempo atrás não indicado para consumo humano). São chamados óleos ômega 6 ou gorduras poli-insaturadas. São inflamatórios. E a esta altura você já sabe o que a inflamação causa no seu organismo!

Troque esses óleos por aqueles que trazem benefício ao organismo e ao cérebro (v. página 107). A exceção é que você pode usar quantidades pequenas de óleos não refinados – geralmente chamados óleos prensados a frio ou por *prensa de extração* – como óleo de semente de uva, de semente de gergelim ou de nozes, para a culinária caseira. E, claro, você poderá usar azeite de oliva extravirgem e óleo de coco.

As gorduras *trans* são venenos e, ao lado do xarope de milho com alto teor de frutose, são o ingrediente mais mortal nos nossos alimentos. Não há limite de segurança. Não há motivo nenhum para consumi-las.

São produzidas em fábricas nas quais o óleo vegetal líquido (em geral de soja) é tratado quimicamente sob alta pressão para torná-lo sólido em temperatura ambiente. Aumentam substancialmente o prazo de validade, e é por isso que os biscoitos duram anos na prateleira e as margarinas usadas na confecção de bolos são perfeitas para fazer coberturas de tortas depois de trinta anos guardadas no armário. Sim, elas servem para durar nas prateleiras. Mas você sabe por que duram tanto? Para encurtar sua vida!

As gorduras *trans* aumentam o risco de você ter os seguintes problemas de saúde:

- Aumentar o mau colesterol e diminuir o bom colesterol.
- Risco de infarto.
- Obesidade e diabetes tipo 2.
- Câncer.
- Prejudicar o funcionamento do cérebro e causar demência senil.
- Aumentar a inflamação.

Você encontra gorduras *trans* em alimentos assados e embalados, doces, bolos, biscoitos, frituras, salgadinhos e pipocas. Percorra os corredores de qualquer supermercado e tente encontrar um alimento sem "gordura hidrogenada" na tabela de nutrição. Sim, as gorduras *trans* constam dos rótulos, mas a política do alimento permite que o rótulo mencione "zero em gorduras *trans*" se o produto contiver menos de 2 gramas por porção. As coberturas de chantili congelado são feitas com água, gordura hidrogenada e xarope de milho com alto teor de frutose como ingredientes principais, porém o rótulo diz "0 de gordura *trans*" porque uma porção tem menos de 0,5 grama. Dê a isso o nome de mentira legalizada.

COMO AQUILO QUE COMEMOS AFETA O PLANETA?

As coisas que colocamos no garfo têm o poder de afetar não apenas nossa saúde, mas também o processo da agricultura, a mudança climática e até a economia. Um membro da igreja contou-nos a respeito dos fazendeiros da Nigéria que ele conheceu. Eles receberam sementes de uma grande empresa de agricultura por um preço mais baixo que o das sementes comuns, porém as sementes daquela safra não podiam ser replantadas. (Foram feitas daquela maneira.) No ano seguinte, os fazendeiros foram forçados a comprar as sementes da mesma empresa a um preço mais alto e, com o passar do tempo, não tiveram condições de cultivá-las.

Esse procedimento das indústrias de agricultura tem causado impacto na qualidade dos alimentos que consumimos e também cria fome nas crianças da África. Se pararmos de comprar alimentos industrializados, haverá um enorme efeito em cascata. O poder do nosso garfo pode mudar o mundo.

Quando o assunto é nossa saúde e a saúde do Planeta, temos muito mais a aprender e a estudar, mas não necessitamos de todas as respostas para entrar em ação. Podemos optar por comprar mais alimentos integrais, animais criados de forma sustentável, alimentos produzidos localmente e mais. Da mesma forma que aprendemos que determinadas gorduras são boas para nós e outras são destrutivas, podemos aprender quais sistemas de agricultura e de alimentos são também os melhores para nós.

PROJETOS DA CIÊNCIA INDUSTRIAL

Além de evitar consumir xarope de milho com alto teor de frutose e gordura *trans*, a melhor coisa que você pode fazer por sua saúde é evitar os projetos da ciência industrial com moléculas estranhas e esquisitas que não foram feitas por Deus na natureza.

Grande parte dos aditivos alimentares causam muitos problemas, desde fome incontrolável e ingestão exagerada de alimentos (culpa do MSG [sigla em inglês para glutamato de sódio]) até dores de cabeça, alergias e problemas no intestino. Algumas regras simples protegerão você e sua família de falsas substâncias alimentares.

Coma pensando em menos que cinco. Verifique o rótulo para ver se há menos de cinco ingredientes que sejam alimentos verdadeiros, como tomate, água e sal.

Cuidado com o MSG em todas as suas formas ocultas. Além de causar dores de cabeça e confusão mental, é usado em experimentos com animais, para induzir camundongos e ratos a comerem exageradamente e engordar a fim de criar um animal-modelo para o estudo da obesidade. O MSG faz a pessoa sentir fome e comer demais e triplica a produção de insulina, produzindo acúmulo de gordura abdominal. Entre os nomes ocultos do MSG, encontramos estes:

- ☐ Qualquer "aroma" ou "aromatizante"
- ☐ Qualquer coisa que contenha "enzimas"
- ☐ Qualquer "enzima modificada"
- ☐ Qualquer coisa "hidrolisada"
- ☐ Qualquer coisa que contenha a palavra "glutamato"
- ☐ Proteína vegetal submetida ao processo de autólise
- ☐ Proteína de plantas hidrolisada
- ☐ Proteína de vegetais hidrolisada
- ☐ Extrato de malte
- ☐ Maltodextrina
- ☐ Glutamato monossódico
- ☐ Temperos naturais

Alimentação

- [ ] Fermento submetido ao processo de autólise
- [ ] Malte de cevada
- [ ] Caldo de carne
- [ ] Carragenina
- [ ] Gelatina
- [ ] Glutamato
- [ ] Ácido glutâmico de sódio
- [ ] Protease
- [ ] Outros tipos de caldos
- [ ] Proteína texturizada
- [ ] Umami
- [ ] Extrato de proteína vegetal
- [ ] Extrato de levedura
- [ ] Levedura ou nutriente

O QUE ESTOU COMENDO?

"Precisei comer refeições prontas enquanto estava trabalhando após o terremoto no Haiti. Quando li os rótulos do frango e dos bolinhos, notei que havia mais de 500 ingredientes. Não reconheci quase nenhum deles e não sabia pronunciar o nome da maioria. Na verdade, não encontrei a palavra 'frango' no rótulo — era uma 'substância semelhante ao frango'."

DR. HYMAN

Coma produtos orgânicos, se for possível, para evitar pesticidas, hormônios e antibióticos no alimento. Se o dinheiro estiver curto, use as listas dos quinze alimentos limpos [*Clean Fifteen*] e dos doze sujos [*Dirty Dozen*] do Environment Working Group (*ewg.org*) para escolher as frutas e os vegetais cultivados convencionalmente e menos contaminados, e evite a maioria das versões contaminadas. Visite *ewg.org/agmag/2010/06/shoppers-guide-pesticides*. São um pouco mais caros, mas essa escolha pode ajudar o orçamento e sua saúde. Quanto aos laticínios, sugerimos comprar produtos orgânicos e ingerir quantidades menores. Os alimentos orgânicos contêm aproximadamente 25% a mais de nutrientes que os alimentos vegetais cultivados convencionalmente. Carne de vaca, de frango e ovos também são melhores para você, desde que sejam orgânicos ou sustentáveis. Se mais pessoas usassem produtos orgânicos, os preços cairiam.

Coma de maneira sustentável. Sempre que possível, tente comprar animais e produtos animais sustentáveis. Isso o ajudará a evitar pesticidas, antibióticos e hormônios. Procure nos rótulos expressões como *alimentado em pastagens, orgânico* ou *sem hormônios e antibióticos*. Pergunte a seu açougueiro qual é a origem do animal e como foi criado.

EVITE OS ADITIVOS E OS ELEMENTOS QUÍMICOS MAIS COMUNS NOS ALIMENTOS

- [ ] Glutamato monossódico
- [ ] Adoçantes artificiais
- [ ] Proteína de soja isolada (extrato de soja processado que causa câncer nos animais)
- [ ] Caseinato de sódio e cálcio (extrato tóxico de leite e seus derivados)
- [ ] Ácido fosfórico (fosfato dipotássico e fosfato tricálcico)
- [ ] Aromatizantes artificiais (em geral contêm MSG)
- [ ] Carragenina (pode causar inflamação e vazamento intestinal)
- [ ] Corantes e pigmentos (corante amarelo nº 5 ou tartrazina e outros)
- [ ] Sulfitos (causam alergias e inflamação)
- [ ] Nitritos e nitratos (em frios e carnes processadas e causam câncer)

E A CAFEÍNA?

A maioria dos americanos, mais os milhões de pessoas ao redor do mundo, adora café. Ele é feito dos grãos do cafeeiro. Há prós e contras em relação ao café.

OS CONTRAS:

- Aumenta os hormônios do estresse, ansiedade e irritabilidade.
- Aumenta a pressão sanguínea e as batidas do coração.
- Aumenta a insulina.
- As pessoas viciadas em café sentem dor de cabeça na falta dele.
- Interfere no sono e causa insônia.
- Pode causar refluxo gastroesofágico e azia.
- Pode causar palpitação.
- Pode causar perda de minerais, como magnésio e cálcio, na urina.
- Por ser diurético, pode causar desidratação.
- Produz energia no curto prazo, porém aumenta a fadiga posteriormente.

OS PRÓS:

- Aumenta o foco e a concentração.
- Melhora o desempenho na área esportiva.
- Pode ajudar em casos de prisão de ventre.
- Talvez esteja ligado ao risco menor de câncer de próstata, demência senil, derrame e insuficiência cardíaca.
- Talvez diminua o risco de diabetes.
- É cheiroso e muito saboroso.

Conclusão: Se você gosta de tomar uma xícara de café de manhã, não se prive desse prazer. Mas estamos falando de café fresco, verdadeiro – não dos *capuccinos* e outros tipos com muito açúcar. Tome cuidado com o que você põe no café, e recomendamos somente uma ou duas xícaras por dia. A reação e a tolerância ao café variam de pessoa para pessoa. Veja qual é a sua. A única exceção é que encorajamos os leitores a tentar a recalibragem do Plano Daniel de Desintoxicação, na qual recomendamos que eles evitem estimulantes e sedativos, para saber como se sentem realmente. (V. página 347 para informações sobre o plano de desintoxicação.)

E QUANTO AO ÁLCOOL?

O vinho, a cerveja e os destilados existem desde que o mundo é mundo. Existem, porém, controvérsias por motivos morais, pessoais e médicos.

Preste atenção: o álcool é um veneno em doses maiores que um ou dois copos, é muito calórico e contêm altos teores de açúcar que contribuem significativamente para o aumento de peso. O álcool em excesso prejudica o revestimento intestinal, prejudica o fígado e aumenta o açúcar no sangue e a insulina. Pode também causar inflamação, quebra hormonal, causa atrofia no cérebro e esgota os níveis de vitamina. Um copo pode ser benéfico à saúde, porém mais que dois é prejudicial.

Infelizmente, a dependência do álcool é comum e acaba com pessoas e famílias. Para os dependentes e perto de se tornarem dependentes, a abstinência é o melhor remédio. (Se alguém que você ama está lutando com a dependência alcoólica, você encontrará ajuda em *www.propositos.com.br*). O consumo de álcool também deve ser evitado em casos de risco de câncer de mama, histórico pessoal ou familiar de alcoolismo ou alergia aos sulfitos no vinho.

SENSIBILIDADES E ALERGIAS ALIMENTARES

Diz o velho ditado que aquilo que é remédio para uma pessoa é veneno para outra. Não existe verdade maior quando se trata da diferença das nossas reações quanto aos alimentos. E em nenhuma outra área da medicina há tantas controvérsias, superstições e confusões quanto aquelas em torno do assunto de alergias, sensibilidades e doenças causadas por alimentos.

Por ser um médico experiente na prática da medicina, o dr. Hyman tem à sua disposição dois ótimos remédios para tratar, reverter e até curar centenas de doenças. Esses remédios são: 1) enfrentar as sensibilidades e alergias alimentares e 2) estimular as pessoas a consumir alimentos verdadeiros. A ciência da medicina funcional (sua especialidade) gira em torno de ligar os pontos e tratar do corpo como um sistema holístico, sem manter o foco nos sintomas.

Os dois alimentos mais comuns que causam reações são o glúten (encontrado na farinha de trigo, cevada, centeio, espelta ou trigo vermelho e aveia) e os laticínios. Esses alimentos provocam inflamação, a raiz das doenças autoimunes (que ataca de 24 a 50 milhões de americanos);[17] doenças artríticas, alérgicas e asmáticas, todas em grande ascensão; diabetes; demência senil; obesidade; depressão; doenças cardíacas; e autismo.

E por que estamos presenciando uma epidemia de doenças inflamatórias nos Estados Unidos? Existiria uma súbita mutação genética com milhões de pessoas apresentando reações aos alimentos que, aparentemente, têm sido consumidos há milhares de anos?

A resposta é "não".

Precisamos começar a analisar as reações alimentares ocultas ou retardadas que causam inflamação. É difícil detectar essas reações.

---

[17] **American Autoimmune Related Diseases Association**. 2011: The Cost Burden of Autoimmune Disease: The Latest Front in the War on Healthcare Spending. Disponível em: <http://www.aarda.org/pdf/cbad.pdf>.

Se você comeu pão na segunda-feira, poderá sentir dor de cabeça na quarta-feira, ou apenas sentir-se atordoado, ser acometido de confusão mental ou, ainda, ganhar peso e tornar-se pré-diabético. Os sintomas são vagos: fadiga, atordoamento, confusão mental, desejo incontrolável de comer, congestão nasal ou coriza, acne, eczema, psoríase, irritação intestinal, refluxo gastroesofágico, dor de cabeça, dor nas articulações, sono agitado, asma etc.

As alergias alimentares às quais nos estamos referindo são diferentes. Trata-se de reações leves que causam problemas depois de muito tempo e provocam doenças crônicas em vez de doenças agudas. Isso pode afetar até 50% da população.

Há exames de sangue para essas reações, e, se você estiver achando que tem grave sensibilidade ao glúten ou doença celíaca, deve ser submetido a esses exames. No entanto, para a maioria de nós basta eliminar esses alimentos por duas a seis semanas. Isso será melhor que qualquer exame. Seu organismo tem uma sabedoria infinita. Ouça o que ele tem a dizer. Houve melhora dos sintomas? Como você se sente? Perdeu peso?

Hoje o aumento dessas sensibilidades alimentares está relacionado diretamente ao que estamos ingerindo. Nossa dieta de alimentos processados, pobres em fibras e com alto teor de açúcar interfere nas bactérias que vivem no nosso sistema digestivo. Há dez bactérias para cada célula, e você tem dez vezes mais DNA bacteriano no corpo que seu próprio DNA. O que as pesquisas mostram é a existência de "vazamento intestinal", em que as proteínas dos alimentos vazam através do revestimento intestinal danificado e ativam seu sistema imunológico. Quando consome alimentos processados, você provoca uma mudança na flora intestinal e fomenta o crescimento de micróbios que causam inflamação. Acrescente a isso as drogas "demolidoras" que usamos – antibióticos, anti-inflamatórios, antiácidos e esteroides – combinados com vida estressante, e teremos o ambiente perfeito para vazamento intestinal.

E QUANTO AO LEITE E SEUS DERIVADOS?

Nós, os americanos, aprendemos que precisamos de leite, que sem leite as crianças não crescem como deveriam nem ficam fortes e que os ossos das senhoras de idade tornam-se frágeis em razão da osteoporose. Aprendemos que o leite é o alimento perfeito da natureza. Para os bezerros! O ser humano é a única espécie que toma leite depois de desmamado. Mais de 75% da população mundial é intolerante à lactose (não são capazes de digerir o açúcar do leite), e os laticínios causam inchaço, gases e diarreia. Além da intolerância à lactose, as reações imunológicas adversas às proteínas dos laticínios aumentam significativamente, inclusive congestão, asma, problemas nasais, infecções de ouvido nas crianças, erupções cutâneas e eczema, doenças autoimunes e diabetes tipo 1. Incentivamos todas as pessoas a fazer uma pausa na ingestão de laticínios de dez a quarenta dias, para ver como se sentem.

Da mesma forma que o glúten (v. página 137), o leite e seus derivados são os alimentos mais inflamatórios na nossa dieta.

Algumas pessoas toleram os laticínios em pequenas quantidades. Se quiser incluir laticínios na alimentação para descobrir se os tolera, estas são algumas sugestões para reduzir o risco ao mínimo:

- Experimente leite ou queijo de ovelha ou de cabra.
- Escolha laticínios orgânicos e de animais criados no pasto.
- Prefira os queijos duros aos queijos processados.
- Use formas de laticínios que digerem com mais facilidade, como kefir ou iogurte natural, que contêm bactérias benéficas.

Você toma, então, um remédio para gastroenterite ou diarreia ou uma série de antibióticos e – pronto! – de repente apresenta sintomas de vazamento intestinal. Seu sistema imunológico (60% dele encontra-se sob o revestimento intestinal) fica exposto a partículas de alimentos e bactérias. A estabilidade normal é prejudicada. Você não consegue digerir os alimentos de forma correta nem distinguir o amigo do inimigo, e o sistema imunológico cria uma reação anormal àquilo que é completamente normal – o alimento que você ingere.

O QUE VOCÊ PODE FAZER PARA SER CURADO

Podemos fazer muitas coisas para lidar com alergias ou sensibilidades alimentares retardadas, reequilibrar nosso sistema e nos livrar dos sintomas crônicos.

Veja o que você pode fazer para curar o vazamento intestinal:

1. Não coma nenhum alimento com glúten nem leite e seus derivados durante dez a quarenta dias. Qualquer quantidade, por menor que seja, interferirá no processo. O sistema imunológico reage a elementos microscópicos. Elaboramos o Plano Daniel de Desintoxicação para oferecer a você um plano de refeições sem laticínios e glúten (v. página 347).

2. Depois de cortar esses alimentos durante dez a quarenta dias, inclua um deles a cada três dias e controle os sintomas no seu diário sobre a dieta, para acompanhar a causa dos sintomas que se apresentam de 2 a 48 horas após a ingestão do alimento.

3. Tome um probiótico (bactérias benéficas à saúde) para ajudar a regular seu sistema imunológico. Adquira-o em lojas de produtos naturais ou pela internet (certifique-se de que o fornecedor é confiável). Certifique-se de que contenha uma mistura de bactérias benéficas, inclusive *lactobacillus rhamnosus* e *bifidobacterium*, com, no mínimo, de 30 a 50 bilhões de organismos por dose. Esses são alguns alimentos que contêm probióticos: chucrute, *kimchi*, *missô* ou *tempeh* e *kombucha*. Iogurte não adoçado e *kefir* são recomendáveis, desde que você não seja sensível a laticínios.

4. Acrescente mais fibras à sua dieta (veja página 90).

5. As enzimas digestivas ajudam a decompor o alimento e tornam-no menos propenso a causar reações alérgicas. Há uma ampla variedade de enzimas que contêm proteases, amilases e lípases. Podem ser derivadas de plantas ou animais. Existem enzimas naturais no trato digestivo, responsáveis pela decomposição dos alimentos, mas elas não funcionarão se você sofrer de vazamento intestinal.

6. Tome um bom multivitamínico ou óleo de peixe (de 1 a 2 gramas por dia, isentos de metais ou outras toxinas), que contenha nutrientes que ajudem a curar o sistema digestivo.

7. Há outros nutrientes recomendados para curar vazamento intestinal, inclusive zinco, vitamina A, óleo de prímula ou estrela-da-tarde, e glutamina.

Se os problemas persistirem, pense na ideia de fazer um teste alérgico com um médico especialista em alergias.

O TRIGO É PERIGOSO? O PROBLEMA COM GLÚTEN

O tradicional trigo bíblico de nossos antepassados é um alimento que os seres humanos modernos não comem nunca. Ao contrário, comemos trigo anão, produto de manipulação genética e hibridização, que criou plantas pequenas, troncudas, resistentes e altamente produtivas, com quantidades muito maiores de amido e glúten. O homem que idealizou esse trigo moderno ganhou o Prêmio Nobel porque prometeu alimentar milhões de pessoas famintas ao redor do mundo. De fato, alimentou. Mas trouxe alguns problemas.

> O americano consome, em média, 66 quilos de farinha de trigo por ano.[18]

---

[18] U.S. Department of Agriculture. Profiling Food Consumption in America. **USDA Factbook**, p. 19. Disponível em: <http://www.usda.gov/factbook/chaper2.pdf>.

Esse tipo de trigo também contém formas especiais de uma proteína chamada *glúten*, semelhante a cola, que deixa a massa grudenta. O glúten é encontrado na cevada, no centeio, na espelta, na aveia e no *kamut*. Ele dá liga à massa do pão e o faz crescer. O trigo anão cultivado nos Estados Unidos mudou a qualidade e o tipo das proteínas do glúten, criando um teor muito mais alto de glúten e criando um superglúten que causa doença celíaca e anticorpos autoimunes.

Associe isso ao problema que o intestino humano tem sofrido em razão da nossa dieta, do meio ambiente, do modo de vida e dos medicamentos, e você saberá por que a intolerância ao glúten aumenta cada vez mais. Esse superglúten atravessa os vazamentos intestinais e compromete o sistema imunológico. Nosso sistema imunológico reage como se o glúten fosse uma substância estranha e detona a inflamação na tentativa de eliminá-lo. No entanto, essa inflamação não é seletiva, portanto começa a atacar nossas células.

ALIMENTOS SEM GLÚTEN FUNCIONARAM PARA MIM

Em uma visita à Saddleback Church, o dr. Hyman explicou por que você pode seguir os princípios do Plano Daniel e, mesmo assim, não nos sentirmos bem. Se esse for o caso, tente eliminar o glúten. Ao ouvi-lo dizer isso, Cindy Sproul ligou as antenas. "Uma campainha tocou na minha cabeça. É por isso que ainda não me sinto bem, pensei. Eu vinha padecendo de dor de cabeça quase todas as semanas durante três ou quatro anos. Naquele dia, abandonei o glúten e, em três dias, a dor de cabeça foi embora.

"Comecei a pensar com mais clareza. O enrijecimento e o inchaço nas mãos e articulações desapareceram. Tive mais energia e me senti revitalizada."

A inflamação leve causada pelo glúten, que não chega a ser doença celíaca, aumentou os infartos em mais de 35% e o câncer em mais de 70%.[19] É por isso que a eliminação do glúten e sensibilidades ou alergias a alimentos são uma forma excelente para prevenir e reverter obesidade, diabetes e muitas outras doenças crônicas.

Conclusão: Se você sofre de alguma doença crônica, está com sobrepeso ou quer apenas saber até que ponto pode se sentir bem, experimente fazer uma dieta sem glúten de dez a quarenta dias. É uma forma excelente de identificar a causa dos problemas crônicos de saúde. Associada à eliminação do leite e seus derivados, também pode curar muitas doenças, acelerar a perda de peso e renovar seu corpo e sua mente.

O PLANO DANIEL DE DESINTOXICAÇÃO

Recomendamos que todos comecem com um Plano Daniel de Desintoxicação de dez dias (que poderá ser prolongado até 40 dias), para dar o pontapé inicial ao processo de cura, reativar seu sistema e descobrir o poder de retomar o controle do seu corpo e da sua mente, abandonando aquilo que o poderá prejudicar e adicionando aquilo que o poderá curar. Se você usar o poder dos alimentos que curam, seu corpo e sua mente se transformarão rapidamente, e você se sentirá muito melhor bem antes do que imagina.

Por que devo usar o Plano Daniel de Desintoxicação?

Em geral, quase todos nós não nos sentimos completamente saudáveis. Reclamamos de fadiga e confusão mental ou de doenças mais graves. Se você der a seu organismo a oportunidade de

---

[19] LUDVIGSSON, Jonas F., M.D., Ph.D. et al. Small-Intestinal Histopathology and Mortality Risk in Celiac Disease. **Journal of the American Medical Association**, 16 set. 2009. Disponível em: <http://jama.jamanetwork.com/article.aspx?articleid=184586>.

se reprogramar por um curto período de tempo, descobrirá rapidamente o poder dos alimentos que curam e a exuberância, energia e vibração que se originam de uma alimentação correta. Veja os benefícios que você terá em algumas semanas:

- Perda de 2,2 a 4,5 quilos ou mais
- Melhor digestão e eliminação
- Menos sintomas de doença crônica
- Melhora na concentração, foco mental e clareza de raciocínio
- Melhora no humor e sensação de mais equilíbrio interno
- Mais energia e sensação de bem-estar
- Menos acúmulo de sangue e outros fluidos no corpo e menos sintomas alérgicos
- Menos retenção de líquido
- Menos dores nas articulações
- Aumento da sensação de paz e relaxamento
- Melhora no sono
- Pele mais saudável

Esse processo é tão simples quanto tirar o que faz mal e adicionar o que faz bem. Alguns pacientes do dr. Hyman e do dr. Amen se recuperaram rapidamente de uma longa lista de doenças e sintomas crônicos relacionados a regimes alimentares, problemas esses que nunca haviam sido relacionados ao que eles ingeriam. Se você apresenta um dos seguintes sintomas ou doenças, tente seguir o Plano Daniel de Desintoxicação por dez dias ou estendê-lo até 40 dias:

- [ ] Artrite
- [ ] Doenças autoimunes
- [ ] Dificuldade para respirar
- [ ] Inchaço, gases, prisão de ventre ou diarreia
- [ ] Úlceras aftosas
- [ ] Síndrome de fadiga crônica
- [ ] Diabetes ou pré-diabetes
- [ ] Dificuldade de concentração
- [ ] Excesso de peso ou dificuldade em perder peso
- [ ] Fadiga
- [ ] Fibromialgia
- [ ] Retenção de líquidos
- [ ] Alergias alimentares
- [ ] Desejo incontrolável de comer
- [ ] Dor de cabeça e enxaqueca

- [ ] Azia
- [ ] Doença cardíaca
- [ ] Inflamação intestinal (colite ulcerativa de Crohn)
- [ ] Síndrome de irritação intestinal
- [ ] Dor nas articulações
- [ ] Sintomas de menopausa (mudança de humor, problemas de sono, fogacho)
- [ ] Problemas menstruais (tensão pré-menstrual, excesso de sangramento, cólicas)
- [ ] Enxaquecas
- [ ] Dores musculares
- [ ] Olhos inchados e olheiras
- [ ] Congestão sinusal
- [ ] Gotejamento pós-nasal
- [ ] Erupções na pele (eczema, acne, psoríase)
- [ ] Problemas de sono

O Plano Daniel de Desintoxicação inclui os fundamentos expostos no Plano Daniel inteiro: fé, alimento, condicionamento físico, foco e amigos. A única diferença é que, por um curto período de tempo, você deve parar de comer tudo que possa causar problemas de saúde. Mesmo que você pense que não tem problema de saúde, poderá ver uma grande diferença. Se houver um cavalo pisando no seu pé a vida inteira, você só se dará conta dessa sensação de mal-estar quando o cavalo deixar de pisar no seu pé. A maioria dos pacientes do dr. Hyman diz: "Dr. Hyman, eu só me dei conta de que estava me sentindo muito mal quando comecei a me sentir muito bem!". Essa é a nossa oração por todos vocês.

MUDANDO OS HÁBITOS ALIMENTARES PARA ELIMINAR A DOR

"O Plano Daniel é realmente muito simples, mas não foi fácil no início", relembra Latrice Sarver. "Eu tinha péssimos hábitos alimentares e padeci do efeito sanfona a vida inteira. Havia muitas coisas que precisavam ser mudadas.

"Nunca imaginei que minha dor desapareceria. Quando comecei a fazer a desintoxicação, logo descobri que a dor diminuía quando eu não comia proteína animal e aumentava significativamente quando eu voltava a incluí-la na minha dieta. Passei a concentrar-me principalmente em frutas, vegetais, sementes, frutos secos e grãos inteiros. A dor diminuiu bastante, a energia voltou, a taxa de açúcar no sangue melhorou e, aos poucos, fui perdendo peso."

Esperamos que você se presenteie com esse poderoso chute inicial do Plano Daniel. Os alimentos verdadeiros, misturados com especiarias e cozidos ou preparados, são muito mais saborosos que qualquer alimento processado. Talvez demore uma semana ou duas para você recuperar o paladar, mas ele voltará! E você começará a querer comer alimentos frescos e verdadeiros. Sim, é verdade!

PROGRAMANDO SUA ALIMENTAÇÃO

AGORA QUE VOCÊ JÁ APRENDEU o que deve comer e o que deve evitar, como fará a mudança? A triste realidade é que é fácil comer de maneira errada. Saúde não é algo que acontece automaticamente. Somos bons planejadores em relação a algumas áreas da vida: férias, festas e talvez nosso futuro financeiro. No entanto, a maioria de nós raramente faz planos em relação à saúde.

Comer para ter saúde exige um pouco de esforço a princípio, mas, assim que conhecer os elementos básicos, você poderá ser facilmente criterioso e levar adiante suas intenções. Para começar, organize seu ambiente de modo que as escolhas saudáveis não sejam apenas fáceis, mas automáticas. O Plano Daniel foi programado para você ter sucesso; por isso, após quarenta dias, você não precisará pensar duas vezes para saber que ele passará a fazer parte da sua vida. O segredo está em programar sua vida para o sucesso. Você estará pronto para tudo o que Deus planejou para você.

Imagine se todas as vezes que você sentisse fome, o alimento que o nutre, o cura e o satisfaz estivesse à mão. Imagine se você soubesse exatamente como alimentar-se bem quando estivesse em uma estrada ou comendo fora ou, então, apenas sobrevivendo a um dia comum de trabalho.

Nós o ensinaremos como programar com sucesso sua vida alimentar, como não ficar em estado de emergência alimentar, como comprar e etiquetar os alimentos, como comer bem com menos dinheiro, como reestruturar sua despensa, sua cozinha e seu *freezer*, algumas ideias simples de culinária e até ideias para cultivar alguns alimentos para consumo próprio. Você aprenderá como transformar sua casa, seu trabalho, sua vida social e até sua vizinhança em ambientes seguros no que se refere a alimentos.

> A ideia de programar sua vida aplica-se a todos os Elementos Essenciais. O modo de vida de acordo com o Plano Daniel o levará a uma jornada para restaurar não apenas sua saúde física, mas também a saúde espiritual, mental e relacional.

Antes de você começar a fazer mudanças, tenha a ideia brilhante de usar o seu diário sobre a dieta. Anote tudo o que você come: tamanho da porção, tipo de alimento, tempo, como se sente quando come esse alimento (estressado, faminto, entediado, fatigado). Ao fazer isso, você ficará consciente do que está realmente comendo e mudará seus hábitos. Compartilhe seu diário com amigos, colegas ou com um pequeno grupo. Você aprenderá muito sobre você mesmo e será capaz de fazer mudanças com facilidade, mudanças que trarão saúde para o seu corpo e a sua mente. Se preferir usar um diário virtual, faça um *download* do *The Daniel Plan App* [Aplicativo do Plano Daniel].

> As pessoas que registram em um diário tudo aquilo que comem perdem duas vezes mais peso que as pessoas que não fazem isso.[20]

PLANEJE SUA COZINHA

A saúde começa em casa – aliás, na cozinha. Você precisa fazer uma remodelação na sua cozinha. Talvez necessite aprender alguns truques culinários. A maioria dos americanos gasta mais tempo diante da televisão vendo alguém cozinhar do que cozinhando em casa. Achamos que é difícil e exige muito tempo. Logo você verá que isso não passa de mito.

Remodelação da cozinha: o que você deve retirar

Comece com as coisas que você jogaria no lixo porque jamais deveriam ser ingeridas por um ser humano ou outro ser

---

[20] TORGOVNICK, Kate. The Single Best Way to Lose Weight. **WebMD**. Disponível em:<http://www.webmd.com/diet/features/single-best-way-lose-weight>.

vivo. Há um motivo para as moscas não pousarem em uma embalagem de margarina. Se uma mosca não se atreve a comê-la, por que você a come? Abra a geladeira, o *freezer* e a despensa para identificar alimentos processados que contenham um destes três ingredientes: xarope de milho com alto teor de frutose, gordura *trans* e glutamato monossódico – sobre os quais já falamos neste capítulo.

> **REMODELAÇÃO DA DESPENSA**
>
> Veja o dr. Amen e sua esposa, Tana, fazer uma remodelação na cozinha de alguém. Visite *danielplan.com* para ver o vídeo "What Is in Your Pantry?" [O que há em sua cozinha?]

Faça também um inventário dos alimentos embalados que você guarda. Há corantes, pigmentos, aditivos, nitratos e outros produtos químicos na maioria dos alimentos embalados. Há alternativas para seus alimentos favoritos na maioria dos supermercados. Isso exigirá um pequeno trabalho de detetive, mas aprender a ser especialista em ler rótulos é uma das coisas mais importantes que você poderá fazer para sua saúde e a saúde da sua família.

Remodelação da cozinha: o que você deve incluir

Comece fazendo uma lista de compras dos alimentos de primeira necessidade na sua despensa que você usa sempre. Escolha itens da sua preferência, mas não tenha medo de experimentar novos alimentos.

LATAS OU VIDROS

- [ ] Coração de alcachofra
- [ ] Leguminosas (feijão comum, feijão-preto, grão-de-bico, lentilha etc.)
- [ ] Leite de coco
- [ ] Molho *curry* para massas
- [ ] Arenque ou cavalinha
- [ ] Pimentões vermelhos assados
- [ ] Sardinha
- [ ] Molho mexicano apimentado
- [ ] Tomate, molho de tomate e macarrão
- [ ] Salmão selvagem

SACOS PLÁSTICOS

- [ ] Variedade de frutos secos (pecãs, nozes, amêndoas, castanhas de caju, pinhões, avelãs, castanhas-do-pará)
- [ ] Sementes (de abóbora, gergelim, girassol, linho, chia)
- [ ] Carne seca (orgânica, de gado alimentado no pasto, de peru ou bisão sem nitratos ou glutamato monossódico)

GARRAFAS

- [ ] Vinagre balsâmico
- [ ] Caldo de galinha ou de vegetais (com baixo teor de sódio)
- [ ] Óleos saudáveis (azeite extravirgem, óleo de coco, de semente de uva, de abacate e/ou de gergelim)
- [ ] Óleo de gergelim para aromatizar (escuro ou claro)
- [ ] Molho de soja

PRODUTOS A GRANEL

- [ ] Leguminosas (lentilha, grão-de-bico, feijão comum, feijão-preto, feijão-branco, feijão-azuqui)
- [ ] Grãos inteiros (integrais, pretos e arroz vermelho; quinoa; trigo-sarraceno)

ESPECIARIAS

- [ ] Folhas de louro
- [ ] Pimenta-do-reino (grãos inteiros e um triturador)
- [ ] Canela
- [ ] Pimenta (fruto da pimenteira)
- [ ] Pimenta em pó
- [ ] Coentro
- [ ] Cominho
- [ ] Orégano
- [ ] Pimenta vermelha em flocos
- [ ] Alecrim
- [ ] Curcuma
- [ ] Sal marinho

MANTEIGA DE FRUTOS SECOS (sem adição de açúcar ou gordura)

- [ ] Manteiga de amêndoa
- [ ] Manteiga de coco
- [ ] Manteiga de macadâmia
- [ ]

ADOÇANTES

- [ ] Mel puro, xarope puro de bordo, açúcar não refinado
- [ ] Extrato de estévia (planta inteira)

TEMPEROS E MOLHOS

- [ ] Geleias (100% da fruta, sem açúcar)
- [ ] Molho de pimenta (escolha variedades diferentes)
- [ ] *Kimchi* (repolho fermentado e condimentado)
- [ ] Mostarda
- [ ] Pasta de *missô*
- [ ] *Ketchup* natural (sem xarope de milho com alto teor de frutose)
- [ ] Chucrute
- [ ] *Tahine* (pasta de gergelim)
- [ ] Molho de tomate

INGREDIENTES DO DIA A DIA

É importante ter os itens certos para você ter sucesso e para o sucesso da sua culinária. Evidentemente, os elementos principais da sua despensa básica são complementados por uma profusão de alimentos frescos, verdadeiros e integrais, mas há alguns *ingredientes do dia a dia* que o salvarão em uma emergência e assegurarão de que você está preparado para preparar uma refeição rápida e saudável em questão de minutos.

> Abasteça sua cozinha com alimentos do dia a dia — isto é, uma grande variedade de vegetais frescos e sem amido, proteína magra, leguminosas, grãos inteiros e frutas frescas da estação.

Vegetais picados

Escolha uma hora do dia para picar vegetais e, assim, estará preparado para saborear um lanche saudável a qualquer momento. Vegetais crus e frescos combinam deliciosamente com *homos, guacamole*, molho mexicano apimentado, e ampliam sua dose de alimentos nutritivos. Corte os vegetais clássicos, como cenoura e salsão, e tente fazer o mesmo com outros, como pimentão vermelho, pepino, couve-flor e ervilha em vagem. Se gostar de novidades, experimente *jicama*, também conhecido como nabo mexicano, com alto teor de fibras.

Verduras frescas

As verduras precisam estar presentes em toda cozinha cheia de vida, por isso explore a grande variedade de verduras em supermercados e quitandas, desde o clássico espinafre muito apreciado até repolhos e couves. As verduras frescas contêm uma profusão de nutrientes para seu corpo que aumentam a energia e fazem mudar, e para muito melhor, o seu estilo de comer. Pegue um punhado de verduras para complementar seu suco matinal, faça uma salada a seu gosto com várias verduras ou saltei-as com um pouco de azeite de oliva extravirgem e alho fresco. O sabor é inigualável! *Conclusão:* você vai sempre querer comer mais verduras.

Frutas vermelhas

Faça das frutas vermelhas os ingredientes principais de seus sucos e consuma-as com aveia no café da manhã e para enfeitar saladas. Compre frutas vermelhas orgânicas e congeladas. De acordo com o dr. Amen, o mirtilo é um dos 50 alimentos principais para o cérebro e contém antioxidantes vitais. O morango é rico em vitaminas, fibras e contém altos teores de antioxidantes.

HOMOS CASEIRO

Para começar, compre grão-de-bico e *tahine*. Essa dupla dinâmica o conduzirá ao sucesso. Com os dois à mão, você poderá fazer um *homos* caseiro num piscar de olhos. Misture os seguintes ingredientes em um liquidificador ou processador de alimentos:

2 latas de grão-de-bico (se possível, compre orgânico)

2 colheres de sopa de *tahine*

6 colheres de sopa de azeite de oliva extravirgem

2 colheres de chá de cominho moído

suco de 1 limão

1 colher de chá de sal

uma ou duas pitadas de pimenta-do-reino moída

Bata os ingredientes até obter a textura desejada, acrescentando água quente aos poucos. Se preferir, adicione alho picado bem miudinho ou suas ervas favoritas. Este prato é aquele que nunca mais deverá faltar na sua cozinha.

Abacate

Abasteça sua cozinha todos os dias com abacates deliciosos e nutritivos.

Leites alternativos

Muitas pessoas descobriram que são sensíveis ao leite e seus derivados. Se você for uma delas, dê as boas-vindas a seu novo e melhor amigo – leite de amêndoas. Esse líquido maravilhoso e nutritivo é uma bênção na sua cozinha e substitui o leite comum. Use-o como base para sucos matinais. Se for apreciador de café, experimente misturá-lo com leite de amêndoas. Outra opção para o leite é o leite de coco – desde que não contenha açúcar ou adoçante.

PLANEJE SEU LOCAL DE TRABALHO

A maioria de nós vive dentro de uma circunferência razoavelmente pequena: casa, trabalho, igreja, amigos, vizinhos. É onde passamos a maior parte do tempo. Por isso é importante planejar sua vida para ter sucesso. Se você tivesse um GPS para rastrear sua vida, ficaria surpreso ao ver onde passa 90% do seu tempo. Por esse motivo, é primordial que planeje seu ambiente de trabalho.

Não importa se você trabalha em casa, no escritório ou é viajante. Para ter sucesso, é essencial que planeje refeições que incluam alimentos verdadeiros, frescos e integrais. Saiba o que comprar, onde comprar ou onde comer na sua região. Há alimentos processados e baratos em todos os lugares: *donuts*, pães em formato de anel, doces e refrigerantes. E, muito provavelmente, existem restaurantes *fast-food* a seu redor.

A solução é fácil. Faça um *kit* de alimentos de emergência (veja página 90) e produza uma versão para a casa, para o trabalho, para seu carro, para sua maleta de viagem. Se começar a ficar com fome, coma alguma coisa. Se esperar até estar com muita fome, comerá exageradamente. Pegue um punhado de frutos secos, um pedaço de carne seca, um pacotinho de manteiga de frutos secos. Você se sentirá melhor e trabalhará melhor! Se sentir um desejo incontrolável de comer alguma coisa doce, escolha um pedaço de fruta ou um pedaço de chocolate escuro.

Algumas outras ideias simples poderão fazer do seu trabalho um lugar mais saudável:

Organize o clube do almoço. Encontre um grupo de cinco a dez colegas e combinem que cada um levará almoço de casa para todos uma vez por semana ou a cada quinze dias. Você comerá alimentos verdadeiros e só terá de preparar uma refeição a cada mês ou dois.

Crie o clube da salada. Escolha um grupo de colegas que se responsabilizem por levar os ingredientes para salada ao local de trabalho uma vez por semana. Guarde os ingredientes na geladeira e repartam entre vocês. Pregue na parede uma lista com os ingredientes para salada, como verduras (nada de alface americana), opções crocantes (cenoura, pepino), proteínas (frutos secos, ovos cozidos ou salmão em lata) e ingredientes para molho caseiro, como vinagre balsâmico, azeite de oliva extravirgem, mostarda e pimenta-do-reino moída; ou azeite de oliva extravirgem, suco de limão, cominho e pimenta-de-caiena.

Encontre um companheiro para seguir o Plano Daniel. Se você está seguindo o Plano Daniel na sua igreja ou por conta própria, é importante encontrar um colega de trabalho ou um vizinho para o acompanhar. (Falaremos mais desse assunto no capítulo 7). Para ser saudável, é preciso trabalhar em equipe, como em um time esportivo. Quando somos responsáveis por outra pessoa, ajudamos a motivar e somos motivados por um companheiro, temos sucesso em dobro e promovemos mudanças duradouras.

PLANEJE SUA VIDA SOCIAL

Faz parte da vida sair de casa para estar com os amigos, comparecer a eventos, comer em restaurante e viajar. A boa notícia é que você pode comer praticamente qualquer coisa de vez em quando, sem problemas – desde que seja *pizza* verdadeira ou batata frita verdadeira (não batatas fritas de lanchonetes que incluem cerca de 30 ingredientes) ou um pedaço de bolo ou docinhos, desde que feitos por você, ou por alguém que você conheça, e com ingredientes verdadeiros.

Se em 90% do tempo você come bem, pode consumir guloseimas em 10% do tempo. Para permanecer focado em comer bem e ter uma vida social vibrante, aqui vão algumas estratégias básicas:

Nunca vá com fome a uma festa. Se comer um lanche antes, não será tentado a comer alimentos engordurados, fritos ou com muito açúcar.

Coma antes de viajar. Nunca vá com fome a um aeroporto, a um jogo de futebol ou a um evento público.

Leve seu alimento. Se for a um piquenique, leve comida saudável como se não houvesse nada mais que mereça ser comido.

Faça um trato com seus amigos. Veja quem consegue encontrar a melhor comida verdadeira da sua cidade. Vocês poderão ler os cardápios na internet para ter certeza de que estão fazendo escolhas saudáveis.

Leve alimentos para comer na estrada. Se for viajar, leve lanches saudáveis ou reabasteça seu *kit* de alimentos de emergência.

Organize o clube do jantar com seus amigos ou com um grupo da igreja. Ofereçam um jantar uma vez por mês entre amigos, em sistema de rodízio. Preparem receitas comuns ou extraídas do Plano Daniel, disponíveis *on-line* (em The Daniel Plan App) e no *The Daniel Plan Cookbook*.

Diga "não" aos que o forçam a comer. Há pessoas que dizem: "Vamos, dê só uma mordida" ou "Uma lata de refrigerante não mata ninguém". Talvez eles não se sintam bem consigo mesmos e desejem sua companhia. Contudo, tenha mais respeito por você e diga: "Não, obrigado!".

APRECIE BONS RESTAURANTES

Comer fora é um dos grandes prazeres da vida. O garçom trata você como um rei ou uma rainha. Sem confusão. Sem pratos para lavar. Nossa sugestão em geral é que você coma fora com menos frequência e escolha comida de melhor qualidade. Quando sair, aprecie um alimento saboroso e sinta-se bem. Veja como comer bem, sentir-se bem e divertir-se comendo fora e, ao mesmo tempo, seguindo o Plano Daniel.

Procure um bom restaurante na internet antes de sair de casa. Consulte os cardápios e faça escolhas saudáveis, como proteína de boa qualidade, pratos simples, acompanhados de vegetais. Procure no cardápio as palavras *orgânico, alimentado em pasto, local*, bem como opções sem glúten e sem leite e seus derivados. Isso está se tornando cada vez mais comuns nos restaurantes. Tente aplicativos como Google Plus ou Yelp, para conhecer as avaliações dos restaurantes e o que servem; digite as palavras *orgânico, alimentos naturais, vegetariano, alimentos não industrializados* ou *alimentos integrais*.

Experimente comer em restaurantes étnicos, como tailandeses, japoneses e indianos, que usam ingredientes frescos. Às vezes eles acrescentam grandes quantidades de açúcar, gordura, sal e até glutamato monossódico, portanto examine cuidadosamente os cardápios.

Seja insistente. Peças substituições ou trocas.

Não coma pão. Não permita que coloquem pão e manteiga na mesa.

Evite ingerir bebida alcoólica antes de comer. O álcool deixa a pessoa mais faminta e menos inibida.

Beba água, no mínimo um ou dois copos, antes de comer. Provavelmente você comerá menos.

Evite acompanhamentos preparados com farinha branca. Peça uma porção extra de vegetais.

Peça dois ou três acompanhamentos de vegetais. Coma à vontade!

Prepare você mesmo o seu molho. Peça azeite de oliva extravirgem, vinagre e pimenta fresca para temperar sua salada em vez de molhos prontos.

Pense no prato perfeito. Que pratos você pode pedir que contenham menos proteína e amido e mais vegetais? Peça saladas e acompanhamentos de vegetais e divida a entrada com alguém.

Evite farinha de trigo branca, arroz branco e batatas brancas.

Evite alimentos associados a determinadas palavras, como *glaçado, frito, crocante, empanado* e *cremoso*.

Escolha alimentos associados a palavras saudáveis, como *torrado, grelhado, assado, crestado, cozido no vapor* e *salteado*.

Se tomar o café da manhã fora de casa, peça omelete ou dois ovos pochés cozidos no vapor sobre espinafre e não coma torradas brancas. Substitua-as por uma porção de morangos.

Divida a sobremesa com alguém ou peça uma que contenha frutas verdadeiras, 70% de cacau e sem açúcar refinado.

Pule o antepasto.

Siga a regra "hari hachi bu". Os habitantes de Okinawa, no Japão, vivem mais de 100 anos e comem até estar 80% satisfeitos.

Coma na hora certa. Não vá com muita fome a um restaurante. Você pedirá mais comida e comerá mais. Antes de sair, coma um punhado de amêndoas. Faça três refeições ao dia em intervalos regulares, para equilibrar o açúcar no sangue e os hormônios.

Leve para casa o que sobrou. Se o restaurante oferece porções grandes, peça que embalem metade antes de você começar a comer. Servirá para o almoço do dia seguinte.

Divida as entradas com um amigo ou acompanhante. Em geral, as porções são o dobro do que uma pessoa normal deve comer.

Seja criterioso. Se você comer conscientemente e devagar, poderá saborear realmente o alimento, e seu organismo avisará quando estiver satisfeito. Isso leva vinte minutos depois do primeiro bocado.

PLANEJE A MENTE

Há dois motivos para ser criterioso quanto à comida que você ingere. Primeiro, você comerá menos e saboreará mais o alimento. Segundo, metabolizará e queimará melhor o alimento em vez de acumulá-lo na barriga. Vários estudos mostram que, quando comemos inconscientemente, comemos mais.[21] Em um estudo, os

---

[21] Beating Mindless Eating. **Cornell University Food and Brand Lab**, 2011. Disponível em: <http://foodpsychology.cornell.edu/research/beating-mindless-eating.html>.

participantes receberam lanches em embalagens que eram automaticamente reabastecidas por meio de um compartimento secreto embaixo da mesa. Esses participantes foram comparados a outros que receberam apenas uma embalagem com o lanche. O primeiro grupo continuou a comer.[22] Se receber um prato maior, você colocará mais comida nele e comerá mais do que se tivesse recebido um prato menor. Se saborear cada bocado, comerá menos porque apreciará mais o alimento. Você já devorou, sem pensar, um saco gigante de pipoca amanteigada no cinema e depois passou mal? Nós já passamos por essa experiência.

Estudos também mostram que, quando comemos estressados, acumulamos gordura na barriga e não metabolizamos corretamente o alimento. O alimento é o mesmo, porém ganhamos mais peso e inflamação.[23]

Comer é um ato sagrado, uma experiência maravilhosa capaz de ligar você a seus sentidos, a seu corpo e aos sabores extraordinários contidos nos alimentos verdadeiros. Um dos pacientes do dr. Hyman disse que queria perder peso, mas não conseguia mudar seu hábito de comer dois *cheeseburgers* enormes dentro do carro na hora do almoço. Em vez de recomendar-lhe que parasse de comer os *cheeseburgers*, o dr. Hyman sugeriu que ele entrasse em um restaurante, se sentasse, respirasse profundamente, fechasse os olhos e saboreasse cada bocado do alimento. Na consulta seguinte, o paciente contou ao dr. Hyman que jamais voltaria a comer um *cheeseburger* ou coisa parecida, porque, quando sentiu realmente o seu sabor, percebeu que não gostou nem um pouco.

---

[22] WANSINK, Brian. Bottomless Bowls: Why Visual Cues of Portion Size May Influence Intake. **Cornell University Food and Brand Lab**, 2011. Disponível em: <http://foodpsychology.cornell.edu/research/beating-mindless-eating.html>.

[23] TCHERNOF, A.; DESPRÉS, J. P. Pathophysiology of Human Visceral Obesity: an Update. **Centre Hospitalier Universitaire de Québec, PubMed.gov,** jan. 2013. Disponível em: <http://www.ncbi.nlm.nih.gov/pubmed/23303913>.
BLOCK, J. P. et al. Psychosocial Stress and Change in Weight among US Adults. **Harvard Center for Population and Development Studies, PubMed. gov**, 15 jul. 2009. Disponível em: <http://www.ncbi.nlm.nih.gov/pubmed/19465744>.

Você está começando a entender como sua mente pode fazer grande diferença nos seus hábitos alimentares? É por isso que o foco, o tópico do capítulo 6, é muito importante. Há algumas coisas simples que você pode fazer para comer com mais critério, saborear mais o alimento e planejar seus hábitos, seu ambiente e sua mente, para que trabalhem no piloto automático, de modo que, depois de algum tempo, você não terá de pensar no que vai fazer. Fará naturalmente o que é certo.

Faça uma oração de agradecimento antes de cada refeição. A gratidão e a oração honram a Deus. Ajudam na concentração da mente e o transportam para o atual momento.

Coma sempre sentado e sem agitação. Enquanto estiver comendo, coma! Não coma vendo TV, falando ao telefone, dirigindo o carro, em pé ou andando na rua. Na Europa, não é possível tomar um café em pé: o café só é servido em xícaras de cerâmica na mesa ou em bares de café expresso.

Coma em pratos menores. Comer lanches dentro de uma embalagem, de um saco ou de uma caixa é certeza de comer demais e inconscientemente. Use pratos pequenos ou tigelas, sempre que puder.

Pare e respire fundo antes de comer. Respire fundo cinco vezes pelo nariz antes de cada refeição.

Crie um ambiente de paz. Iluminação suave, velas, música tranquila, flores. Qualquer desses itens nos faz concentrar a atenção, comer devagar e sentir prazer, e todos nos levam a comer menos – até 18% menos![24]

Inicie a refeição com alimentos saudáveis. Comece com uma salada ou vegetais grelhados. Você comerá menos.

Mastigue várias vezes cada bocado. É bom para a digestão do alimento e para você apreciá-lo mais.

Sirva-se antes de colocar o prato na mesa. Deixe as travessas com os alimentos no balcão em vez de colocá-las no centro da mesa.

---

[24] Soft Lighting and Music Cuts Calorie Intake 18 Percent. **Cornell Chronicle**, Cornell University, 29 ago. 2011. Disponível em: <http://news.cornell.edu/stories/2012/08/soft-music-lighting-cuts-calories-18-percent>.

Não recompense o exercício, pensando: *Acabo de caminhar 5 quilômetros, por isso posso comer [preencha o espaço]*. O exercício tem a própria recompensa. E mais: se você ingeriu mais de meio litro de refrigerante, precisa correr um pouco mais de 7 quilômetros para queimá-lo. Se comeu exageradamente, precisa correr 6 quilômetros por dia durante uma semana para queimar aquela refeição. Não adianta fazer exercícios se você come mal.

Não vá ao supermercado com fome. Se estiver com fome quando for ao supermercado, comprará mais salgadinhos, lanches rápidos, alimentos processados e menos frutas e vegetais.

Compre produtos a granel, mas divida-os em pequenos sacos ou potes. Temos a tendência de terminar aquilo que começamos, não importa a quantidade.

Faça da sua casa um lugar seguro. Não guarde alimentos nocivos à saúde, lanches indigestos, alimentos processados, biscoitos ou bolos em casa. Se quiser alguma coisa, prepare-a com ingredientes verdadeiros. Você comerá menos porque não vai prepará-los com frequência.

COMPRE COM PLANEJAMENTO

Comprar é um hábito. Temos a tendência de procurar e comprar os mesmos alimentos. O Plano Daniel ensina um novo modo de descobrir, planejar e repensar a compra de alimentos. Assim que você souber o que deve procurar e como comprar, como "caçar e pegar a caça", aprender o que pode ser encontrado no pequeno círculo onde você mora, poderá recuperar a saúde e a vitalidade e ter uma vida abundante e exuberante.

Aqui estão algumas técnicas importantes e necessárias para você comprar bem: 1) especializar-se em ler rótulos; 2) encontrar onde se vendem alimentos verdadeiros na sua vizinhança; 3) aprender a percorrer os corredores do supermercado, como comprar alimentos bons com menos dinheiro e como usar a mercearia como se fosse uma "farmácia".

ONDE COMPRAR

A maioria dos americanos gasta menos de 6% da sua renda em comida, ao passo que os europeus gastam de 9 a 13%.[25] Repensar o orçamento para incluir alimentos de melhor qualidade é algo que trará muitos dividendos em energia, saúde em longo prazo, menos gastos com planos de saúde e remédios quando envelhecer. Você pode escolher: pagar um pouco mais agora ou pagar muito mais depois. Qual é o custo verdadeiro em longo prazo que uma fritura ou refrigerante terá para sua saúde, sua família, seus vizinhos e o meio ambiente?

Você precisará conhecer novos empórios ou mercados ou novos lugares no supermercado onde faz suas compras.

Feiras livres: Há muitas feiras livres espalhadas nas cidades grandes. São ótimos lugares para você ver o rosto dos vendedores e encontrar alimentos muito mais nutritivos e saborosos. O preço dos vegetais é mais ou menos o mesmo dos vendidos na maioria dos supermercados. Os vegetais são frescos, e você encontrará variedades raras com mais fitonutrientes e mais saborosos. As frutas talvez sejam mais caras, mas, se você experimentar morangos ou pêssegos frescos vendidos em uma feira livre, nunca mais vai querer comer frutas de outros lugares. Em geral, as feiras livres vendem carnes, queijos e ovos diretamente dos produtores. Encontre uma perto da sua casa.

Venda de alimentos diretamente dos produtores. Já existem comunidades onde você pode "encomendar" frutas e vegetais da estação de um produtor local. Todas as semanas ou todos os meses, dependendo da sua escolha, você poderá buscar ou receber em casa uma caixa de deliciosas frutas e vegetais orgânicos por um preço bem mais acessível. Alguns locais também vendem ovos ou carne bovina ou de frango de animais criados à moda antiga. Em lugares mais frios, há menos frutas e vegetais da estação, porém é uma

---

[25] How Much Do You Spend on Food?. **Gates Foundation**, 2009. Disponível em: <http://farm9.staticflickr.com/8241/8456322351_03cb5f6e32_b.jpg>.

forma excelente comer bem gastando menos dinheiro. Você não precisa colher as frutas e os vegetais, portanto considere isso uma aventura que o fará conhecer novos produtos.

Lojas de produtos orgânicos e mercearias étnicas. Procure lojas de produtos orgânicos ou mercearias étnicas na sua região. Os mercados asiáticos costumam vender vegetais excelentes, inclusive variedades raras.

Cooperativas de alimentos. São encontradas em comunidades e oferecem alimentos bons, frescos e produzidos localmente. Você poderá comprar produtos a granel como grãos inteiros, leguminosas, frutos secos e semente.

Supermercados. O segredo aqui é comprar em supermercados perto da sua casa. É onde encontrará carne, peixe, ovos e leite e seus derivados. Lá, você não estará livre de perigos, mas é onde deve passar a maior parte do tempo. Os corredores são "zonas de perigo", portanto procure encontrar produtos que não contenham açúcar, sal ou gorduras *trans*. A procura é longa. Às vezes você precisará percorrer vários corredores para encontrar leguminosas, frutos secos, grãos inteiros, molho apimentado, azeite de oliva, vinagre, temperos e especiarias. Visite o *site* do Plano Daniel e clique em "Supermarket Savvy – The Good Stuff" e "Supermarket Savvy – The Bad Stuff" ["Comprar com sabedoria – produtos bons" e "Comprar com sabedoria – produtos prejudiciais"].

DICAS PARA COMPRAR EM SUPERMERCADOS

As extremidades dos corredores exibem os piores produtos, como refrigerantes de 2 litros, caixas de cereais açucarados e coisas piores. Nos corredores, os piores alimentos são expostos no nível dos olhos; os melhores alimentos ficam, em geral, no fundo ou no alto das prateleiras.

Grandes cadeias de supermercados. Lá, você poderá comprar produtos com bons preços. Visite um. Eles oferecem cada vez mais produtos orgânicos. Fique atento para não comprar mais do que necessita. É uma boa maneira de estocar azeite de oliva orgânico, frutos secos, sardinhas e até frutas e vegetais. Se você for esperto, poderá alimentar bem sua família com menos dinheiro.

Lojas de conveniência. Nessas lojas, compre apenas água, papel higiênico e frutas frescas, que muitas delas estão começando a comercializar.

APRENDA A LER RÓTULOS

Ser um especialista em leitura de rótulos é a técnica mais importante que você precisa aprender quando comprar alimentos. Há duas partes no rótulo: informação nutricional, que não é tão útil assim, e lista de ingredientes, que você precisa ler com atenção.

Na informação nutricional, você precisa saber o total de calorias e a quantidade por porção. Um pacote de grãos integrais pode conter quatro porções, mas quem as divide? A contagem de calorias é por porção, portanto multiplique a quantidade por porção pelo número de calorias para saber quanto está comendo. Preste atenção ao total de carboidratos e aos carboidratos do açúcar. Devem conter menos de 10 gramas ou, então é, sobremesa. Mais de 5 gramas de fibras é bom, e mais de 10 gramas de proteínas também é bom.

É na lista de ingredientes que você saberá o que está comendo realmente. A boa notícia é que mais e mais fabricantes estão embalando alimentos verdadeiros e integrais, e isso é conveniente *e* bom para comer. Se você seguir estas regras simples, não terá problemas:

Escolha apenas alimentos verdadeiros. Se houver alguma palavra no rótulo que você não conheça ou não saiba pronunciar, se estiver em latim ou for parecida com um projeto científico, devolva a embalagem à prateleira. Um vidro de tomates, uma lata de alcachofra, um molho *curry*, uma garrafa de vinagre balsâmico – são exemplos de alimentos verdadeiros.

Pense em produtos com cinco ou menos ingredientes. Se o alimento for verdadeiro, em geral contém menos de cinco ingredientes. Alguns produtos mais recentes e mais saudáveis contêm uma quantidade maior, porém são alimentos verdadeiros.

Não compre nada que contenha os três ingredientes mais perigosos. (Você já os memorizou, certo?)

Preste atenção aos avisos quanto à saúde. Qualquer aviso deste tipo é quase certeza de que será prejudicial – *diet*, baixo teor de gordura ou de gordura *trans*, baixo teor calórico ou reduz o colesterol.

Fique alerta quanto aos pseudônimos do açúcar. Há mais de 250 nomes de açúcar oculto nos nossos alimentos. Em geral, os alimentos empacotados contêm de quatro a seis (ou mais) formas de açúcar. Leia o rótulo com atenção.

IMPOSTORES DOS ALIMENTOS SAUDÁVEIS

- Iogurte adoçado contém mais açúcar que a média dos refrigerantes.
- Preste atenção à soja. A maioria dos alimentos que contêm soja processada e geneticamente modificada é prejudicial à saúde. Os produtos tradicionais de soja, como *tofu*, *tempeh* e *missô* são recomendáveis.
- Alternativas para carne ou carne falsa, como cachorro-quente ou hambúrguer, quase sempre contêm glúten, soja processada e óleos de má qualidade.
- Quase todas as barras de proteína contêm gordura *trans*, xarope de milho com alto teor de frutose ou substitutos do açúcar, e grande quantidade de ingredientes estranhos.
- Coma apenas barras de alimentos integrais, feitas de frutos secos, sementes e frutas.
- O suco de fruta é açúcar líquido — deve ser consumido esporadicamente e não faz bem à saúde.

O que vem primeiro? Os ingredientes são relacionados na ordem de quantidade. Se você encontrar açúcar ou sal como o primeiro ou o segundo ingrediente, provavelmente não deve consumir o produto. Se tiver mais de 15 gramas de açúcar, contém mais açúcar que um *donut* coberto com glacê.

Visite o *site* do Plano Daniel (*danielplan.com*) para obter mais orientação sobre os rótulos.

CONSUMO DE PRODUTOS SAUDÁVEIS DENTRO DO ORÇAMENTO

Preparar uma refeição verdadeira com ingredientes verdadeiros é mais barato e mais saboroso que recorrer ao sistema de alimentos industrializados. Em termos de custo por nutriente, os alimentos industrializados são infinitamente mais caros. E quase sempre queremos comer mais, porque nosso organismo tem um déficit de nutrientes.

> O consumo de alimentos com alto teor de nutrientes elimina naturalmente nosso desejo de comer incontrolavelmente e produz mais satisfação com o alimento e com o ato de comer.

Você precisa ser esperto quanto às escolhas que faz. Há recursos valiosos para aqueles que desejam encontrar alimentos melhores e mais baratos. O Environment Working Group (*ewg.org*) criou um guia excelente chamado *Good Food on a Tight Budget* [Coma bem com um orçamento apertado]. Estas são algumas ideias para você economizar dinheiro e ter boa saúde.

Compre produtos da estação. São sempre mais baratos. Por exemplo, compre morangos no período de julho a novembro.

Adquira frutas e vegetais congelados. São bons alimentos que abastecem a maioria dos países do mundo por menos de 1 dólar por dia. Inclua-os na sua dieta.

Compre em quantidades maiores. Faça ensopados e sopas e guarde leguminosas extras e grãos. Podem permanecer na geladeira por três ou quatro dias.

Congele. Se cozinhar uma quantidade a mais de alimentos, congele-os para serem consumidos mais tarde. Sopas e ensopados são ótimos para congelar.

Estoque gêneros de primeira necessidade. Quando houver promoções de azeite de oliva, vinagre e alimentos congelados, compre-os e guarde-os na despensa.

Compre produtos a granel. Divida o que comprou em recipientes menores e guarde ou congele.

Corte vegetais e frutas em pedaços. Guarde-os em recipientes na geladeira, deixando-os prontos para comer. Temos a tendência de comer o que é fácil, portanto vale a pela perder alguns minutos para fatiar, descascar e guardar. São escolhas mais baratas e mais saudáveis que você poderá fazer quando quiser "beliscar" alguma coisa.

Dê preferência a verduras. Comer grandes porções de verduras é uma forma barata de montar um prato substancioso. Recomendamos o consumo de duas xícaras de alguns tipos de verduras por dia – salada mista, rúcula, espinafre, repolho, couve e escarola.

Faça sopa. Quando os vegetais começarem a ficar um pouco velhos na geladeira, é hora de fazer sopa. Algumas leguminosas, especiarias e uma boa receita transformam vegetais questionáveis em uma ótima refeição inquestionável.

Faça um estoque de vegetais de longa duração, inclusive cenoura, batata comum, batata-doce, abóbora-menina, cebola, salsão e repolho.

Consuma proteína gastando menos. Compre peixes pequenos ou camarões, com baixo teor de mercúrio, em peixarias da sua confiança. Compre frango ou peru inteiro, asse-o para comer depois de alguns dias.

Compre manteiga de frutos secos em grande quantidade, que pode ser encontrada em cooperativas de alimentos.

COZINHE COM PLANEJAMENTO

"Aprendi desde cedo com minha mãe o significado dos alimentos" diz o dr. Hyman. "Quero homenageá-la porque ela me ensinou algo tão essencial e duradouro que se transformou na minha maior paixão: alimentos e culinária. E, ao cozinhar, tocar, sentir, preparar e saborear alimentos bons e verdadeiros feitos com ingredientes verdadeiros, comecei a passar um bom tempo na cozinha, cuidar da saúde e relacionar-me com amigos, com a família, com a Terra e com a comunidade maior na qual vivo."

As mães são exatamente as aliadas de que necessitamos para promover essa revolução alimentar e culinária. Cozinhar é um ato de transformação. Quanto mais perto estamos do alimento que consumimos, mais se estreita o elo entre a terra cultivada e o garfo, e melhor nos sentimos. Estamos trocando nossa culinária pelo sistema de alimentos industrializados. Se voltarmos a frequentar nossa cozinha – o que é simples, fácil e barato –, poderemos criar uma revolução no nosso sistema alimentar, no nosso lar e na nossa comunidade.

QUEM DIRIA?

A família Kluge cresceu em lares em que a comida era frita ou comprada em latas ou caixas. Eles consumiam apenas dois vegetais: repolho cozido e ervilhas enlatadas. Não possuíam os utensílios básicos de cozinha, como tábuas de cortar vegetais ou carne. Guardavam na prateleira inferior do armário algumas facas velhas e sem corte, que nunca usavam. Tina, a mãe, não sabia cortar vegetais nem salteá-los. Eles gastavam cerca de 1.000 dólares em comida, e metade disso destinava-se a comer fora em lanchonetes.

Portanto, quando visitou a família Kluge, o dr. Hyman percebeu que a melhor maneira de ajudá-los não seria prescrever-lhes medicamentos nem dizer a eles que comessem menos e fizessem mais exercícios físicos, mas ensinar-lhes a cozinhar alimentos verdadeiros, usando os ingredientes de que dispunham. O dr. Hyman fez a família inteira cozinhar, lavar, descascar, picar, cortar e tocar

"Minha mãe herdou da mãe dela o dom de conhecer os alimentos e os repassou a mim, ajudando-me a compreender as lindas conexões entre plantar, cozinhar, comer e viver bem", diz o dr. Hyman. "E ensinei isso aos meus filhos que se tornaram talentosos cozinheiros – preparando deliciosas refeições caseiras com ingredientes verdadeiros."

A técnica mais importante a respeito dos alimentos para você ter uma vida saudável, plena, abundante, é esta: *cozinhar*. Cozinhar em casa é mais rápido e mais barato que comer fora. Cozinhar uma refeição em casa com a família ou amigos, repartir a refeição e comemorar juntos a vida e os alimentos é um dos maiores prazeres da vida.

Cozinhar é um daqueles atos que têm sido postos em prática há milhares de anos. O ritual, a tradição e a conexão ao redor

> alimentos verdadeiros. Mostrou como descascar alho, cortar cebola e aparar aspargo para eliminar as partes mais duras. Ensinou Tina a salteá-los com azeite de oliva e alho, assar batata-doce com erva-doce e azeite de oliva e fazer peru apimentado com ingredientes caseiros. Fizeram até molho para salada com azeite de oliva, vinagre, mostarda, sal e pimenta-do-reino.
>
> Depois de uma refeição feliz, satisfatória e saudável, preparada com alimentos verdadeiros, um dos adolescentes disse com ar de descrença: "Dr. Hyman, o senhor come alimentos verdadeiros como estes todos os dias com sua família?".
>
> Cinco dias depois da visita do dr. Hyman, Tina enviou-lhe uma mensagem de texto dizendo que a família já havia perdido mais de 8 quilos, e que ela estava fazendo o peru apimentado com ingredientes caseiros. Depois de três meses, Tina perdeu 21 quilos; o marido e o filho perderam 13,500 quilos cada um — desde que começaram a preparar as refeições em casa.

dos alimentos fazem parte de todas as culturas. Você pode preparar uma refeição simples, deliciosa e saudável com ingredientes verdadeiros, levando o mesmo tempo que levaria para cozinhar a maioria dos alimentos embalados. Basta ter os ingredientes em casa.

Para ter sucesso na cozinha:

Compre os utensílios corretos. Algumas facas afiadas duram a vida inteira e facilitam o trabalho de picar e cortar vegetais. Panelas de boa qualidade são mais fáceis de usar e produzem resultados melhores.

Aprenda as técnicas básicas de culinária. Você pode fazer um curso, mas hoje é possível aprender as técnicas básicas da culinária pela internet.

Aprenda a lidar com facas. O YouTube é um lugar excelente para começar.

Planeje. Separe um tempo toda semana para comprar os ingredientes. Planeje as refeições, e faça uma lista de compras. O ideal é que você faça compras apenas uma vez por semana, se deseja planejar o cardápio semanalmente. Somos todos muito atarefados, mas comprar alimentos verdadeiros é a melhor hora que você gastará todas as semanas.

Deixe tudo preparado. Se você sabe ler, sabe cozinhar! Junte todos os ingredientes, já medidos, antes de começar a cozinhar. O trabalho será mais rápido. Leia atentamente a receita. Visite *danielplan.com* para encontrar novas receitas.

Saiba quando o alimento está cozido. A parte mais difícil de cozinhar é saber quando o alimento está cozido. Os vegetais devem estar ligeiramente rijos, não cozidos demais e moles. Carne supercozida de frango, boi ou peixe é difícil de ser mastigada. É recomendável cozinhá-la até que não esteja mais rosada. O peixe está pronto quando começa a esfarelar ao ser tocado. Carnes vermelhas devem ser cozidas até ficarem ao ponto ou um pouco mais.

Se você não está acostumado a cozinhar em casa, *comece com refeições simples.* Use apenas alguns ingredientes. Assim que descobrir algumas refeições simples e rápidas que você e sua família apreciam, guarde os ingredientes na geladeira para não ficar confuso. Use o plano de refeições de 40 dias no capítulo 10 para começar.

Outra sugestão é *fazer da cozinha um lugar divertido*. Ouça uma boa música ou um programa favorito e convide a família e os amigos para o ajudar no preparo e cozimento. Se a cozinha for um lugar divertido, você não terá medo de entrar lá e cozinhar com mais frequência.

Dê um passo após outro, comece com simplicidade e veja que em pouco tempo você se sentirá confortável na cozinha e preparará refeições rápidas, baratas e deliciosas para você e sua família.

CULTIVE SEUS ALIMENTOS

Embora nem todos possam cultivar os próprios alimentos, a maioria de nós pode fazer algo para incluir nas refeições alguns alimentos frescos e cultivados em casa. Coloque um vaso de ervas no parapeito da janela da cozinha. Coloque algumas plantas simples, como tomates-cereja ou pimentas em vasos no quintal ou no *deck*. É fácil fazer um canteiro, e ele pode ser colocado em uma área pequena. Cultivar alimentos no telhado da casa é a nova moda nas cidades.

Mesmo que você não queira ser um agricultor de produtos orgânicos, é bom cultivar algumas coisas que possa ver crescer, cuidar delas e comê-las. Isso o deixará em contato com alimentos frescos e verdadeiros de uma forma inusitada. Comece aos poucos, peça ajuda a alguém que já fez isso, compre um livro sobre o assunto, veja alguns vídeos na internet ou faça parte de uma horta comunitária onde poderá dividir o trabalho e as recompensas. O site do Plano Daniel apresenta vários vídeos de demonstração culinária.

RECUPERE SUA SAÚDE — E A SAÚDE DO MUNDO

Há motivos pessoais para seguir o Plano Daniel: sentir-se melhor, perder peso, apoiar sua família ou comunidade de fé.

O alimento é uma questão pessoal ligada à nossa cultura, aos nossos hábitos e às nossas preferências. Mas as implicações do que comemos são muito maiores. Que relação existe entre o que comemos e nossos valores e propósito na vida? Como as escolhas que fazemos podem afetar nossa família, nossos vizinhos e a sociedade?

Quando uma criança de 12 anos necessita de transplante de fígado por ter consumido refrigerantes em exagero, é sinal de que nossas escolhas alimentares ultrapassaram a esfera da responsabilidade pessoal e individual. As comunidades que se baseiam na fé são as primeiras a agir quando os direitos humanos são violados. Ninguém quer ver nossas comunidades corroídas por doenças e incompetência. Ninguém quer nos ver destruindo nossos quintais e a própria terra que nos sustenta. A erosão da nossa saúde passou a ser uma questão de justiça social, não de direitos humanos. O direito à saúde é um dos direitos mais fundamentais dos seres humanos.

Pessoas isoladas ou comunidades, redes sociais e famílias têm um poder extraordinário de mudar tudo a respeito do nosso sistema de alimentação. Se incluirmos nisso o que comemos, com quem estamos e nossos valores primordiais, será muito mais fácil mudar nossos hábitos. É por isso que todos os Elementos Essenciais estão fortemente interligados.

A solução está em cada uma das nossas mãos. Literalmente. No poder do nosso garfo! O que você escolhe para pôr no garfo é uma influência poderosa para mudar nossa saúde individual, as práticas de produção de alimentos, as políticas alimentares, os custos do sistema público de saúde e a saúde do meio ambiente. Se fizer modificações simples na escolha dos seus alimentos e cozinhar alimentos verdadeiros feitos com ingredientes verdadeiros, você restaurará sua saúde e a saúde da sua família. E mais, contribuirá para mudar o que está errado com nossa comida e com o sistema público de saúde.

O Plano Daniel gira em torno de devolver sua saúde. E também gira em torno da saúde da sua família, igreja, comunidade e do seu mundo. É por isso que acreditamos que, tão logo o Plano Daniel seja aceito pela comunidade de fé, ele espalhará o evangelho da saúde e da mudança nos Estados Unidos e no mundo.

REFLITA E DÊ O PRIMEIRO PASSO...

Seu objetivo, portanto, é o de consumir alimentos verdadeiros e integrais. Alimentos que crescem em plantas *versus* alimentos processados que prejudicam seu organismo. Se você aprender a amar os alimentos, voltará a amar você mesmo. Estabeleça o objetivo de seguir o Plano Daniel em 90% do tempo. E lembre-se sempre: estamos falando de progresso, não de perfeição.

Capítulo 5

CONDICIONAMENTO FÍSICO

Acaso não sabem que o corpo de vocês é santuário do Espírito Santo [...]?
Portanto, glorifiquem a Deus com o seu próprio corpo.

1Coríntios 6.19,20

Doreen era uma mulher de meia-idade, mãe solteira de dois meninos e com muitos problemas alimentares e emocionais. Quando começou a frequentar a academia na qual Foy, um fisiologista do exercício, treinava, ele notou que ela parecia cansada e que seus olhos eram tristes. Doreen esforçou-se para dar um sorriso de coragem e disse: "Você acha que pode me ajudar? Já tentei várias maneiras diferentes para melhorar minha saúde, mas os exercícios não ocupam o primeiro lugar na minha lista. Meu médico disse que preciso começar a me exercitar imediatamente. Não sei se vou gostar e estou com medo de não dar certo".

Veja bem, Doreen queria encontrar uma forma de perder os 15 quilos indesejáveis que acumulara lentamente ao longo dos anos enquanto cuidava dos filhos e trabalhava em tempo integral. Queria também baixar a pressão sanguínea e reduzir o colesterol, que estavam perigosamente acima do normal, e readquirir vitalidade. "Eu queria muito ter aquele 'pique' de volta", foi o que ela disse a Foy. Ele fez algumas perguntas para entender o que levava Doreen a comportar-se daquela maneira e orientou-a a seguir estes passos para o sucesso do condicionamento físico no Plano Daniel:

> **Transforme o condicionamento físico em sucesso:** tenha sonhos grandes, descubra o que faz você se movimentar, estabeleça metas, conviva com outras pessoas e encontre um companheiro.

tenha sonhos grandes, descubra o que faz você se movimentar, estabeleça metas, conviva com outras pessoas e encontre um companheiro.

Hoje, Doreen está 15 quilos mais magra e em excelente forma física. A pressão e a taxa de colesterol são as de uma moça de 20 anos – e, a propósito, ela está com mais de 80 anos! Adora fazer exercícios todos os dias e está mais jovem fisicamente do que aos 40 anos de idade. Como nós sabemos disso? Doreen é mãe de Foy! A melhor parte é que ela recuperou o "pique".

A mãe de Foy tornou-se uma pessoa que chamamos de Forte como Daniel. Além de estar saudável no físico, está muito bem quanto às emoções, aos relacionamentos e à espiritualidade, e faz tudo da melhor forma possível para a glória de Deus. Assim como o profeta Daniel, ela é um exemplo de fé, devoção, dedicação, disciplina, amor, alegria e destemor.

FORTE COMO DANIEL

Que imagem vem à sua mente quando você pensa na palavra *forte*? Um enorme jogador de futebol americano com mais de 130 quilos? Um levantador de pesos que ganhou uma medalha olímpica? Pensa no profeta Daniel? A força de Daniel ia muito além do tamanho de seus músculos. Ele possuía a força da fé, da coragem, da obediência, da devoção, da dedicação, da perseverança e da disciplina no corpo, na mente e no espírito. Foi daí que extraímos o conceito de Forte como Daniel.

FORTE COMO DANIEL = *busca incessante para ser o melhor no que diz respeito à mente, ao corpo e ao espírito para a glória de Deus*

Daniel demonstrou buscar incessantemente a fidelidade ao fazer pequenas coisas quando ninguém estava vendo. Ele tinha força para fazer tudo que honrasse a Deus, que fosse o certo, mesmo diante de perigo ou conflito ou contra o que outra pessoa estivesse fazendo. E isso é exatamente o que é necessário para ser Forte como Daniel. Haverá dias em que você não estará disposto a querer ser o melhor nos exercícios, na alimentação ou na fé. Mas, ao longo do tempo, essa busca dará força de caráter, confiança e coragem concedidos por Deus.

SEJA FORTE COMO DANIEL

SE VOCÊ PERGUNTASSE A DEZ PESSOAS se elas acreditam que o exercício é bom para a saúde e o bem-estar, quantas você acha que levantariam a mão? Se pensou em nove, está entre aqueles que sabem intuitivamente que isso é verdade. O exercício faz bem para nós. Mas, em sua opinião, qual é o exercício número 1 que vai ajudar você a parecer e sentir-se mais jovem; acelerar o metabolismo; reduzir e controlar o peso; aumentar a energia; melhorar a criatividade e a produtividade; aumentar a resistência cardiovascular; melhorar o tônus e a força muscular; melhorar o sono, reverter uma doença cardíaca, a pressão alta e o diabetes; reduzir o estresse e trazer a alegria e a juventude de volta à sua vida?

O exercício número 1 para ajudar você a receber todos esses benefícios... é aquele que você vai fazer!

É verdade. Apesar de todas as pesquisas em torno dos benefícios proporcionados por exercícios habituais, o único que fará a diferença é o programa que você segue persistentemente.

Temos, porém, um problema. Somente 50% das pessoas se exercitam três ou mais dias por semana.[1] Os benefícios incríveis que o exercício físico traz à saúde e à vida, e que todos nós conhecemos, não motivam a maioria das pessoas a levantar-se do sofá ou da poltrona e mexer o corpo.

Vamos analisar a questão a fundo. Que tal se você quisesse fazer exercícios? Que tal se você se sentisse inspirado e verdadeiramente motivado a colocar um par de tênis nos pés e sair para caminhar, correr ou marchar? Que tal se, em vez de pensar: *Sei que eu deveria fazer exercícios*, você pensasse: *Não vejo a hora de fazer*

---

[1] COCHRANE, Megan. No Major Change in Americans' Exercise Habits in 2011. **Gallup Wellbeing**, 15 mar. 2012. Disponível em: <http://www.gallup.com/poll/153251/no-major-change-americans-exercise-habits-2011.aspx>.

exercícios e, combinando movimento com devoção, pudesse ter um relacionamento mais próximo e mais forte com Deus? Que tal se você descobrisse os movimentos que o fazem sentir mais jovem e readquirisse a alegria e o prazer da juventude?

FEITO PARA MOVIMENTAR-SE

Faz anos que os pesquisadores e profissionais da saúde têm demonstrado que a atividade física e os exercícios causam um impacto significativo na nossa saúde física e mental.[2] Fomos feitos para nos movimentar. Aliás, Deus criou cada um de nós para movimentar-se. Pense nas numerosas atividades que você realiza ao longo de um dia agitado – desde levantar da cama para calçar os sapatos, dirigir o carro até o local de trabalho, trabalhar o dia inteiro até [preencha por sua conta].

Os sistemas orgânicos complexos que Deus colocou no lugar para as tarefas mais simples, como escovar os dentes ou amarrar os sapatos, são verdadeiros milagres. Desde o pensamento *Eu preciso escovar os dentes*, que exige ativar as células do cérebro, até os nervos, músculos, ligamentos, tendões e ossos – todos trabalhando em conjunto –, há uma linda orquestração de movimentos.

Qualquer coisa que você faça durante o dia, isso provavelmente exige que movimente seu corpo de alguma forma para completar a tarefa – e nada disso pode ser realizado sem os músculos. Os músculos ajudam-nos a ficar em pé, sentar, andar, curvar, esticar, torcer, empurrar, puxar, alcançar e carregar.

RITMO MAIS LENTO

Na maior parte da história humana, nossos antepassados estavam em movimento constante. Eles eram caçadores, agricultores,

---

[2] BABYAK, M.; BLUMENTHAL, J. A. et al. Exercise Treatment for Major Depression: Maintenance of Therapeutic Benefit at 10 Months. **Psychosomatic Medicine**, 2000: 633-638.
GAVIN, Jim, Ph.D.; SEGUIN, Daniel; MCBREARTY, Madeleine, Ph.D. The Psychology of Exercise. **IDEA Health & Fitness Association**, fev. 2006. Disponível em: <http://www.ideafit.com/fitness-library/psychology-exercise-1>.

soldados, colhiam o que plantavam, cuidavam da casa e muito mais. Passavam grande parte da vida fazendo atividades físicas ou trabalhos físicos durante o dia.

Não tinham de pensar em exercícios, porque se exercitavam o dia inteiro. Tinham músculos e corpo fortes, boa forma física e eram produtivos. Não seria exagero dizer que nossos antepassados gastavam as mesmas calorias de quem caminha 16 quilômetros por dia. Muitos homens de meia-idade dos tempos passados levantavam objetos ou suportavam exercícios físicos que a maioria dos rapazes de 18 anos de hoje acharia extremamente difícil. Foi somente na segunda metade do século XVIII, com a chegada da Revolução Industrial, que as máquinas começaram a substituir a maioria dos movimentos e atividades diários que as pessoas estavam acostumadas a fazer.

Voltando aos tempos modernos, vivemos na era dos computadores, telefones celulares, controles remotos, escadas rolantes e elevadores. A movimentação foi, aos poucos, retirada da nossa vida diária, e estamos, infelizmente, pagando o preço com saúde comprometida, excesso de peso, dores e incômodos, velhice prematura e músculos fracos. Como podemos reverter essa tendência e voltar a ter corpo jovem e forte?

Temos ótimas notícias para você! A bem da verdade, você pode fazer do exercício uma realidade e descobrir os movimentos de que goste realmente. Quando o exercício faz parte da nossa vida porque queremos nos exercitar, e somos incentivados a fazer isso, colhemos uma quantidade enorme de benefícios. Daremos a você algumas dicas comprovadas para o condicionamento físico e histórias de pessoas que descobriram os benefícios e a alegria que os exercícios proporcionam para uma mudança de vida.

TIRE UMA FOTOGRAFIA

Imagine que você tenha uma câmera digital na mão para tirar uma fotografia de si mesmo. Não fique nervoso, mas tire uma "fotografia" da sua saúde e do seu condicionamento físico atuais.

Seja amável com você mesmo, não se critique, mas dê uma olhada sincera da cabeça aos pés.

- Como está seu nível de energia?
- Como se sente na maioria dos dias?
- Qual é o seu peso?
- O que você notou no seu rosto, nos seus ombros, nos seus braços, no seu abdômen e nas suas pernas?
- Como sua forma física atual está causando impacto na sua fé, nas suas escolhas de alimentos, no seu foco, na sua família, no seu trabalho, no seu ministério – e na sua vida em geral?

Depois de ter pensado nessas perguntas, existe alguma coisa na sua saúde e forma físicas que o preocupa?

Agora, imagine-se cinco anos mais velho e em melhor forma física do que poderia sonhar. Imagine-se forte como Daniel – em boa forma no físico, nas emoções, nos relacionamentos, na vida espiritual. Vá em frente e tire uma foto da sua forma física e saúde daqui a cinco anos.

Podemos apenas imaginar o que você seria capaz de fazer. Mas haveria atividades que você gostaria de fazer e das quais não gosta hoje. Seus pensamentos, suas emoções e experiências com seu corpo, e em relação a ele, seriam muito diferentes.

TENHA SONHOS GRANDES!

"Eu tenho um sonho!" Todos nós conhecemos as palavras famosas que repercutiram das multidões no Lincoln Memorial, em Washington, D.C., no dia 28 de agosto de 1963. Essas palavras simples, porém profundas, do dr. Martin Luther King Jr., foram o estopim de um grande declínio do racismo nos Estados Unidos e o momento de definição do Movimento dos Direitos Civis nos Estados Unidos. Aquilo que começou como um sonho e visão transformou-se em um movimento de âmbito nacional, proporcionando liberdade e justiça a milhões de americanos.

> Pergunte a você mesmo: "Se eu pudesse realizar ou executar alguma coisa relacionada à minha forma física e saúde, sem medo de errar, o que seria?".

O sonho é, de muitas maneiras, o primeiro passo para a realização de quase qualquer empreendimento. O mesmo ocorre com a forma física. Para nos movimentar, precisamos começar com um sonho grande.

Para incentivar você a ter um sonho grande, apresentamos alguns sonhos de outras pessoas que embarcaram no Plano Daniel:

- Ajudar a construir uma escola na Índia
- Completar uma corrida de 5 quilômetros
- Aprender a nadar
- Fazer cem exercícios abdominais sem descansar
- Caminhar por todo o Grand Canyon
- Competir em um Iron Man Triathlon
- Mergulhar na Grande Barreira de Coral
- Organizar um time de *softball*
- Conseguir ser faixa preta em caratê
- Andar de bicicleta por todo o estado com os netos
- Competir nos próximos Jogos Olímpicos
- Atravessar o Alasca de caiaque
- Escalar a Grande Muralha da China
- Completar uma maratona em todos os estados

Talvez você ache difícil ter um sonho grande neste instante, e não há nenhum problema. Antes de pensar em um sonho grande, faça uma pausa e peça a Deus que mostre o que você gostaria de fazer, ser ou experimentar, em relação à sua forma física daqui a cinco anos.

UMA PALAVRA DE MOTIVAÇÃO PARA MUDAR

Agora faça uma pausa para pensar no seu motivador principal para o impulsionar em direção ao seu sonho de condicionamento físico e uma vida saudável. Para o ajudar no processo, queremos que você pense um pouco diferente a respeito da sua motivação.

Dan Britton, Jimmy Page e Jon Gordon, no seu livro fascinante intitulado *One Word That Will Change Your Life* [Uma palavra que mudará sua vida], apresentam a ideia de focar uma palavra cada ano para ajudar a transformar sua vida.[3] Podemos aplicar essa sabedoria para encontrar uma palavra para as mudanças que você deseja fazer em relação ao Plano Daniel. Por exemplo, se seu sonho é correr na maratona de Boston, sua motivação de uma palavra poderia ser *desafio* ou *realização*. Se for organizar um clube de caminhada e viagens de turismo a diversas partes do mundo, ela poderia ser *satisfação* ou *companheirismo*.

Os autores apresentam três passos para ajudar você a identificar sua palavra, sua motivação, para começar a mudar:

1. Olhe *dentro* de você para preparar seu coração.

2. Olhe *para o alto*, para que Deus o ajude a descobrir sua palavra de motivação.

3. Olhe *ao redor*, para que outros o ajudem a viver sua palavra.

Que palavra de motivação vem à sua mente que o faz querer desejar ardentemente realizar seu sonho de condicionamento físico?

---

[3] Hoboken, NJ: Wiley and Sons, 2013.

- [ ] Realização
- [ ] Aventura
- [ ] Desafio
- [ ] Satisfação
- [ ] Entusiasmo
- [ ] Excelência
- [ ] Família
- [ ] Fé
- [ ] Companheirismo
- [ ] Divertimento
- [ ] Alegria
- [ ] Filhos/netos
- [ ] Servir
- [ ] Cônjuge
- [ ] Juventude
- [ ] Adoração [a Deus]

A PALAVRA DE JOHN

Eu estava na fila do almoço no nosso retiro anual para homens, atrás de um dos nossos pastores. Ele virou-se para mim e disse: "Sean, eu gostaria muito de perder 20 quilos. Sei como você ganha a vida e gostaria de pedir sua ajuda". Sem me dar tempo de dizer alguma coisa, ele prosseguiu: "Vou contar a você por que quero perder 20 quilos. Sim, seria maravilhoso ter uma aparência mais bonita, sentir-me melhor e ser capaz de fazer algumas coisas que costumava fazer. Mas meu verdadeiro motivo para perder peso e ficar em forma é que quero anunciar e pregar o evangelho do amor de Cristo ao maior número de pessoas possível. Antes [de partir deste mundo], espero falar do evangelho a muitos outros milhares de pessoas. Estou na casa dos 60 anos e quero estar em forma para servir a Deus durante o tempo que me for possível".

John definiu seu sonho, seu propósito maior de conseguir ficar em boa forma física e não desistir. Qual seria a palavra apropriada para ele? Servir. Ele queria ser forte como Daniel para servir a Deus durante o tempo que pudesse. John entrou em forma e perdeu peso, mas, acima de tudo, continua a ministrar e a servir até hoje.

SEAN FOY, fisiologista do exercício

Sinta-se à vontade para adicionar outras palavras à lista e identificar a sua. Se fizer o que gosta, e com a ajuda de Deus e de outras pessoas, você terá motivação, encorajamento, direção e força para ser forte como Daniel.

APENAS UM PASSO

Com tantos afazeres e objetivos que logo são esquecidos, como manter o sonho vivo e seguir adiante?

Os sonhos – aquilo que esperamos realizar – dão origem a nossos objetivos, os passos que queremos dar para concretizar nossos sonhos. Os objetivos são os passos que damos todos os dias, todas as semanas e todos os meses para sair do lugar onde nos encontramos hoje rumo ao futuro que sonhamos ter. Infelizmente, a maioria de nós não faz uma pausa para anotar o que esperamos alcançar, nem perde um pouco de tempo para determinar os passos que nos conduzirão até lá, principalmente quando se trata de condicionamento físico.

É UM COMPROMISSO

"Tentei fazer exercícios sozinha, mas sempre tinha uma desculpa para não começar. Quando assumi um compromisso e marquei o dia para fazer malhação com dança e música, aquilo foi realmente algo positivo na minha vida.

"Sou uma das frequentadoras mais velhas, mas não ligo para isso. É muito mais fácil fazer exercícios com outras pessoas e estar no meio de um grupo que não nos julga quando erramos os exercícios. Na maioria das vezes vou para a esquerda enquanto o resto do pessoal vai para a direita. Tudo bem. Eles fazem exercícios com aberturas de pernas. Eu consigo apenas dobrar os joelhos, e tudo bem."

MARY CLEMENTS

Transformar o condicionamento físico em parte da nossa vida pode ser comparado a planejar uma longa viagem. Algumas viagens são bem planejadas e resistem a todas as dificuldades. Outras não, e acabamos chegando ao destino errado. Se você estivesse planejando uma viagem muito longa, como percorrer o Grand Canyon a pé, levaria muito tempo para planejar a viagem e também para estar na melhor forma possível para apreciá-la.

Da mesma forma, para chegar ao destino da sua saúde e condicionamento físico, é importante começar a traçar o mapa com algumas marcações ao longo do caminho. Se não gosta de estabelecer metas por achar que o processo é muito incômodo, queremos garantir que há maneiras diferentes de estabelecer metas.

Opção 1: Uma palavra

Pegue a ideia da palavra de motivação e leve-a um pouco mais adiante. Pense em uma palavra toda semana ou todo mês, relacionada a seu condicionamento físico, e use-a como guia para o ajudar a fazer o melhor possível. Por exemplo, digamos que sua palavra para hoje ou para esta semana seja *resistência*. Com essa palavra, mantenha o foco na sua energia e nos seus esforços para fazer o maior número de exercícios para melhorar ou aperfeiçoar sua resistência. Na semana seguinte sua palavra poderá ser *força*. Essa concentração o impulsionará a procurar meios de aumentar sua força para a semana.

A concentração nessa "única palavra" é um método excelente para o ajudar a ser o melhor possível nas várias áreas de seu condicionamento físico pessoal.

No entanto, se você for alguém que gosta de estabelecer metas, eu o encorajo a fazer uma pausa para responder às perguntas a seguir, a fim de o ajudar no processo.

Opção 2: Faça um mapa do roteiro do seu condicionamento físico

Identifique os benefícios de realizar seu sonho de condicionamento físico:

1. _____

2. _____

Identifique os obstáculos para realizar seu sonho de condicionamento físico:

1. _____

2. _____

Relacione suas soluções para vencer os obstáculos:

1. _____

2. _____

Estabeleça uma data para a realização de seu grande sonho.

Daqui a quarenta dias, o que você gostaria de realizar ou conquistar?

Se preferir, use o seu diário para a dieta ou o aplicativo para estabelecer metas e anote sua caminhada rumo ao destino. Agora que já determinou sua palavra ou marcações, queremos incentivar você a encontrar o que o faz movimentar-se.

DESCUBRA O QUE FAZ VOCÊ MOVIMENTAR-SE

EM UMA NOITE ABAFADA DE VERÃO, Charles Whitley, um novo residente na casa de repouso de Sunnyvale, esforça-se e suspira enquanto inclina cuidadosamente seu velho corpo de 82 anos para a frente, a fim de enxergar melhor. Charles olha através da janela do pavimento superior, para ver as crianças da vizinhança brincando de chutar lata. Voltando ao passado, ele procura lembrar-se dos dias agitados em que corria, pulava, saltava e se escondia, e o tilintar conhecido de uma lata e as risadas altas.

Um dia, Charles conta sua ideia a um velho amigo, Ben Conroy, e pensa em voz alta: "Se brincássemos de chutar lata, será que voltaríamos a ser jovens novamente, como num passe de mágica? Ben, você já parou para pensar nisso? Todas essas crianças brincam de chutar lata, de esconde-esconde e, quando param de brincar, começam a envelhecer. Parece que o segredo da juventude é chutar lata".

> "Não paramos de brincar porque ficamos velhos; ficamos velhos porque paramos de brincar."
>
> OLIVER WENDELL HOLMES

Certa noite, já bem tarde, para sua surpresa, Ben vê Charles conduzindo um grupo de idosos ao gramado na frente da casa de repouso para brincar de chutar lata. Ben coça os olhos e entende o que vê – Charles e o trêmulo grupo de idosos saindo às escondidas pela porta, e no momento seguinte transformando-se milagrosamente em crianças de 10 anos, saltando e correndo no meio da noite quente de verão.

Essa história, extraída de *Além da imaginação*, uma clássica série de TV da década de 1960, nos faz pensar se Charles Whitley sabia o que estava fazendo.

Acredite ou não, você pode voltar no tempo e reenergizar o corpo, a mente e o coração. Queremos convidar você para sair de mansinho e deixar para trás o velho modo de pensar a fim de aprender com outras pessoas que descobriram o segredo de permanecer jovem, saudável e esbelto.

VOCÊ SE LEMBRA?

Imagine-se na quinta série, provavelmente com 10 ou 11 anos. Você se lembra de...

- Olhar para o céu e ver as nuvens mudando de forma, transformando-se em animais do zoológico ou personagens de desenhos animados?
- Correr com os braços abertos como Super-homem ou Mulher Maravilha, para salvar a cidade inteira?
- Brincar de pega-pega, amarelinha, e rir tão alto a ponto de não conseguir respirar?
- Subir em árvores?
- Correr e saltar por cima de uma pilha de folhas de árvores?
- Não se preocupar com peso, com aparência, com as roupas que usa ou com quanto dinheiro possui?
- Pular, esconder, procurar, gritar, correr atrás, nadar, dançar e pegar?

Quando éramos jovens, movimentar o corpo era parte natural do nosso dia. Aguardávamos ansiosamente a hora do recreio. Sonhávamos com ele. Esperávamos pacientemente a sineta tocar ou a hora de brincar com o vizinho ao lado. Estávamos sempre em movimento.

BRINQUE COMO UMA CRIANÇA

Dr. William Sears, o "pediatra dos Estados Unidos", é pai de oito filhos, autor de livros de grande sucesso e, acima de tudo, adora crianças. Pediu ao fisiologista Foy que fosse coautor de um livro escrito por ele e seu filho Peter, intitulado *Lean Kids* [Crianças enxutas].

Na tentativa de ajudar as crianças a combater a inatividade e a obesidade, eles decidiram criar um programa de sucesso comprovado para ser posto em prática em escolas, locais de atividades após as aulas, igrejas e centros de comunidade em todas as cidades dos Estados Unidos. Eles sabiam que, para ajudar as crianças a se movimentar mais, precisariam encontrar uma forma divertida de reintroduzir a atividade física na vida delas. Acharam que seria fácil.

Só que eles não sabiam que grande parte das atividades físicas havia sido retirada da vida das crianças. Durante a pesquisa, o dr. Sears e Foy pensaram nas atividades das crianças de anos atrás. Lembraram-se, com carinho, de quando eram crianças e brincavam ao ar livre. Hoje acontece exatamente o oposto com nossas crianças. Após a chegada dos *tablets*, *smartphones* e jogos na internet, as crianças de hoje precisam ser treinadas a sair de casa. Elas passam grande parte do dia sentadas, portanto sentem os mesmos problemas de saúde e condicionamento físico dos adultos com três vezes mais que a idade delas.

Diante disso, Foy, o dr. Sears e seu filho arregaçaram as mangas com paixão e desejo de elaborar um programa destinado a ajudar as crianças a se movimentar novamente. Criaram o programa PLAY [brincar] e o puseram em prática em vários locais de atividades após as aulas. Depois dos programas pilotos iniciais, eles ficaram satisfeitos ao ver que as crianças demonstraram melhora não apenas em termos de força, flexibilidade, resistência, equilíbrio, coordenação, perda de peso, forma física e saúde, mas também em termos de confiança, autoestima, bem-estar emocional, relacionamentos e qualidade de vida.[4]

---

[4] SEARS, William, M.D.; SEARS, Peter, M.D.; FOY, Sean. **Dr. Sears' LEAN Kids**. New York: New American Library, 2003.

> ### QUE GRANDE DIFERENÇA FAZ UM PASSEIO DE BICICLETA!
>
> "Alguns anos atrás fui dar uma volta de bicicleta com uma amiga e vi um grupo de mulheres aprendendo a andar de bicicleta em montanhas. Elas nos convidaram a participar, e no dia seguinte eu me inscrevi pela internet. Não tinha ideia de como era divertido pedalar uma bicicleta nem que minha vida mudaria graças às atividades realizadas por aquele grupo. Aquele grupo parecia uma família para mim enquanto eu aprendia a seguir as trilhas com pessoas que me apoiavam e me aplaudiam todas as vezes que pedalávamos juntas.
>
> "A líder do The Trail Angels nos incentiva e quase sempre nos encoraja a sair da nossa zona de conforto. Com a confiança que adquiri depois de aprender com ela os truques de pedalar uma bicicleta, estou agora ensinando principiantes a dar suas primeiras pedaladas.
>
> "Andar de bicicleta em montanhas também passou a ser uma espécie de terapia para mim. Quando o dia está difícil, um rápido passeio de bicicleta pela montanha com as amigas muda minha perspectiva e aclara a mente. Em geral, damos muitas risadas durante passeios de bicicleta. Uma leve colisão ou um pneu furado transforma-se em oportunidade para algumas fotografias engraçadas que postamos no Facebook. Em alguns passeios incluímos temas ou vestimentas apropriadas, e somos conhecidas por fazer gincanas enquanto pedalamos. Esse tipo de divertimento aliado a condicionamento físico é contagiante. Estou sempre pensando no passeio seguinte e imaginando quem poderia convidar para ir comigo!"
>
> TRACY JONES

Foy e os Sears (pai e filho) sabiam o que estavam fazendo. Hoje há mais de mil treinadores LEAN autorizados ajudando crianças e suas famílias do mundo inteiro a se movimentarem. Esse mesmo programa é a base para o conceito PLAY do Plano Daniel.

TRAZENDO DE VOLTA A ALEGRIA DE VIVER

Em tempos passados, chamávamos as atividades físicas de *brincar* e *adorávamos* cada minuto dessas atividades. Hoje, muitas pessoas chamam-nas de *exercício* e *contam* cada minuto, não vendo a hora de terminar. Costumamos achá-las dolorosas, entediantes ou monótonas, e sentimo-nos culpados quando não as realizamos. Para a maioria de nós, os resultados de amanhã não compensam o esforço de hoje. Não queremos ter uma vida ativa só porque é bom para nós. Então, o que fazer para mudar?

A DOENÇA DE VIVER SENTADO

Acredite ou não, a média dos funcionários americanos permanece sentada de 7,7 a 15 horas por dia sem movimentar-se.[5] Os pesquisadores estão começando a desenredar esse impacto catastrófico: permanecer sentado por muito tempo pode prejudicar a saúde humana. Os especialistas criaram a expressão "doença de viver sentado" para descrevê-la.

Veja o que a ciência está dizendo:

- A Universidade de Missouri descobriu que permanecer sentado de três a quatro horas por vez impede o organismo de queimar gordura como deveria. Os pesquisadores descobriram que uma enzima para queima de gordura chamada *lipoproteína lípase* perde a

---

[5] The Facts: What We Know about Sitting and Standing. **JustStand.org**, 2013. Disponível em: <http://juststand.org/TheFacts/tabid/816/language/en-US/Default.aspx>.

[6] Sitting May Increase Risk of Disease. **Science Daily**, 18 jun. 2013. Disponível em: <www.sciencedaily.com/releases/2007/11/071119130734.htm>.

Kay Warren disse: "Você foi feito para ter uma vida melhor. Você foi feito para sentir alegria de viver". Deus nos criou para sentir alegria. Na verdade, é o que mais desejamos e buscamos. Infelizmente, quando o estresse se acumula, a alegria vai embora, e acabamos comendo demais, trabalhando demais, estressando-nos demais, e permanecendo sentados durante muito tempo. Passamos a maior parte do dia fazendo pouquíssimos movimentos, o que prejudica não apenas nossa alegria, mas também nosso organismo.

O Plano Daniel unifica movimento com devoção e devolve o divertimento e a alegria à sua vida.

Faz sentido, não? Claro, podemos comprar um DVD e começar a malhar ou nos arrastar até uma academia por algumas semanas ou meses; contudo, mais cedo ou mais tarde, se não gostarmos

---

capacidade de absorção quando a pessoa permanece sentada por muito tempo.[6]

- De acordo com a Mayo Clinic, permanecer sentado é, hoje, um novo modo de fumar! Permanecer sentado por muito tempo, por mais de três ou quatro horas por vez, é hoje equivalente a fumar um maço e meio de cigarro por dia.[7]

- O *British Journal of Sports Medicine* concluiu que as pessoas que permanecem sentadas por muito tempo — repetindo, por mais de três ou quatro horas — aumentam significativamente o risco de adoecer. E descobriram também que as pessoas que se movimentam um pouco — que mexem muito ou se levantam da cadeira com frequência para tomar uma xícara de café ou sobem um lance de escada — melhoram significativamente a saúde.[8]

---

[7] VLASHOS, James. Is Sitting a Lethal Activity? **The New York Times**, 14 abr. 2011. Disponível em: <http://www.nytimes.com/2011/04/17/magazine/mag – 17sitting-t.html?_r=0>.

[8] EKBLOM-BAK, Elin; HELLENIUS, Mai-Lis; EKBLOM, Bjorn. Are We Facing a New Paradigm of Inactivity Physiology?. **British Journal of Sports Medicine**, fev. 2010. Disponível em: <http://bjsm.bmj.com/content/44/12/834>.

do que estamos fazendo, vamos encontrar um jeito de desistir. Por que gastar tempo fazendo exercícios físicos dos quais não gostamos quando podemos ter toda a saúde e os benefícios do condicionamento físico participando de. um programa completo de exercícios que nos darão alegria de voltar a BRINCAR?[9]

Movimentos de oração durante o dia
Relaxando e alongando os músculos
Jogos de movimentação e atividades aeróbicas
Treinamento para ter a força muscular da juventude

Todos os elementos encontrados nesse método são essenciais para um programa eficaz de condicionamento físico. Alguns foram também planejados para fortalecer seu relacionamento com Deus. Se você aplicar esse método simples ao seu dia, readquirirá a força e a alegria de movimentar-se novamente.

MOVIMENTOS DE ORAÇÃO DURANTE O DIA

Portanto, esta é a boa notícia. Para começar a melhorar sua saúde e seu condicionamento físico, você não precisa transpirar excessivamente. Não precisa vestir roupas de ginástica. Não precisa levantar peso nem pagar academia. Faça movimentos simples durante o dia para acelerar seu metabolismo, criatividade, condicionamento físico e saúde. As pesquisas provam que fazer exercícios como levantar-se da cadeira, mexer o corpo, alongar-se ou (conforme você aprenderá) fazer atividades aeróbicas, fortalecer os músculos, mesmo que seja durante um minuto ou dois a cada duas horas durante o dia pode fazer grande diferença na sua saúde e bem-estar – e combater a doença de viver sentado.[10]

---

[9] O autor faz um acróstico com a palavra PLAY: **P**rayerful movements throughout your day; **L**oosening breaks, **A**ctive games and aerobic activity, **Y**outhful strength training, e descreve cada um a seguir. [N. do T.]

[10] VLASHOS, James. Is Sitting a Lethal Activity?. **The New York Times**, 14 abr. 2011. Disponível em: <http://www.nytimes.com/2011/04/17/magazine/mag − 17sitting-t.html?_r=0>.

Sugerimos que você use também esses movimentos para fortalecer seu relacionamento com Deus durante seu dia agitado.

Pense em usar algo que o faça lembrar-se de movimentar o corpo a cada hora. Além de combater a doença de viver sentado e melhorar sua saúde e condicionamento físico, você poderá também conectar-se com Deus por meio de adoração, ação de graças e oração.

Para o ajudar a movimentar-se e conectar-se com Deus durante seu dia agitado, estas são algumas ideias para você realizar das 9 às 17 horas, ou todas as vezes que permanecer sentado por muito tempo. Programe um despertador ou telefone para o lembrar a cada hora de fazer dois ou três destes exercícios:

> "Quando são feitos com alegria, os movimentos enfeitam a vida, melhoram o dia e nos incentivam a seguir em frente. Quando nos movimentamos com alegria e discernimento, somos inspirados a fazer coisas que nunca imaginamos ser possível."
>
> SCOTT KRETCHMAR, professor de ciência de exercícios e esportes da Universidade do Estado da Pensilvânia

- Fique em pé durante 1 ou 2 minutos e agradeça a Deus as muitas bênçãos no seu dia e na sua vida. (O capítulo 6 o inspirará ainda mais ao falar do poder da gratidão para sua saúde mental.)

- Estique os ombros e os braços, mas feche os olhos para adorar a Deus em silêncio.

- Agache e levante-se cinco a dez vezes enquanto pensa em como está se tornando forte como Daniel. A cada repetição, agradeça a Deus o fato de ter um corpo forte e saudável e capacidade para movimentar-se.

- Alongue a parte inferior das costas e pernas, curvando-se lentamente até tocar a ponta dos pés. Fique nessa posição por alguns segundos, endireite o corpo e repita por um minuto. Permita que essa posição expresse sua devoção a Deus, humilhando-se diante dele e curvando-se para que se cumpra a vontade de Deus na sua vida.

- Respire fundo por dois minutos. Inspire a força e a bondade de Deus. Expire preocupações e ansiedades que esteja carregando e entregue-as a ele a cada respiração.

- Fique em pé ou ande de um lado para o outro enquanto fala ao telefone. A cada passo, pense em como Daniel ouvia a voz de Deus, andava e conversava com ele o dia inteiro.

- Faça dez abdominais. Agradeça a Deus o uso dos seus músculos e a saúde do seu corpo.

- Vá a uma reunião na qual todos permaneçam andando em vez de sentar-se em uma sala. Use esses momentos como tempo de comunhão com outras pessoas no trabalho, como faziam Daniel e seus três amigos fiéis.

- Ouça uma música e dance por alguns minutos ao ritmo da sua canção favorita ou música de adoração.

- Faça uma pausa de 2 minutos como se fosse um recreio. Brinque no local de trabalho de bambolê, de pular corda ou de lançar *frisbee*. Lembre-se de que Deus ama quando você ri, dá gargalhada e transmite ânimo e alegria aos outros. Seu sorriso e sua gargalhada podem iluminar o dia de outra pessoa.

DICA LEGAL

Você gostaria de acelerar seu metabolismo, queimar de 200 a 300 calorias extras por dia e ficar em forma sem derramar nenhuma gota de suor das 9 às 17 horas? Visite *danielplan.com* para assistir a um vídeo de treinamento que servirá para o lembrar e encorajar a movimentar seu corpo a cada hora com intervalos de 2 minutos. Você vai adorar!

- Use a escada em lugar do elevador. Enquanto sobe a escada, agradeça a Deus tudo o que ele tem feito na sua vida. Enquanto desce, converse com Deus sobre suas ansiedades e preocupações.
- Levante-se quando estiver fazendo um trabalho na mesa. Fique em pé por 2 minutos a cada hora. Essa postura deve ser um lembrete para você honrar a Deus em tudo o que faz. Daniel arriscou-se a ser preso por orar. O tempo em que você fica em pé, em vez de sentar-se, o fortalecerá não apenas no físico, mas também espiritualmente.

Você é capaz de imaginar o impacto que alguns movimentos simples como esses, em conjunto com a oração, terá na sua vida?

RELAXANDO E ALONGANDO OS MÚSCULOS

Pesquisas realizadas pelo American Council on Exercise, Mayo Clinic, American College of Sports and Medicine e outras organizações conceituadas de saúde e condicionamento físico determinaram que relaxar ou alongar os músculos – atividades que podem ser realizadas durante o dia ou antes ou depois do trabalho – tem um efeito significativo na sua saúde, no seu condicionamento físico, na sua flexibilidade e no seu desempenho.[11] Veja os benefícios que algumas dessas atividades ou movimentos de alongamento podem oferecer:

- Diminui a rigidez muscular, aumenta o raio de ação dos movimentos e retarda o processo fisiológico de envelhecimento das articulações.

---

[11] GARBER, C.D.; BLISSMER, B. et al. Quantity and quality of exercise for developing and maintaining cardiorespiratory, musculoskeletal, and neuromotor fitness in apparently healthy adults: Guidance for prescribing exercise. **Medicine & Science in Sports & Exercise**, 2011: 1334-1349.
Kravitz, Ph.D. Stretching – A Research Retrospective. **IDEA Health & Fitness Association**, 2013. Disponível em: <http://www.ideafit.com/fitness-library/stretching-research-retrospective>.

- Aquece o corpo e reduz o risco de lesões.
- Ajuda a aliviar as dores após os exercícios.
- Melhora a postura e a simetria do corpo.
- Ajuda a reduzir ou controlar o estresse.
- Aumenta a circulação sanguínea, reduz a tensão muscular e melhora o relaxamento muscular.
- Melhora as funções gerais do corpo.
- Prepara o corpo para o estresse do exercício.
- Estimula a circulação e evita lesões.
- Diminui o risco de dor lombar.[12]

A DOR DIMINUIU

"Joguei futebol na Universidade do Sul da Califórnia no início da década de 1970. Dali em diante, comecei a sentir dor lombar e sofria muito o tempo todo. Consultei vários cirurgiões ortopedistas, quiropráticos e acupunturistas, todos muito conceituados — e mais outros tantos. Queria levantar meus netos do chão e carregá-los no colo sem derrubá-los por causa da dor. E mais, minha família cansou-se das minhas reclamações. Quando ouvi falar de uma aula de alongamento [de 1 hora], fui o primeiro a se inscrever. Não tinha nada a perder.

"Não há nada radical nisso; tudo é muito fácil. Mas, depois de uma hora de puro alongamento, sou um novo homem. Agora consigo enxergar meus pés e, melhor ainda, sou capaz de tocar neles."

JIM LUCAS

---

[12] HERMAN, S. L. et al. Four-week dynamic stretching warm-up intervention elicits longer-term performance benefits. **Journal of Strength and Conditioning Research**, 2008: 1286.

Os movimentos ou atividades de relaxamento muscular podem ser realizados de duas formas: estática ou dinâmica. Ambas aumentam a flexibilidade das articulações sem enrijecimento ou lesão. Isso é importante porque os músculos, tendões e ligamentos flexíveis são menos propensos a lesões e ajudam a melhorar o desempenho muscular. Pense nos seus músculos como se fossem tiras de elástico. Se você pegar uma tira de elástico e esticá-la rapidamente e com muita força, ela se romperá. Mas, se esticá-la um pouco por vez, poderá esticá-la muito mais. O relaxamento e alongamento dos músculos aumentam a flexibilidade das articulações e evitam "rompimentos" ou lesões.

A forma dinâmica – alongar antes do exercício – é a melhor maneira para aquecer o corpo. Os movimentos de alongamento estáticos após o exercício são uma das melhores maneiras de aumentar a flexibilidade e, ao mesmo tempo, reduzem as dores após o exercício. Você também pode fazer alongamentos durante o dia por 15 a 30 segundos em qualquer lugar, a qualquer hora:

MOVIMENTOS CIRCULARES COM OS BRAÇOS

1. Fique em pé, com os pés um pouco afastados um do outro, joelhos ligeiramente dobrados e braços esticados para os lados na altura dos ombros e com as palmas das mãos voltadas para o chão.

2. Comece a fazer pequenos movimentos circulares para a frente (cerca de 30 cm de diâmetro) com as mãos e os braços de forma lenta e controlada. Faça 10 vezes.

3. Vá aumentando o tamanho dos movimentos circulares, de médios a grandes, para a frente e para trás até o ponto em que se sentir confortável (por exemplo, acima da cabeça e abaixo do quadril). Faça 10 vezes.

4. Repita os movimentos descritos em 2 e 3, mas de forma inversa.

5. Faça 10 vezes de 15 a 20 segundos em cada direção.

TOCAR OS PÉS

1. Levante-se, fique com um pé encostado no outro, pernas esticadas e mãos no quadril (com as palmas para baixo).
2. Comece a curvar o corpo de forma lenta e controlada no nível da cintura (não curve as costas). Tente tocar as panturrilhas ou a ponta dos pés com as mãos.
3. Permaneça nessa posição por 10 a 30 segundos.

Nota: Aqueça os músculos antes de fazer este ou qualquer outro movimento estático. Também, se sofrer de dor lombar, não tente tocar os pés. É melhor tentar fazer isso sentado em uma cadeira.

Alternativa: Sentado em uma cadeira, com uma perna esticada, estique os braços para a frente, curvando-se no nível da cintura, para tentar alcançar a panturrilha ou a ponta dos pés.

Se tiver tempo, participe de uma classe e faça alongamento por uma hora ou mais. Para fazer mais alongamentos e exercícios de rotina durante o dia, escolha uma destas atividades e recursos:

- [ ] Balé
- [ ] Ginástica (tente dar um salto mortal no seu escritório se quiser rir um pouco!)
- [ ] Pilates® ou Pilates reformer
- [ ] Artes marciais
- [ ] Massagem
- [ ] Alongamento com bola de estabilidade
- [ ] Automassagem usando um cilindro, bola ou bastão de espuma
- [ ] Alongamento com uma toalha ou faixas elásticas
- [ ] Alongamento na mesa de trabalho

Lembre-se: Você poderá realizar alongamentos com outras pessoas ou sozinho, e quantas vezes quiser durante o dia, todos os dias da semana. Também poderá incluir a oração para usar esses alongamentos como movimentos de oração nos momentos de descanso ao longo de um dia de trabalho. Em geral, os alongamentos podem ser feitos em qualquer lugar, de 1 a 5 minutos.

JOGOS DE MOVIMENTAÇÃO E ATIVIDADES AERÓBICAS

O que a expressão *jovem no coração* significa para você? O *Chicago Tribune* ficou curioso e fez a pergunta a seus leitores. Veja algumas das respostas interessantes que o pessoal recebeu:

Rudolf Alfano, 80 anos: "Pense como jovem e seja positivo todos os dias da sua vida. É por isso que penso que tenho 16 anos, porque às vezes ajo como uma criança. Continuo jovem no coração porque me levanto bem cedo, saio para caminhar, durmo cedo, como frutas e vegetais frescos diariamente, trabalho em um projeto todos os dias e ajudo outras pessoas."

William Danford, 91 anos. "Significa ter uma natureza maravilhosa e atraente o tempo todo."

Lisa Dekter, 76 anos. "É pensar que a idade não é importante. Ser 'jovem no coração' é amar a vida, acordar todos os dias e apreciar o dia como se fosse um presente."[13]

Seja qual for a resposta a essa pergunta, ser "jovem no coração" é uma expressão carinhosa que usamos para as pessoas que gostam de fazer o que os mais jovens fazem. Queremos ajudar você a

---

[13] Primetime Views: What Does the Phrase 'Young at Heart' Mean to You?". **Chicago Tribune**, 2013. Disponível em: <http://www.chicagotribune.com/special/primetime/chi-primetime-ptviewsyoungheart — 071311,0,3417326.story>.

pesquisar como fortalecer seu coração, bem como ser jovem no coração, apreciando jogos de movimentação e atividades aeróbicas.

Mais que um jogo

Os jogos de movimentação e as atividades aeróbicas são benéficos não apenas para o coração físico, mas também para o coração social, mental e espiritual. Brincadeiras dentro ou fora de casa, como pega-pega, pular corda ou queimada, são alguns exemplos das nossas brincadeiras dos tempos passados. Você pode começar a brincar novamente e colher os benefícios.

Há muitos estudos científicos que comprovam os benefícios cada vez maiores para seu corpo e saúde quando você se envolve com jogos de movimentação e/ou atividades aeróbicas:

- Aumentam a capacidade pulmonar, o tônus muscular e a corrente sanguínea.
- Estimulam o cérebro, aguçam o ouvido, melhoram a capacidade de solucionar problemas.
- Retardam a perda de memória relativa à idade.
- Criam laços sociais e de amizade.
- Reduzem o risco de diabetes e taxa alta de colesterol.
- Diminuem o risco de doenças cardíacas, câncer e osteoporose.
- Fortalecem o sistema imunológico.
- Diminuem os níveis de depressão, estresse e ansiedade.
- Aumentam a autoestima e a autoimagem.
- Controlam o estresse.
- Aumentam a capacidade de queimar gorduras.
- Produzem sono mais reparador.
- Produzem mais energia.
- Aumentam a produtividade.

> **PRONTO PARA BRINCAR**
>
> Tim Pidcock não fez exercícios regularmente nem os levou a sério durante décadas após ter servido no Exército. Com o tempo, o peso e a saúde apresentaram muitos motivos para ele se movimentar, mas uma das motivações constantes foram as férias da família.
>
> "Decidimos passar três semanas de férias em Cebu, Filipinas, terra natal da minha esposa. Planejamos algumas atividades divertidas, inclusive nadar rio acima, descer e escalar cachoeiras com o uso de cordas e nadar com tubarões-baleias em Oslob. Eu queria estar em excelente forma física, por isso aproveitei aquelas atividades com minha esposa e meus filhos sem reclamar e sem ser um peso para eles. Nossas férias foram maravilhosas, e, embora as descidas e escaladas em cachoeiras tivessem sido feitas debaixo de chuva, divertimo-nos muito nadando rio acima com os tubarões-baleias."

Conclusão: Os jogos de movimentação e os exercícios aeróbicos fazem bem ao coração, aos pulmões e ao organismo, capacitando você a ser jovem no coração. A boa notícia é que, uma vez que seu coração é um músculo, qualquer coisa que o estimule – brincar de amarelinha, dar um passeio de bicicleta ou subir um lance de escada – pode fortalecê-lo.

Pesquisadores como o dr. Stuart Brown, fundador do National Institute for Play, classificam as brincadeiras em diferentes tipos de personalidades.[14] Outros pesquisadores descrevem como nossa personalidade lúdica pode ser a mesma de quando éramos crianças ou pode ter mudado no decorrer do tempo. E quanto a você? Que tipo de personalidade lúdica teve quando era criança? E agora? Brincadeira, competição, desafio,

---

[14] **Play:** How It Shapes the Brain, Opens de Imagination, and Invigorates the Soul. New York: Avery-Penguin Publishing, 2010.

informação e companheirismo – tudo isso pode ser motivo para brincar.

Quando pensamos em exercícios aeróbicos, imaginamos equipamentos como simuladores de caminhada e de subir escadas, aulas de "steps", exercícios aeróbicos na água, corridas ou treinos intervalados. Todos fazem bem à saúde e ao físico. Mas o que dizer de outras atividades das quais nos esquecemos e que nos podem devolver a saúde e a alegria – jogos como tênis, amarelinha, *handebol, racquetball* e queimada?

Em vez de precisar "enfrentar" um exercício físico, inclua jogos de movimentação ou atividades aeróbicas no seu dia. Estas são algumas atividades que você poderá escolher e que ajudarão a rejuvenescer seu coração:

- [ ] Acrobacias
- [ ] Peteca
- [ ] Passeio de mochila
- [ ] Beisebol/*softball*
- [ ] Basquete
- [ ] Boliche
- [ ] Pedalar bicicleta (fixa ou rodante)
- [ ] Esquiar
- [ ] Dançar
- [ ] Queimada
- [ ] Esgrima
- [ ] Futebol americano
- [ ] *Frisbee* golfe
- [ ] Handebol
- [ ] *Racquetball*
- [ ] Patins
- [ ] Remo
- [ ] *Skate*
- [ ] Esqui/*snowboarding*
- [ ] Futebol
- [ ] Andar na neve com sapatos especiais
- [ ] Surfe
- [ ] Natação
- [ ] Pingue-pongue
- [ ] Amarelinha
- [ ] Tênis
- [ ] Cama elástica
- [ ] Pedalar monociclo

- [ ] Cavalgada
- [ ] Bambolê
- [ ] Pular corda
- [ ] Escalar montanha
- [ ] Pula-pula
- [ ] *Ultimate frisbee*
- [ ] Vôlei
- [ ] Wii Fit®
- [ ] Zumba (dança latina)

Você pode realizar jogos com movimentos ou atividades aeróbicas todos os dias da semana, mas recomendamos de três a cinco dias, no mínimo, durante 20 a 60 minutos. (Se não dispuser de 20 minutos, um ou dois jogos ou atividades de 10 minutos farão bem ao coração.) Misture ou faça treinamentos cruzados, isto é, realize tipos diferentes de atividades durante a semana, como caminhar na segunda-feira, pular corda na terça-feira, andar de bicicleta na quinta-feira e marchar no sábado. (V. página 209 para mais informações sobre treinamentos cruzados.)

Para melhorar sua condição aeróbica e o ajudar a ser jovem no coração, desafie seu corpo, aumentando as batidas cardíacas durante atividades selecionadas. Seu coração é um músculo. Portanto, quando desafiado, ele se adapta e fortalece. Siga esta regra prática: Quando estiver praticando uma atividade aeróbica ou jogo de movimento, talvez você queira conversar o tempo todo e se sinta esbaforido. Lembre-se: diga frases curtas de apenas três palavras. Se não conseguir conversar, é sinal de que está indo muito depressa ou se esforçando demais. Se conseguir cantar durante a atividade, é sinal de que está indo muito devagar.

TREINAMENTO PARA TER A FORÇA MUSCULAR DA JUVENTUDE

Uma das etapas mais críticas para readquirir a juventude, a vitalidade e a saúde é treinar para ter a força da juventude. A maioria de nós pensa que treinar para ter força muscular é útil apenas aos atletas. Você não precisa ser atleta para aproveitar os benefícios desse treinamento para seu corpo, sua mente e sua vida. Aqueles que treinam regularmente com um sorriso no rosto para ganhar força muscular são os primeiros a dizer a você que se sentem mais novos no corpo e na mente. Além disso, estão colhendo um bom número de outros benefícios. Veja alguns benefícios que esse programa traz para a saúde e o condicionamento físico em geral:

- Acelera o metabolismo,
- Controla o peso e reduz a gordura corporal,
- Melhora a postura,
- Tonifica e firma os músculos,
- Melhora a mobilidade e o equilíbrio,
- Ajuda a prevenir osteoporose,
- Reduz o estresse e a ansiedade,
- Diminui o risco de lesões,
- Diminui o risco de doenças cardíacas, câncer, hipertensão, diabetes e artrite (todos esses problemas podem ser evitados se você fizer escolhas saudáveis de alimentação),
- Melhora o sono.

Apesar de todos esses benefícios e motivos para começar a "levantar" pesos, gostaríamos que você analisasse o método PLAY e identificasse o movimento, a atividade ou a aula da sua preferência para ganhar força muscular. Pergunte a você mesmo: "O que traria um sorriso ao meu rosto?".

- [ ] Treinamento com halteres
- [ ] Campo de treinamento de recrutas
- [ ] Exercícios de calistenia
- [ ] Canoagem/caiaques
- [ ] Treinamento em circuito
- [ ] *CrossFit®*
- [ ] Levantar pesos
- [ ] Ginástica
- [ ] Levantamento ou ondulação de cordas
- [ ] Treinamento *Kettlebell®*
- [ ] Exercícios com bola medicinal
- [ ] Levantamento de barras
- [ ] Exercícios com faixas elásticas
- [ ] Escalar pedras
- [ ] Exercícios em aparelhos simuladores de remos
- [ ] Levantar, arrastar ou arremessar sacos de areia
- [ ] Exercícios com trenó
- [ ] DVDs de treinamento para ganhar força muscular
- [ ] Exercícios de suspensão
- [ ] Exercícios de virar pneus
- [ ] Pingue-pongue
- [ ] Amarelinha
- [ ] Tênis
- [ ] Cama elástica
- [ ] Pedalar monociclo

Para melhorar ou manter a força e a resistência muscular, é recomendável frequentar uma academia na qual o treinamento para ganhar força muscular consista em movimentos corporais para cima e para baixo, usando qualquer um dos cinco a dez exercícios diferentes, repetindo cada um de oito a quinze vezes. Realize de um a três movimentos (um grupo de repetições) em intensidade moderada por, no mínimo, dois ou três dias por semana.

Lembre-se: mesmo que você só tenha tempo para realizar um ou dois movimentos de treinamento para ganhar força muscular, ainda sairá lucrando. Você poderá realizar esses exercícios usando apenas o peso do seu corpo como parte dos movimentos de oração durante o dia e, mesmo assim, conseguir bons resultados.

Por exemplo, faça os seguintes movimentos várias vezes ao dia:

☐ Dez agachamentos ☐ Dez exercícios na barra de mergulho ☐ Dez exercícios *lunge*

(Veja o capítulo 9 para detalhes sobre como realizar esses movimentos corretamente.)

Você é capaz de imaginar como ficará esbelto depois de realizar essa rotina de 30 repetições, mesmo que seja quatro vezes no decorrer do dia de trabalho? De acordo com nossas contas, você terá completado 120 repetições no dia. Puxa! Vai ficar em forma fazendo isso! E, se incluir oração durante esses movimentos curtos de 1 a 2 minutos, seu dia será mais feliz e você ficará mais perto de Deus.

> "Nenhuma disciplina parece ser motivo de alegria no momento, mas sim de tristeza. Mais tarde, porém, produz fruto de justiça e paz para aqueles que por ela foram exercitados"
> (Hebreus 12.11).

No entanto, se você decidir fazer treinamento para ganhar força muscular usando pesos livres ou equipamento de levantar pesos ou outros meios mais desafiantes, como campo de treinamento de recrutas ou *CrossFit* e incluir pesos ou resistência, é melhor realizar essa rotina em dias alternados ou de duas a três vezes por semana. Dê uma pausa a seu corpo de 24 a 48 horas para ele se recuperar corretamente após exercícios tão exaustivos. A melhor maneira para melhorar o condicionamento físico, a força e/ou a resistência muscular é pôr os músculos à prova, aumentando gradativamente a intensidade (número de repetições, conjunto de movimentos ou resistência), até ficarem mais fortes.

PONHA O PROGRAMA **EM AÇÃO**

AGORA É A SUA VEZ. Aceite o desafio de ser forte como Daniel para melhorar seu condicionamento físico, combinando movimentos de oração, alongamentos, jogos e atividades aeróbicas e treinamento para ganhar força muscular, e veja o que acontecerá! Gostaríamos que você levasse esse desafio adiante por quarenta dias, para mudar seus hábitos. Para começar – mesmo que nunca tenha feito exercícios regularmente ou tenha parado há muito tempo –, leia o capítulo 9, no qual encontrará a "brincadeira do dia" e um plano que focaliza todos os aspectos de condicionamento físico que acabou de aprender – em passos pequenos e práticos.

É muito importante controlar e/ou acompanhar seus esforços a fim de saber como vai seu progresso diário, semanal ou mensal, para alcançar seus objetivos e realizar seu grande sonho de ficar em excelente forma física. Na verdade, de acordo com vários estudos, as pessoas que controlam seus exercícios rotineiros apresentam sensível melhora de comportamento e grandes possibilidades de alcançar seus objetivos (da mesma forma que o sucesso obtido quando você controla e acompanha a escolha dos seus alimentos). Mas como controlar o condicionamento físico?

1. Trace um plano para a semana.
2. Acompanhe seu progresso, bem como os desafios.

PLANEJE SUA SEMANA

Você já observou que, quando anota uma tarefa ou um compromisso com a intenção de realizá-los, é quase certo que os realiza? Nós já! Principalmente quando são importantes, como almoçar com o cônjuge ou um amigo, comparecer a eventos dos filhos ou a uma reunião importante de negócios. É muito importante anotar nossos planos e ticá-los depois de concluídos. A cada marcação, adquirimos confiança para fazer as coisas acontecerem e chegar mais perto dos nossos objetivos de longo prazo.

Imagine-se em um domingo à noite, antes do início da semana. Você se senta e pega seu *smartphone* ou sua agenda e redige um "acordo" com você mesmo, mencionando que na segunda-feira, quarta-feira e sexta-feira, das 18h30 às 19h30, você se compromete a dedicar-se ao condicionamento físico, por exemplo, fazendo uma caminhada. Quando você digita as palavras em vez de "aguardar" para "quando tiver tempo", suas possibilidades de cumprir o acordo tornam-se maiores. Pense nisso como um compromisso muito importante.

> ### BENEFÍCIOS PARA O DIA INTEIRO
>
> Quando se trata de fazer exercícios, os pesquisadores descobriram que aqueles que se exercitam de manhã têm mais possibilidades de alimentar-se de maneira mais saudável, exercitar-se mais e cuidar melhor deles próprios durante o dia.[15]

Sente-se antes de dormir em um domingo à noite e estabeleça suas atividades PLAY para o dia seguinte. Se quiser ser mais espontâneo, faça uma lista das atividades PLAY preferidas e escolha a que quer fazer em cada dia.

Todos os domingos à noite, Sean Foy pega o celular e agenda as atividades PLAY para a semana. Muitos de seus clientes seguem a

---

[15] DAVIS, Jean Lerche. Lose Weight with Morning Exercise. **WebMD**. Disponível em: <http://www.webmd.com/fitness-exercise/features/lose-weight-with-morning-exercise>.
Early Morning Exercise Is Best for Reducing Blood Pressure and Improving Sleep. **Appalachian State University News**, 13 jun. 2011. Disponível em: <http://www.news.appstate.edu/2011/06/13/early-morning-exercise>.

mesma rotina. São compromissos não negociáveis que Foy faz com seus colegas ou com ele próprio. Quando alguém o convida para uma reunião durante aquela hora, ele diz que tem um compromisso. Quase sempre a reação de quem convidou é esta: "Não há problema, que tal marcarmos para outra ocasião?".

Quando você faz planos antes do início da semana, cria uma margem ou um espaço na sua agenda lotada e prioriza seus esforços antes de ficar assoberbado.

Estabeleça metas realistas. É sempre melhor estabelecer metas que você seja capaz de cumprir. Nós o incentivamos a ter sonho grande, mas é importante estabelecer metas de condicionamento físico que sejam realistas. Lembre-se, você não precisa ser um atleta de elite para ter boa forma física — movimentar-se mais do que se movimentou ontem é um grande passo na direção certa.

PROGRAMA DE CONDICIONAMENTO FÍSICO

"A coisa toda [iniciar o Plano Daniel] começou quando minha irmã Emily me falou sobre um treinamento de recrutas. Fiquei um pouco nervoso, porque nunca havia frequentado aulas de exercícios físicos, mas achei que valeria a pena tentar — e vou dizer uma coisa: nas primeiras vezes, quase morri de cansaço.

"No ano passado, fiquei feliz da vida com os programas de exercícios oferecidos na Saddleback Church. No início, eu pesava quase 130 quilos e ficava ofegante só de calçar os sapatos. Queria recuperar a saúde e ter uma aparência melhor. Hoje minhas metas mudaram. Quero oferecer tudo o que tenho para glorificar o Senhor Jesus Cristo; quero chamar a atenção não para mim, mas para ele."

CAMERON JACKSON

ACOMPANHE OS ALTOS E BAIXOS

Planejar é uma coisa; anotar se seu progresso seguiu os mesmos passos das suas intenções é outra bem diferente. Para melhorar o condicionamento físico, você precisa aumentar, de forma lenta e progressiva, a intensidade ou duração do exercício. Por exemplo, se fez dez exercícios abdominais na semana passada, vai querer tentar onze na próxima vez. Se andou 800 metros na segunda-feira, vai querer andar 1,2 quilômetro na próxima segunda-feira.

Se você usar o *The Daniel Plan Journal* ou o aplicativo, você terá mais facilidade de acompanhar seu sucesso e também de anotar os desafios ou modificações que gostaria de fazer no seu programa de condicionamento físico. O acompanhamento dos desafios permite que você identifique pensamentos negativos, comportamentos ou tendências contínuos que prejudicam seus esforços de ser mais ativo. Por exemplo, digamos que você se comprometeu a exercitar-se amanhã cedo, mas o amanhã chega e vai embora, e você não fez nada. Em vez de se punir, escreva os pensamentos, comportamentos ou tendências daquele dia; depois anote duas ou três soluções possíveis para a próxima vez.

Todos nós sabemos que, quando se trata de programa de exercícios regulares, se você não planejar, provavelmente não fará nenhum! Isso se aplica à maioria das coisas importantes da nossa vida, certo? Então, qual é a melhor hora para fazer exercícios? A hora que você escolher – seja de manhã, seja na hora do almoço ou depois do jantar. O segredo é ter uma rotina que permita a você transformar o PLAY em rotina diária.

A pergunta subjacente que queremos que faça a você mesmo enquanto estiver planejando seu condicionamento físico é: "Que atividades eu aprecio mais e que me fazem sorrir?". Pense em uma forma de misturar divertimento, alegria, risada, devoção, entusiasmo e aventura em todos os aspectos do PLAY.

> **MONTE UMA CAIXA DE BRINQUEDOS**
>
> Em casa ou no escritório, escolha uma área onde possa guardar brinquedos divertidos para o condicionamento físico, como...
>
> | | |
> |---|---|
> | Bola de basquete/futebol | Corda para pular |
> | Balança com sensores de pressão | Faixa de elástico |
> | Bambolê | Patins |
> | Cilindro de espuma | Bola de estabilidade |
> | Podômetro | *Wii Fit* |

O progresso deve ser lento. Conscientize-se de que deve progredir lentamente e alternar todos os aspectos do PLAY, aumentando gradualmente. (Isto é, comece com uma caminhada vagarosa de 10 minutos e vá aumentando o tempo aos poucos. Ou comece com três movimentos para ganhar força muscular e, depois, passe para quatro.) O progresso deve ser pequeno e lento, não apenas para seu corpo, mas também para sua confiança.

MISTURE OS EXERCÍCIOS

Seu corpo levará apenas algumas semanas para se acostumar com os exercícios. Assim que eles começarem a ser rotina para seus músculos e seu metabolismo, os níveis de estabilidade mental e física também se adaptarão a ela. A melhor maneira de acabar com o tédio é misturar os exercícios! Há dez maneiras de ajudar você a extrair o máximo do seu condicionamento físico.

1. Treinamento cruzado. Se você é corredor, é bem provável que goste de correr. Se é nadador, é bem provável que adore nadar. Que bom! Lembre-se: um dos elementos essenciais do condicionamento físico de longo prazo é fazer o que você gosta de fazer.

Há, porém, um detalhe que você não pode esquecer: seu corpo acostuma-se aos movimentos. Por isso, faça treinamentos cruzados. Isso melhorará seu desempenho geral e o ajudará de várias maneiras:

- Previne o tédio.
- Protege as articulações e o corpo de serem usados exageradamente.
- Aumenta a longevidade no esporte ou atividade.
- Evita exaustão.[16]

Seu corpo leva de duas a quatro semanas para acostumar-se com a rotina, portanto modifique fazendo treinamento cruzado e tente algo novo depois de algumas semanas. E veja como seu corpo reage.

2. Aumente a frequência. Se você obteve sucesso ao exercitar-se dois dias por semana, tente aumentar e passar a exercitar-se três dias por semana. Com isso, você desafiará naturalmente seu corpo, e o condicionamento físico ficará melhor ainda.

3. Aumente a intensidade. Aumente um pouco a velocidade, elevação, ritmo ou duração da atividade aeróbica. Talvez você necessite disso para melhorar o sistema cardiovascular e acelerar o metabolismo. Por exemplo, tente mudar o ritmo. Se gosta de caminhar, em vez de andar com passos uniformes, tente andar em ritmo moderado por um minuto e depois ande o mais rápido que puder no minuto seguinte. Se preferir, corra. É recomendável controlar as batidas do coração e mudar a intensidade durante o exercício.

Aumente o número de repetições, de conjuntos de exercícios ou o peso da resistência dos movimentos de treinamento para ganhar força muscular. Você poderá também realizar movimentos para o corpo inteiro, chamados "exercícios compostos", como movimentos

---

[16] STAMFORD, Bryant, Ph.D. Cross-Training: Giving Yourself a Whole-Body Workout. **The Physician and Sportsmedicine**, set. 1996.

do *Kettlebell*, que usam a parte superior e inferior do corpo. Outra opção é manipular a velocidade dos movimentos, ou movendo-se lentamente – 5 segundos nos movimentos superiores e 5 segundos nos movimentos inferiores – ou acelerando a cada movimento.

4. Mude de aparelhos ou de ambiente. Se está acostumado a usar pesos no treinamento para ganhar força muscular, que tal usar uma bola medicinal ou uma bola de estabilidade para mudar um pouco? Se está acostumado a ir à academia e esperar na fila por uma esteira, aparelho elíptico ou bicicleta, que tal usar uma daquelas geringonças que ninguém usa, como aparelho para remar, aparelho para esquiar ou *Versa climber*? Por que não pegar aquela corda de pular que está acumulando poeira no canto da academia?

Você sabia que pode queimar duas ou três vezes mais calorias usando aparelhos ou exercícios que movimentam o corpo todo comparados com caminhada lenta em uma esteira? E mais, você poderá misturar os exercícios se usar grupos de músculos diferentes e de maneiras diferentes. Se gosta de ficar ao ar livre, que tal tentar uma aula de exercícios aeróbicos ou *spinning*? Mudar o panorama, conhecer gente nova e tentar algo diferente pode ser exatamente o que você precisa para arejar sua rotina.

5. Reduza o intervalo de descanso. Se reduzir o intervalo para descansar entre os exercícios, você aumentará naturalmente a intensidade dos movimentos. Seu corpo se adaptará a eles e ficará mais forte.

6. Cronometre sua rotina de exercícios. Na próxima vez, tente superar o tempo anterior. Esse tipo de treinamento dará a você um resultado tangível para desafiar você mesmo e ajudar seu corpo a adaptar-se a uma nova intensidade.

7. Faça uma pausa para descansar. Acredite ou não, uma das piores coisas que você pode fazer a seu corpo é exercitar-se demasiadamente sem descansar um pouco. Por isso, o melhor que pode fazer a seu corpo, principalmente se estiver fazendo exercícios pesados regularmente, é descansar um pouco. Seu corpo agradecerá, e você voltará mais entusiasmado e pronto para levar o condicionamento físico a um nível mais alto.

NÃO SE ISOLE

O que Peyton Manning, Oprah Winfrey, Michael Jordan, George W. Bush e o Apolo Ohno, o ganhador da Medalha de Ouro Olímpica, têm em comum? Sucesso no campo em que atuam — seria esse o nosso primeiro pensamento. É verdade, mas todos atribuem o sucesso pessoal a uma coisa: ter um companheiro, um mentor ou treinador que extraiu o melhor deles. Todos tiveram alguém na vida que os instruiu, encorajou, empurrou, treinou e os ensinou a querer ser o melhor e os ajudou a concretizar seus sonhos.

Da mesma forma, quando se trata de ser forte como Daniel e alcançar e manter suas metas para ter saúde e condicionamento físico, é muito importante ter alguém que o acompanhe, apoie, incentive e cobre resultados. Em vinte anos de treinador de condicionamento físico, Foy diz que a melhor decisão que você pode tomar é contar com o apoio de um companheiro ou companheiros na luta para ter boa saúde e boa forma física.

8. Tenha a companhia de um cão. Os cientistas da University of Western Australia descobriram que as pessoas passaram a caminhar 48 minutos a mais por semana depois que arrumaram um cão para ser seu companheiro.[17] Os cães são treinadores naturais. Lembram-nos todos os dias que devemos cuidar de nós e nos incentivam a ir em frente com seus passos cadenciados e movimentação da cauda.

9. Contrate um *personal trainer*. Ele é a pessoa que você deve procurar para adquirir boa forma física e permanecer nela. O *personal trainer* apresentará um programa profissional, instruções,

---

[17] CUTT, Hayley E; KNUIMAN, Matthew W.; GILES-CORTI, Billie. Does Getting a Dog Increase Recreational Walking?. **International Journal of Behavioral Nutrition and Physical Activity**, 27 mar. 2008. Disponível em: <http://www.ijbnpa.org/content/5/1/17>.

apoio e motivação. Além disso, acompanhará seu progresso, fará os ajustes necessários no programa e ensinará a técnica correta para ser usada durante o treinamento.

10. Exercite-se com outras pessoas. Se estiver fazendo exercícios sozinho, tente encontrar um grupo de pessoas com os mesmos objetivos e junte-se a elas. Uma pesquisa mostrou que, quando nos exercitamos com outras pessoas, aumentamos naturalmente a intensidade dos exercícios.[18] Tente trocar a rotina dos exercícios tradicionais por Pilates, aulas de *spinning* ou campo de treinamento de recrutas. Ou troque os exercícios tradicionais para o coração por jogos de movimentação ou por uma atividade esportiva durante um mês para ver como se sente.

Falaremos mais sobre o valor e o poder dos amigos no capítulo 7, porém é muito importante que você tenha um companheiro de condicionamento físico para o ajudar a passar para um nível superior, não importa a fase em que esteja – começando um programa ou procurando acelerar sua rotina atual. O segredo para ser forte como Daniel é ter a seu lado uma pessoa que o apoie e que esteja presente quando necessitar dela.

REFLITA E DÊ O PRIMEIRO PASSO...

O segredo para ficar em boa forma física é descobrir o movimento da sua preferência. Não se preocupe com o que as outras pessoas estão fazendo. Escolha atividades que tragam alegria e coloquem um sorriso no seu rosto. Comece com um pequeno passo na direção certa e pense na ideia de pedir a um amigo que o acompanhe. Você ficará boquiaberto diante da ótima sensação de bem-estar que experimentará.

---

[18] IRWIN, B.C. et al. Aerobic Exercise Is Promoted When Individual Performance Affects the Group. **Michigan State University. PubMed.gov**, out. 2012. Disponível em: <http://www.ncbi.nlm.nih.gov/pubmed/22576339>.

Capítulo 6

FOCO

Não se amoldem ao padrão deste mundo, mas transformem-se pela renovação da sua mente, para que sejam capazes de experimentar e comprovar a boa, agradável e perfeita vontade de Deus.
Romanos 12.2

Com uma decisão – uma ação efetuada por seu cérebro – você começará a jornada do bem-estar físico que proporcionará mais energia, menos estresse e sono mais tranquilo (entre os muitos outros benefícios que já apresentamos a você). Queremos que essa decisão dure a vida inteira, e isso exige mente renovada e foco constante. Neste mundo em que muitas distrações competem para chamar sua atenção, é de suma importância que você deixe de lado a agitação na sua cabeça e concentre-se no plano e nas prioridades de Deus para sua vida. Esta é a grande verdade: você é atraído por aquilo que chama sua atenção.

Infelizmente, é por causa da perda de foco que muitas pessoas entram no círculo de começar com grandes esperanças e terminar com muitos fracassos porque havia muitas outras coisas competindo para

> "Quanto à antiga maneira de viver, vocês foram ensinados a [...] serem renovados no modo de pensar e a revestir-se do novo homem, criado para ser semelhante a Deus em justiça e em santidade provenientes da verdade" (Efésios 4.22-24).

chamar-lhes a atenção. Nós o ajudaremos a ter excelente saúde mental, arejar suas ideias e ampliar seu foco, para ter uma vida com um propósito em mente.

Todas as informações contidas neste livro têm a finalidade de ajudar você a vencer a guerra entre a parte pensante do seu cérebro que sabe o que você deve fazer e os centros de prazer que sempre desejam gratificação imediata. Os centros de prazer, localizados no fundo do cérebro, estão sempre procurando divertimento. Desejam ardentemente comer hambúrgueres duplos, permanecem na fila para saborear rocambole de canela feito na hora e nos convencem de ficar sentados no sofá diante da TV por mais uma hora em vez de sair de casa para correr um pouco.

Se não forem controlados, os centros de prazer incentivam-nos a ter pensamentos como estes:

- Eu mereço comer isto.
- Ora, vamos nos divertir um pouco!
- Você está muito tenso!
- Viva um pouco a vida.
- Já devorei uma taça de sorvete; uma a mais não tem problema.
- Estarei melhor amanhã. Prometo.

Sem foco, o cérebro pode destruir sua saúde. Para equilibrar os centros de prazer, há uma área na parte frontal do cérebro chamada córtex pré-frontal, que nos ajuda a pensar no que vamos fazer antes de agir. É o freio do cérebro que nos impede de dizer ou fazer coisas idiotas. O córtex pré-frontal é conhecido como a parte executiva do cérebro porque age como um chefe no trabalho e está ligado a funções executivas, como foco, prudência, julgamento, planejamento e autocontrole. Ele pensa no nosso futuro, não apenas no que queremos no momento. Em vez de pensar no bolo de chocolate, ele é a voz racional na nossa cabeça que nos ajuda a evitar ter uma barriga enorme, que se preocupa com despesas médicas volumosas e tem a capacidade de dizer "não" de modo muito sério.

Quando o córtex pré-frontal é forte, ele controla os centros de prazer para que possamos apreciar a vida, mas de maneira criteriosa e dosada. Para ser mais saudável e mais feliz no longo prazo, é muito importante fortalecer o cérebro.

MUDE SEU CÉREBRO, MUDE SUA SAÚDE

O CÉREBRO É O ÓRGÃO MAIS INCRÍVEL DO CORPO. Embora o peso do cérebro seja igual a 2% do peso do seu corpo, ele usa de 20 a 30% das calorias que você consome e 20% do oxigênio e do sangue que circulam no seu corpo. É a propriedade mais valiosa no seu corpo e que exige os maiores recursos. O cérebro possui 100 bilhões de células nervosas e mais ligações dentro dele que o número das estrelas no Universo.

Quando seu cérebro funciona bem, você trabalha bem. Quando seu cérebro tem problemas, é bem provável que você tenha problemas. As pessoas com cérebro saudável são mais felizes e saudáveis fisicamente, porque tomam decisões mais acertadas. Em geral, são mais ricas e mais bem-sucedidas por causa dessas decisões mais acertadas. (Você está começando a ver um padrão recorrente?) Quando o cérebro não é saudável, as pessoas são mais tristes, mais doentes, mais pobres e têm menos sucesso.

É seu cérebro que o afasta da mesa, dizendo que você já comeu o suficiente. É seu cérebro que dá permissão para você saborear a terceira taça de sorvete, mas, em lugar do sorvete, escolhe frutas vermelhas. Se você quer ter mais saúde, esforce-se para ter um cérebro mais saudável. Em essência, há três estratégias específicas para melhorar a saúde do cérebro: 1) ter cérebro de causar inveja – você precisa cuidar apaixonadamente do seu cérebro, 2) evitar qualquer coisa que o prejudique e 3) adquirir hábitos que melhorem a saúde dele.

Cérebro de causar inveja é uma expressão criada pelo dr. Amen depois de analisar dezenas de milhares de tomografias cerebrais SPECT dos pacientes das Clínicas Amen. A tomografia cerebral SPECT [em inglês, Single Photon Emission Computed Tomography, ou Tomografia computadorizada por emissão de fóton único] mapeia a circulação do sangue e os padrões

POUPANDO MEU CÉREBRO

"Alguns anos atrás, meu amigo dr. Cyrus Raji e seus colegas publicaram um estudo informando que, à medida que o peso da pessoa aumenta, o tamanho do cérebro diminui. Aquilo me deixou horrorizado. Eu nunca quis prejudicar de propósito a saúde do meu cérebro. A informação motivou-me a procurar ter um peso corporal compatível com uma mente saudável.

"Vi meu cérebro pela primeira vez em 1991, com a nova tecnologia da época — a tomografia cerebral SPECT. Ele parecia mais velho do que realmente era. Aquilo me motivou a ter "cérebro de causar inveja", uma expressão criada por mim, e fazer modificações radicais em relação à minha saúde. Parei de tomar refrigerantes *diet*, comecei a dormir mais que seis horas por noite, passei a me exercitar mais e concentrei-me em ter uma vida mais divertida. Permaneci sempre atento para não incluir açúcar na minha dieta, aumentei a ingestão de proteínas vegetais magras e fiz questão de tomar o café da manhã. Com o tempo, essas coisas passaram a ser parte natural da minha vida."

DR. AMEN

recorrentes de atividades no cérebro. A pesquisa do dr. Amen mostra claramente que as tomografias SPECT de pacientes saudáveis pertencem àqueles que tomam decisões mais sábias e agem para produzir saúde e bem-estar no seu corpo.

No entanto, poucas pessoas pensam no cérebro, e muito menos se preocupam com ele. Permitimos que as crianças cabeceiem bolas de futebol, façam exercícios perigosos de ginástica ou derrubem o colega no chão nos jogos de futebol americano. No futebol americano e no hóquei, aplaudimos grandes colisões entre os jogadores, mas hoje sabemos que causam danos cerebrais permanentes.

Então, por que não cuidamos mais do nosso cérebro? Porque a maioria das pessoas nunca os vê. Vemos as rugas no nosso rosto ou a gordura ao redor da barriga e tomamos algumas providências quando não gostamos do que vemos, mas o cérebro é diferente. Se pudéssemos enxergar nosso cérebro, de repente tudo mudaria. Veríamos se o nosso tem problemas e faríamos alguma coisa quanto a isso.

Uma vez que a maioria das pessoas não tem oportunidade de enxergar o próprio cérebro, apresentamos sete sinais de advertência de que seu cérebro pode estar com problema. Se você tiver um deles, é hora de começar a ter um cérebro de causar inveja e começar a cuidar melhor dele.

1. Memória fraca. Se sua memória está pior que dez anos atrás, é sinal de que seu cérebro está combalido.

2. Mau julgamento/impulsividade. Se você luta com problemas constantes de mau julgamento ou comportamento impulsivo, seu cérebro pode estar enfrentando dificuldades.

3. Atenção dispersa/distração. Ter atenção dispersa ou distrair-se com facilidade pode ser sinal de disfunção cerebral, significando que está na hora de cuidar melhor dele.

4. Depressão. De tempos em tempos, todos nós nos sentimos tristes, mas, quando a tristeza e o desânimo persistem, isso se chama depressão clínica e, em geral, é associada a atividade reduzida no cérebro. O aumento da função cerebral quase sempre tem um efeito muito positivo no humor. Muitas escolhas do Plano Daniel contêm propriedades antidepressivas. Exercitar-se, comer corretamente, tomar suplementos como óleo de peixe e aprender a não acreditar que todo pensamento se apresenta de forma independente para melhorar o humor.[1] Se a depressão persistir, apesar de você ter seguido as estratégias do Plano Daniel, consulte um psicólogo ou psiquiatra.

5. Obesidade ou sobrepeso. Nos estudos realizados nas Clínicas Amen, descobrimos que, à medida que o peso aumenta, a

---

[1] CAUFFIELD, J. S.; FORBES, H. J. Dietary supplements used in the treatment of depression, anxiety, and sleep disorders. **Lippincotts Primary Care Practice**, 2009: 290-304.

capacidade de pensar e raciocinar diminui. Isso significa que, com o passar do tempo, se você não mantiver o peso sob controle, terá mais dificuldade em usar o bom senso.

6. Pouca energia. Quando as pessoas se sentem fisicamente cansadas, isso quase sempre se deve à função reduzida do cérebro.

7. Insônia crônica/apneia do sono. Outro sinal de que seu cérebro pode estar com problema é falta de sono ou apneia do sono. Uma pesquisa indica que as pessoas que dormem menos de sete horas por noite apresentam sintomas de circulação reduzida do sangue em direção ao cérebro e deficiência na função cognitiva.[2] A apneia do sono (roncar alto, parar de respirar à noite ou sentir-se cronicamente cansado durante o dia) aumenta o risco de obesidade, depressão e mal de Alzheimer. Se você sofre de insônia ou apneia do sono, é muito importante mantê-la sob controle.

Comece a melhorar a saúde do seu cérebro. Para isso, *evite tudo o que possa prejudicar o cérebro*. Drogas ilícitas, excesso de álcool, trauma cerebral, toxinas ambientais e infecções são motivos óbvios. Agora sabemos também que uma dieta errada, principalmente com alto teor de açúcar e carboidratos simples, quadruplica o risco de mal de Alzheimer.[3] Hipertensão, diabetes, taxa alta de açúcar no sangue, quimioterapia, insônia e obesidade – todos podem prejudicar o cérebro e resultar em volume cerebral menor e deficiência das capacidades cognitivas. Até a pressão alta e a taxa normal de glicose no sangue em jejum resultam em atrofia do cérebro. Um estudo amplo mostrou que o volume do cérebro dos hipertensos é 9% menor que o das pessoas com pressão sanguínea normal.[4]

---

[2] Teacher's Guide: Sleep – Information about Sleep. **National Institutes of Health**. Disponível em: <http://science.education.nih.gov/supplements/nih3/sleep/guide/info-sleep.htm>.

[3] KIVIPELTO, M.; NGANDU, T. et al. Obesity and vascular risk factors at midlife and the risk of dementia and Alzheimer disease. **Archives of Neurology**, out. 2005: 1556-1560. Disponível em: <http://archneur.jamanetwork.com/article.aspx?articleid=789626>.

[4] University of California – Davis. High Blood Pressure Damages the Brain in Early Middle Age. **Science Daily**, 31 out. 2012. Disponível em: <http://www.sciencedaily.com/releases/2012/10/121031214240.htm>.

Hoje, há mais de cem estudos informando que o sobrepeso e a obesidade prejudicam o tecido e a função do cérebro. Depressão não tratada, estresse excessivo, baixas taxas hormonais, como tireoide ou testosterona, e falta de exercícios ou exercícios em excesso também prejudicam o cérebro.

ENCONTRANDO O SONO PERDIDO

Quando Avery Parsons chegou à menopausa, a falta de sono foi uma das principais modificações ocorridas no seu organismo. As mudanças hormonais de grande impacto acentuaram exageradamente o gosto de Avery por doces. Ela não conseguia atravessar a tarde sem um café com leite cremoso ou punhados de chocolate, ou ambos! Além de desequilibrar as taxas de açúcar no sangue, isso criou problemas para dormir à noite.

Ao reconhecer o círculo prejudicial no qual entrara, Avery recorreu à lista de sugestões para dormir bem do Plano Daniel, a fim de voltar ao que era. Pouco a pouco, ela conseguiu dormir melhor. Cortar o exagero de chocolates foi sua prioridade máxima. Quando queria tomar algo com cafeína, só fazia isso antes do meio-dia. Avery também começou a preparar-se para dormir desligando todos os aparelhos eletrônicos, diminuindo a intensidade das luzes e ouvindo música suave e relaxante. A opção por ler um livro ajudou a relaxar a mente e enviar a mensagem de que a hora de dormir se aproximava. Em vez de confiar em outros recursos para resolver problemas de sono, ela tomou 200 a 400 mg de citrato de magnésio para acalmar o sistema nervoso.

Para começar sua rotina pessoal para dormir melhor, visite *danielplan.com,* e você encontrará uma lista de ideias.

Quando se encontraram pela primeira vez, o pastor Warren contou ao dr. Amen que nunca se sentira motivado a cuidar da saúde do seu coração e não se importava nem um pouco em ter uma vida mais longa ou ser mais "sedutor". Quando, porém, o pastor Warren ouviu falar que, à medida que seu peso aumentava, o tamanho do seu cérebro diminuía, isso bastou para motivá-lo a mudar. Sua motivação partiu do cérebro – o pastor Warren queria proteger o dele.

O último passo para melhorar a saúde do cérebro é *desenvolver hábitos saudáveis para o cérebro*, inclusive exercícios físicos moderados (que você já conheceu no capítulo 5), aprender coisas novas, seguir o Plano Daniel (v. o capítulo 10 para conhecer o plano de refeições para 40 dias), ingerir suplementos simples, como complexo de vitaminas/minerais e ácidos graxos ômega 3. Os ácidos graxos ômega 3 melhoram o humor e diminuem a ansiedade, e a combinação das vitaminas B6, B12 e ácido fólico melhora a memória e a cognição.[5] Ter o peso ideal, ser fisicamente saudável e dormir bem também melhoram a função cerebral. As práticas de orações rotineiras e controle do estresse têm o mesmo efeito.

Pense no cérebro como se fosse um computador com *hardware* e *software*. Quando você aperfeiçoa a função física do cérebro (o *hardware*), também aperfeiçoa sua mente (o *software*). Há, porém, um comportamento mais crucial para a saúde do cérebro – evitar estresse crônico.

O CÉREBRO E O ESTRESSE

O estresse é parte normal do dia a dia. Trânsito congestionado, prazo de entrega apertado, discussão em casa – centenas de coisas deixam-nos estressados. Quando o evento passa, o estresse também passa, e damos um grande suspiro de alívio. No caso do estresse crônico, contudo, não há alívio. Quando se origina de problemas como discórdia na família, dificuldade financeira, saúde

---

[5] Osher, Y.; Belmaker, R. H. Omega-3 fatty acids in depression: A review of three studies. **CNS Neuroscience & Therapeutics**, verão de 2009: 128-133.
Estes, K.C.; Rose, B.T. et al. Effects of omega 3 fatty acids on receptor tyrosine kinase and PLC activities in EMT6 cells. **Journal of Lipid Mediators and Cell Signaling**, 1999: 81-96.

abalada, conflitos no trabalho ou encrenca na escola, o estresse crônico é implacável. E afeta um grande número de pessoas. Em uma pesquisa de opinião pública feita pela American Psychological Association, 80% dos americanos (um índice alarmante) dizem que padecem de grande estresse.[6] Isso significa problema para seu cérebro e corpo.

Não nos entenda mal – um *pouco* de estresse pode fazer bem. Quando o estresse chega, o cérebro ordena ao corpo que comece a bombear adrenalina (epinefrina) e cortisol, dois hormônios liberados pelas glândulas suprarrenais. Em questão de segundos, o coração começa a bater mais rápido, a respiração acelera, o sangue corre mais rápido pelas veias e a mente fica em estado de alerta máximo. Você está pronto para qualquer coisa – fugir correndo de um suposto jacaré, fazer um discurso diante de uma sala lotada de colegas ou ser submetido a um exame.

Esses hormônios do estresse são os elementos químicos principais da reação lutar/fugir. São especialmente úteis quando enfrentamos uma ameaça imediata, como uma cascavel no jardim de casa. O cérebro humano é tão avançado que o simples fato de pensar em um evento estressante faz o corpo reagir à ameaça imaginária, como se ela estivesse acontecendo realmente. O corpo se apavora literalmente e reage com estresse. O cérebro é um órgão muito poderoso.

Os picos rápidos de hormônios do estresse são normais e benéficos. Motivam-nos a fazer um bom trabalho, estudar com vontade ou pagar as contas em dia. O problema do estresse não está nesses pequenos aumentos de adrenalina e cortisol. O problema é que, para muitos de nós, as reações do estresse nunca acabam. Trânsito, contas a pagar, trabalho, escola, conflito familiar, noite mal dormida, problema de saúde e prazos muito apertados deixam-nos em estado constante de estresse. Observe que não são

---

[6] Stress in America Findings. **American Psychological Association**, 9 nov. 2010. Disponível em: http://www.apa.org/news/press/releases/stress/national-report.pdf>.

apenas as coisas desagradáveis da vida que causam estresse. Até os eventos felizes, como a chegada de um bebê ou receber uma promoção, podem ser fatores estressantes.

EVENTOS QUE CAUSAM ESTRESSE

NEGATIVOS	POSITIVOS
Morte de uma pessoa querida	Começar em um novo emprego
Ser demitido do emprego	Casamento
Divórcio	Ter um bebê
Gravidez indesejada	Mudar-se para uma nova casa
Aborto espontâneo	Receber uma promoção
Envolver-se em uma ação judicial	Transferir-se para uma nova escola
Ter problemas de saúde	Iniciar um curso na faculdade
Ter um parente enfermo	Ver um livro nosso na lista dos *best-sellers*
Cuidar de uma pessoa enferma na família	
Ter problemas mentais ou conviver com alguém que sofra dessa enfermidade	

O estresse crônico prejudica o cérebro. Ele contrai a corrente sanguínea, o que reduz a função geral do cérebro e nos envelhece precocemente. Uma série de estudos analisou a exposição prolongada aos hormônios do estresse, principalmente o cortisol, e seus efeitos na função cerebral em grupos de idades variadas. Os adultos mais velhos com níveis constantemente altos de cortisol apresentaram resultados piores nos testes de memória que os adultos mais velhos com níveis moderados ou baixos de cortisol. Os adultos mais velhos com níveis altos de cortisol também tinham um hipocampo 14% menor. Hipocampo é a área intimamente ligada à memória.⁷ Faz parte do sistema de reação ao estresse e envia sinais para interromper a produção de cortisol assim que a ameaça desaparece. No entanto, quando o número de células cerebrais do hipocampo se esgota, ele não envia mais esse sinal, o que resulta na liberação de quantidades cada vez maiores de cortisol.

> "Lancem sobre ele toda a sua ansiedade, porque ele tem cuidado de vocês" (1Pedro 5.7).

As quantidades excessivas de cortisol também afetam outras áreas do cérebro. Pesquisadores canadenses usaram estudos de imagens das funções cerebrais para mostrar que a exposição aos hormônios do estresse está associada à atividade reduzida não apenas no hipocampo, mas também nas partes do cérebro que controlam a função cognitiva e o equilíbrio emocional.

Quando o estresse prejudica o cérebro, pode também destruir o corpo. Seu corpo reage de acordo com sua maneira de pensar, sentir e agir. Em razão dessa ligação entre cérebro e corpo, sempre que você se sente estressado, seu corpo tenta dizer que algo não vai bem. Por exemplo, pressão alta ou úlcera estomacal podem surgir após um evento particularmente estressante, como morte de uma pessoa querida. O estresse crônico enfraquece o sistema imunológico do organismo, deixando a pessoa mais propensa a pegar resfriados, vírus de gripe e outras infecções durante tempos emocionalmente difíceis. O estresse também está relacionado a doenças cardíacas, hipertensão e até câncer.

Seu chefe entregou a você um "bilhete azul". Você acaba de discutir com sua filha adolescente. Está atrasado para um compromisso. Como você reage? Talvez tente acalmar os nervos com chocolate, sorvete, batatas fritas ou salgadinhos (ou todos de uma vez). E há um motivo científico para isso. O estresse e o cortisol

---

7   PRUESSNER, J. C.; DEDOVIC, K. et al. Stress regulation in the central nervous system: Evidence from structural and functional neuroimaging studies in human populations. **Psychoneuroendocrinology**, 9 abr. 2009.
    DINAN, T.G.; CRYAN. J. F. Regulation of the stress response by the gut microbiota: Implications for psychoneuroendocrinology. **Psychoneuroendocrinology**, 4 abr. 2012.

SINAIS E SINTOMAS COMUNS DE ESTRESSE

- [ ] Dor de cabeça ou enxaqueca frequente
- [ ] Ranger os dentes
- [ ] Gagueira ou tremores
- [ ] Dor na nuca, dor nas costas ou espasmos musculares
- [ ] Boca seca ou problema para engolir
- [ ] Resfriados, infecções ou herpes frequentes
- [ ] Dor de estômago ou náusea
- [ ] Dificuldade para respirar ou suspirar
- [ ] Dor no peito ou palpitação
- [ ] Desejo e desempenho sexuais insatisfatórios
- [ ] Raiva, frustração ou irritabilidade acentuadas
- [ ] Depressão, mudanças de humor frequentes
- [ ] Aumento ou diminuição do apetite
- [ ] Insônia, pesadelos e sonhos perturbadores
- [ ] Dificuldade de concentração, pensamentos velozes
- [ ] Problema com o aprendizado de novas informações
- [ ] Reação exagerada a pequenas contrariedades
- [ ] Eficiência ou produtividade reduzida no trabalho
- [ ] Estar sempre na defensiva ou suspeitando de algo
- [ ] Fadiga ou fraqueza constante
- [ ] Uso frequente de remédios vendidos sem receita médica
- [ ] Desejo excessivo de jogar ou impulso de comprar[8]

---

[8] 50 Common Signs and Symptoms of Stress. **American Institute of Stress**. Disponível em: <http://www.stress.org/stress-effects>.

estão ligados para aumentar o apetite e o desejo incontrolável de comer carboidratos e doces que nos fazem engordar.

A convivência diária com o estresse deixa-nos mais propensos a ter problemas com o peso por vários outros motivos. Por exemplo, o estresse crônico costuma andar de mãos dadas com a insônia. O estresse crônico bombeia a produção de cortisol e provoca um desequilíbrio nos hormônios que controlam o apetite. Isso explica por que você sente que a saúde está voando pela janela durante situações estressantes. Portanto, não será surpresa se você começar a comer exageradamente, sentir um desejo incontrolável de guloseimas doces e acumular mais gordura.

O estresse crônico pode deixar você cansado e com dores, por isso você não sente vontade de fazer exercícios. É claro que você não pode culpar o estresse por toda a sua saúde deficiente e ganho de peso, mas pode ver como isso facilmente acontece.

O estresse crônico esgota o bem-estar emocional e está associado a ansiedade, depressão e mal de Alzheimer; tudo isso afeta seu corpo. Quando você passa por um tipo de trauma emocional – digamos que se envolveu em um acidente de carro –, seu sistema emocional torna-se muito ativo, o que o pode deixar mais aborrecido e deprimido. Então, a batalha da barriga volumosa e da infelicidade com seu corpo torna-se desgastante demais.

O estresse crônico o pode atacar em qualquer fase da sua vida. Quando o estresse crônico atinge você ou alguém do seu círculo, todos sofrem. Você já deve ter ouvido falar do efeito cascata na economia. Existe também uma teoria do efeito cascata no estresse. Quando o chefe está estressado, todos no trabalho ficam estressados. Quando um dos cônjuges está estressado, todos na família ficam estressados.

Elimine o efeito cascata e acalme o estresse. Estas são algumas estratégias para melhorar seu humor e suas tomadas de decisão.

1. Ore com regularidade. Décadas de pesquisas mostraram que a oração acalma o estresse e melhora a função cerebral.

> **PONDO A ORAÇÃO EM PRÁTICA**
>
> "O foco para mim foi permanecer concentrada em Deus — sentar e ter meus momentos de quietude. Assim que entrei na rotina de fazer isso com regularidade, na mesma hora do dia, todos os dias, de manhã, [tudo o que tinha a ver com o Plano Daniel] começou a encaixar-se mais e mais."
>
> CINDY SPROUL

O dr. Andrew Newberg, da Thomas Jefferson University, usou a tomografia SPECT para estudar a neurobiologia da oração e meditação nas pessoas que dedicavam tempo a essas disciplinas com regularidade. Ele descobriu mudanças distintas na atividade cerebral quando a mente entrava em estado de oração ou meditativo. Especificamente, a atividade diminuía nas partes do cérebro envolvidas em gerar uma sensação de orientação tridimensional no espaço. Descobriu também aumento da atividade no córtex pré-frontal associado à atenção e reflexão.[9] A oração sintoniza a pessoa.

Os benefícios da oração vão muito além do alívio do estresse. Estudos demonstraram que a oração também melhora a atenção e o planejamento, reduz a depressão e a ansiedade, diminui a sonolência e protege o cérebro do declínio cognitivo associado ao envelhecimento normal.

Conforme mencionamos no capítulo 3, o rei Davi praticava meditação bíblica e oração. Você também pode fazer isso

---

[9] HAGERTY, Barbara Bradley. Prayer May Reshape Your Brain... And Your Reality. **NPR**, 20 maio 2009. Disponível em: <http://www.npr.org/templates/story/story.php?storyId=104310443>.
KHALSA, D. S.; AMEN, D. G.; NEWBERG, A. et al. Kirtan kriya meditation and high resolution brain SPECT imaging, aceito por **Nuclear Medicine Commmunications**, jun. 2010.
NEWBERG, Andrew. The Effect of Meditation on the Brain Activity. **AndrewNewberg.com**. Disponível em: <http://www.andrewnewberg.com/research.asp>.

em qualquer lugar, a qualquer hora. Se estiver no trabalho, feche a porta da sua sala, sente-se em uma cadeira, feche os olhos e ore. Em casa, sente-se na beira da cama e passe alguns minutos acalmando a mente e concentrando-se em Deus. A Bíblia diz: "Finalmente, irmãos, tudo o que for verdadeiro, tudo o que for nobre, tudo o que for correto, tudo o que for puro, tudo o que for amável, tudo o que for de boa fama, se houver algo de excelente ou digno de louvor, pensem nessas coisas" (Filipenses 4.8).

Deus quer que pensemos profundamente na sua bondade e no seu amor. Esta é uma meditação bíblica. A Bíblia diz:

> No arrependimento e no descanso
>   está a salvação de vocês,
> na quietude e na confiança
>   está o seu vigor (Isaías 30.15).

Você precisa separar um tempo, com regularidade e repetidas vezes, para aquietar-se e refocar seus pensamentos na grandeza e no poder de Deus.

Além de intensificar seu relacionamento com Deus e construir um alicerce para a saúde espiritual, a oração oferece muitos benefícios para a saúde física e o alívio do estresse. Os médicos Larry Dossey (*Healing Words*), Dales Matthews (*The Faith Factor* [O fator fé]) e outros escreveram livros descrevendo a evidência científica dos benefícios médicos da oração e de outras meditações.[10] Alguns desses benefícios incluem sensação reduzida de estresse, taxas mais baixas de colesterol, melhora no sono, ansiedade e depressão reduzidas, menos dores de cabeça, relaxamento dos músculos e vida mais longa. As pessoas que oram ou leem

---

[10] Dossey, Larry. **Healing Words:** The Power of Prayer and the Practice of Medicine. New York: HarperCollins, 1993. [**As palavras que curam:** o poder da prece e a prática da medicina. São Paulo: Cultrix, 2001.]
Matthews, Dale A.; Clark, Connie. **The Faith Factor:** Proof of the Healing Power of Prayer. New York: Penguin Books, 1999.

a Bíblia todos os dias têm 40% menos chances de sofrer de hipertensão que as outras.[11]

Um estudo feito em 1998 pela Duke University com 577 homens e mulheres hospitalizados por doenças físicas mostrou que, quanto mais os pacientes usavam estratégias positivas de luta espiritual (recorrer a amigos e líderes religiosos em busca de apoio religioso, ter fé em Deus, orar), menores eram os níveis de sintomas de depressão e mais alta era a qualidade de vida.[12] Um estudo de 1996 com 269 médicos de família revelou que 99% deles acreditavam que oração, meditação e outras práticas espirituais e religiosas podem ser úteis no tratamento médico; mais da metade disse que incorpora essas práticas no tratamento de pacientes.[13]

> "Tu, SENHOR, guardarás em perfeita paz aquele cujo propósito está firme, porque em ti confia" (Isaías 26.3).

Aprenda a delegar atribuições. Parece que viver atarefado é uma espécie de medalha de honra. Pergunte a qualquer pessoa se ela planejou seu dia, e é bem provável que ela diga que está superatarefada. "Estou terminando um projeto profissional, recebendo visitas em casa para um jantar, costurando roupas para meus filhos se apresentarem no teatrinho da escola, trabalhando como voluntária na igreja e indo ao clube do livro." Ufa! A gente se estressa só em pensar em tudo isso.

---

[11] O'CONNOR, P. J., PRONK, N. P. et al. Characteristics of adults who use prayer as an alternative therapy. **American Journal of Health Promotion**, maio-jun. 2005: 369-375. Disponível em: <http://www.ncbi.nlm.nih.gov/pubmed/15895540>.

[12] KOENIG, H. G.; PARGAMENT; K. I.; NIELSEN, J. Department of Psychiatry, Duke University Medical Center. **Journal of Nervous and Mental Disorders**, set. 1998: 513-521. Disponível em: <http://www.ncbi.nlm.nih.gov/pubmed/9741556>.

[13] ELKINS, David N. Spirituality. **Psychology Today**, 1 set. 1999. Disponível em: <http://www.psychologytoday.com/articles/199909/spirituality>.

> ### DEZ NOMES DE DEUS PARA MEDITAÇÃO
>
> **Jeová Rafá** — o Deus que cura, que dá saúde
> **El Roi** — o Deus que me vê
> **Jeová Jirê** — o Senhor que provê
> **El Shadai** — Senhor Deus todo-poderoso, onipotente
> **Jeová Nissi** — o Senhor é a nossa bandeira de amor e proteção
> **Jeová Oz** — o Senhor é a minha força
> **Adonai** — o Senhor Deus soberano
> **Jeová Shamá** — o Senhor está ali
> **Jeová Shalom** — o Senhor é a nossa paz
> **Jeová Raá** — o Senhor é o meu pastor

Boa notícia! Você não precisa aceitar todo convite, responsabilizar-se por todo projeto nem apresentar-se como voluntário para toda atividade que surgir em seu caminho. As duas habilidades mais sensacionais que você pode aprender são: a arte de delegar atribuições e a capacidade de dizer "não". Quando alguém pedir que você faça alguma coisa, uma boa resposta seria esta: "Vou pensar no assunto". Assim, você terá tempo para processar o pedido e ver se ele se enquadra na sua agenda, nos seus desejos e nos seus objetivos. Quando a carga sobre os seus ombros for muito pesada, delegue atribuições.

3. Ouça uma música suave. A música tem o poder terapêutico de trazer paz a uma mente estressada, dependendo, claro, do tipo de música que você ouve. Ouvir uma música inspiradora que nos faça lembrar da verdade de Deus tem efeito calmante, reduz o estresse e acalma a ansiedade.

4. Pense na ideia de usar aromas calmantes. O aroma de lavanda é usado desde os tempos antigos por causa de suas propriedades que acalmam e aliviam o estresse. Esse aroma muito conhecido tem sido tema de inúmeras pesquisas que mostram que ele reduz as taxas de cortisol e promove relaxamento e redução do estresse. Adicione algumas gotas de óleo de lavanda a seu banho ou coloque flores secas de lavanda no seu quarto. Há muitos outros aromas, como gerânio, rosa, cardamomo, sândalo e camomila, que, segundo dizem, têm efeito calmante que reduz o estresse.

5. Tome um suplemento calmante. Alguns suplementos podem ajudar a reduzir o estresse, mas só devem ser tomados sob a supervisão de um profissional da área de saúde.

As vitaminas do complexo B ajudam o cérebro a equilibrar o humor e o pensamento.

L-Teanina é um aminoácido encontrado naturalmente no chá verde. Penetra no cérebro e produz aumentos significativos nos neurotransmissores antidepressivos serotonina e/ou dopamina. *Atenção:* Grávidas e lactantes devem evitar suplementos de L-teanina.

GABA: O ácido gama-amino-butírico funciona praticamente da mesma forma que as drogas ansiolíticas e anticonvulsivantes, por isso tem efeito calmante para as pessoas que lutam com o humor, a irritabilidade e a ansiedade, se esses sintomas estiverem relacionados à ansiedade.

6. Ria mais. Há um volume crescente de literatura científica que sugere que o riso contra-ataca o estresse e faz bem ao sistema imunológico. Não é brincadeira! Um estudo com pacientes de câncer descobriu que o riso reduziu o estresse, melhorou a atividade das células e aumentou a resistência a doenças.[14] De acordo com o professor Lee Berk, da University of California-Irvine, "se pudéssemos pegar o que sabemos sobre os benefícios médicos do riso e o engarrafássemos, haveria necessidade de obter aprovação do FDA". O riso reduz a corrente dos hormônios perigosos do estresse. O riso também facilita a digestão e acalma a dor de estômago, um sintoma comum do estresse crônico. E mais, uma boa gargalhada aumenta a liberação de endorfinas, o que faz você se sentir melhor e mais relaxado. De fato, o riso pode ser o melhor remédio quando se trata de aliviar o estresse.

---

[14] BENNETT, M. P.; ZELLER, J. M. et al. The effect of mirthful laughter on stress and natural killer cell activity. **Alternative Therapies in Health and Medicine**, mar.-abr. 2003: 38-45. Disponível em: <http://www.ncbi.nlm.nih.gov/pubmed/12652882>.

A criança normal ri centenas de vezes por dia. O adulto normal ri apenas 12 vezes por dia. Injete mais humor no seu dia a dia. Veja comédias (que podem ser uma forma útil de ver TV), assista a peças humorísticas, leia livros de piadas e troque histórias engraçadas com seus amigos e familiares.

> "O coração bem-disposto é remédio eficiente [...]" (Provérbios 17.22).

Não podemos deixar de destacar como é importante rir de você mesmo. Quando você derrubar a vasilha de leite e ele espirrar por todo o chão da cozinha, quando chamar um colega pelo nome errado, ou quando tropeçar nas palavras durante uma palestra, seja o primeiro a rir. Quando você parar de se levar muito a sério, seus níveis de estresse diminuirão.

RENOVE A MENTE

AGORA QUE VOCÊ JÁ SABE como aperfeiçoar a saúde do cérebro, queremos que mantenha o foco no centro de poder do seu cérebro – seus pensamentos.

Filipenses 4.8 é um dos versículos mais poderosos de cura emocional na Bíblia. Um dos pilares para o sucesso do Plano Daniel é dominar seus pensamentos momento após momento, para que, com a ajuda de Deus, você permaneça no controle do seu comportamento.

A neurociência ensina que todas as vezes que você tem um pensamento, seu cérebro libera elementos químicos que o fazem sentir-se bem ou mal. Os pensamentos exercem influência poderosa sobre sua vida e seu corpo. Todas as vezes que você tem um pensamento feliz, esperançoso ou otimista, seu cérebro libera elementos químicos que elevam seu espírito e o encorajam a sentir-se bem. Os pensamentos positivos produzem uma reação física e têm o poder de relaxar e acalmar seu corpo imediatamente. Eles tendem a aquecer suas mãos, relaxar os músculos, acalmar e suavizar a respiração e ajudar o coração a bater em ritmo mais saudável.

Tente fazer este exercício agora: Feche os olhos durante um minuto e pense na última vez que se sentiu realmente amado. Quando a maioria das pessoas faz esse exercício, tem uma sensação enorme de felicidade e relaxamento físico.

O oposto também é verdadeiro. Quando você tem um pensamento irado, ansioso, sem esperança ou desanimado, seu cérebro libera elementos químicos que estressam seu corpo e prejudicam a forma em que você se sente, tanto física como emocionalmente. Feche os olhos por um minuto e pense na última vez em que se sentiu zangado. Como a raiva o fez sentir-se? A maioria das pessoas sente-se tensa, a respiração encurta, as mãos esfriam, e elas ficam zangadas e infelizes. Agora volte ao primeiro exercício antes de continuar a leitura!

Os pensamentos são automáticos. Simplesmente acontecem. Baseiam-se nas complexas reações químicas e informações do passado. E o que a maioria das pessoas não sabe é que os pensamentos são furtivos e mentem. Mentem muito. Em geral, são esses pensamentos não examinados que proporcionam o combustível emocional para raiva, ansiedade, depressão e comportamentos nocivos, como comer exageradamente.

E mais, se você nunca questionar seus pensamentos errados e negativos, passará a acreditar 100% neles e agirá como se as

> ### PENSE NO CARÁTER DE DEUS
>
> **Deus é todo-poderoso:** " 'Ah! Soberano Senhor, tu fizeste os céus e a terra pelo teu grande poder e por teu braço estendido. Nada é difícil demais para ti' " (Jeremias 32.17).
>
> **Deus é amor:** "Pois eu estou convencido de que nem morte nem vida, nem anjos nem demônios, nem o presente nem o futuro, nem quaisquer poderes, nem altura nem profundidade, nem qualquer outra coisa na criação será capaz de nos separar do amor de Deus que está em Cristo Jesus, nosso Senhor" (Romanos 8.38,39).
>
> **Deus é onisciente:** "Antes mesmo que a palavra me chegue à língua, tu já a conheces inteiramente, Senhor. Tu me cercas, por trás e pela frente, e pões a tua mão sobre mim. Tal conhecimento é maravilhoso demais e está além do meu alcance; é tão elevado que não o posso atingir" (Salmos 139.4-6).
>
> **Deus é misericordioso:** "Portanto, agora já não há condenação para os que estão em Cristo Jesus, porque por meio de Cristo Jesus a lei do Espírito de vida me libertou da lei do pecado e da morte" (Romanos 8.1,2).
>
> **Deus é fiel:** "Graças ao grande amor do Senhor é que não somos consumidos, pois as suas misericórdias são inesgotáveis. Renovam-se cada manhã; grande é a sua fidelidade" (Lamentações 3.22,23).

mentiras na sua cabeça fossem verdadeiras. Por exemplo, se pensar que seu marido nunca presta atenção ao que você diz, embora tenha prestado atenção em várias ocasiões, você agirá como se ele fosse dispersivo e achará certo gritar com ele. Se você pensar que é um fracasso, embora tenha tido muitos sucessos, terá mais probabilidades de desistir facilmente.

Nos últimos quarenta anos, os profissionais e médicos da área da saúde mental desenvolveram a terapia cognitiva comportamental para ajudar as pessoas a dominar e controlarem padrões recorrentes de pensamentos errados. Quando você corrige os padrões recorrentes de pensamentos negativos, está fazendo um tratamento eficaz para combater problemas de ansiedade, depressão, relacionamento e até de comer exageradamente. Pesquisadores da Suécia descobriram que pessoas treinadas para contestar seus pensamentos negativos perderam quase 8 quilos em dez semanas e continuaram a perder peso durante dezoito meses, provando que essa técnica funciona em longo prazo.[15]

Para ser e permanecer saudável, comece a observar seus pensamentos e a questioná-los. Sempre que se sentir triste, bravo, nervoso ou fora de controle, pergunte a você mesmo se aqueles pensamentos são realmente verdadeiros. Em geral, são as pequenas mentiras que dizemos a nós mesmos que nos deixam gordos, deprimidos e indecisos. Ter sobrepeso ou ser infeliz é uma "disfunção do pensamento" igual à disfunção de comer ou de humor.

É verdade?

"É verdade?" Leve essas palavras com você aonde quer que vá. Elas podem interromper seus pensamentos e bloquear um

---

[15] STAHRE, L.; HALLSTROM, T. A short-term cognitive group treatment program gives substantial weight reduction up to 18 months from the end of f treatment. **Eating and Weight Disorders**, mar. 2005: 51-58. Disponível em: <http://www.ncbi.nlm.nih.gov/pubmed/15943172>.

episódio de comer em demasia, de depressão ou pânico. Um dos nossos participantes pesava mais de 190 quilos quando passou a seguir o Plano Daniel. Quando um dos médicos lhe perguntou o motivo de ter um peso tão alto, ele disse que não tinha nenhum controle sobre o apetite. Aquela foi sua resposta automática: "Não tenho nenhum controle".

– É verdade? – o médico perguntou. – Você não tem NENHUM controle sobre o que come?

MENTIRAS COMUNS

Estas são algumas mentirinhas comuns que ouvimos dos participantes do Plano Daniel:

"Não posso comer de maneira saudável porque viajo." Achamos essa mentira muito divertida, porque todos nós — pastor Warren, dr. Hyman, dr. Amen e Sean Foy — viajamos muito. Basta apenas um pouco de planejamento.

"Minha família inteira é gorda; isso está nos meus genes." Os genes são responsáveis por apenas 20 a 30% da sua saúde. A grande maioria dos problemas de saúde ocorre por decisões erradas. Muitas pessoas saudáveis possuem genes que aumentam o risco de obesidade, MAS elas não tomam decisões que a provoquem.

"Não tenho dinheiro para ser saudável." Ficar doente sempre é mais caro que ser saudável.

"Páscoa... Dia do Trabalho... Dia da Independência... Dia de Ação de Graças... Natal. Sexta-feira, domingo, segunda-feira, terça-feira, quarta-feira ou quinta-feira." Há sempre uma desculpa para você se prejudicar.

O homem fez uma pausa e disse: – Não, isso não é verdade. Eu tenho um pouco de controle.

– Mas, se pensar que não tem nenhum controle, você está dando permissão a você mesmo para comer o que quiser e na hora que quiser – o médico respondeu.

São as mentiras que diz a você mesmo – como "eu não tenho nenhum controle" ou "faz parte da minha genética" – que roubam sua saúde.

Um dos passos mais importantes para ter saúde duradoura é controlar a mente. Sempre que se sentir ansioso, triste, obsessivo ou fora de controle, anote os pensamentos que passam pela sua cabeça. Essa anotação o ajudará a tirá-los da mente. Depois, pergunte a você mesmo se os pensamentos fazem sentido ou se são verdadeiros. Por exemplo, se você pensar: *Não tenho nenhum controle*, anote isso. Depois, pergunte-se: "É verdade? Aquele pensamento é verdadeiro?". Se não for, substitua o pensamento negativo e falso pela informação correta.

Quando você para de acreditar nessas mentiras e as substitui por pensamento correto e pela verdade e promessas de Deus, sua reação aos eventos da vida muda, e você se sente menos estressado e mais esperançoso. Em vez de preocupar-se com o amanhã, medite em verdades como estas, em Jeremias 29.11: " 'Porque sou eu que conheço os planos que tenho para vocês', diz o SENHOR, 'planos de fazê-los prosperar e não de lhes causar dano, plano de dar-lhes esperança e um futuro' ".

COMO DISTORCEMOS NOSSOS PENSAMENTOS

Ao longo dos anos, os terapeutas identificaram vários pensamentos negativos que mantêm as pessoas presas aos maus hábitos:

1. Generalização exagerada. Em geral, isso envolve pensamentos acompanhados de palavras, como *sempre, nunca, toda vez,* ou *todo mundo* e torna a situação pior do que realmente é. Veja alguns exemplos:

Eu sempre fui gordo; nunca vou mudar.

Toda vez que fico estressado, preciso comer alguma coisa.

Não gosto de nenhum alimento que faz bem para mim.

A generalização exagerada chega de mansinho à sua mente e tem um efeito imediato e negativo no seu humor. As generalizações exageradas fazem você acreditar que não tem controle sobre suas ações e comportamentos e que é incapaz de mudá-los.

VERDADES PARA COMBATER AS MENTIRAS

" 'Por isso não tema, pois estou com você; não tenha medo, pois sou o seu Deus. Eu o fortalecerei e o ajudarei; eu o segurarei com a minha mão direita vitoriosa' " (Isaías 41.10).

"Mas [Deus] me disse: 'Minha graça é suficiente para você, pois o meu poder se aperfeiçoa na fraqueza'. Portanto, eu me gloriarei ainda mais alegremente em minhas fraquezas, para que o poder de Cristo repouse em mim" (2Coríntios 12.9).

" 'Venham a mim, todos os que estão cansados e sobrecarregados, e eu lhes darei descanso. Tomem sobre vocês o meu jugo e aprendam de mim, pois sou manso e humilde de coração, e vocês encontrarão descanso para as suas almas. Pois o meu jugo é suave e o meu fardo é leve' " (Mateus 11.28-30).

" 'O SENHOR, o seu Deus, está em seu meio, poderoso para salvar. Ele se regozijará em você; com o seu amor [o] renovará, ele se regozijará em você com brados de alegria' " (Sofonias 3.17).

"Assim, aproximemo-nos do trono da graça com toda a confiança, a fim de recebermos misericórdia e encontrarmos graça que nos ajude no momento da necessidade" (Hebreus 4.16).

"Deleite-se no SENHOR, e ele atenderá aos desejos do seu coração" (Salmos 37.4).

2. **Pensar de acordo com seus pressentimentos.** Esses pensamentos negativos ocorrem quando você tem um pressentimento sobre algo e supõe que esteja correto. Os pressentimentos são complexos e quase sempre estão enraizados em lembranças fortes do passado. Os pressentimentos, da mesma forma que os pensamentos, também mentem. Esses pensamentos começam, em geral, com as palavras "Eu sinto" ou "Eu me sinto". Por exemplo:

> *Eu me sinto um fracasso.*
> *Eu sinto que Deus me abandonou.*
> *Eu sinto fome e preciso comer, senão fico doente.*

Sempre que você tiver um forte pressentimento negativo, veja se é verdadeiro. Procure evidência por trás do pressentimento. Ele se baseia em eventos ou experiências do passado?

3. **Prever o pior.** Prever o pior em uma situação causa uma sensação imediata de ansiedade, que pode acionar os desejos incontroláveis de ingerir açúcar ou carboidratos refinados, e você sente que precisa comer para acalmar os nervos. Esses pensamentos de prever o pior são tão prejudiciais que sua mente tende a fazer acontecer o que ela vê.

> *Os alimentos saudáveis são caros, têm gosto de papelão e não me satisfazem.*
> *Não posso mudar meus hábitos em longo prazo.*
> *Minha mulher (meu marido) e meus filhos não me vão acompanhar nessa dieta.*

4. **Culpa.** Quando você culpa alguma coisa ou alguma pessoa pelos problemas da sua vida, torna-se vítima de circunstâncias, como se não pudesse fazer nada para mudar a situação. Pensamentos de culpa podem deixar você doentio e infeliz. Seja sincero e pergunte a você mesmo se tem a tendência de dizer coisas como estas:

> "É por sua culpa que estou fora de forma, porque você não se exercita comigo."

"Não sou culpado por comer muito; minha mãe me ensinou a limpar o prato."

"Se os restaurantes não servissem porções tão grandes, eu não seria tão gordo."

Um dos participantes do Plano Daniel disse que era gordo porque todos na sua família eram gordos. Fazia parte de sua genética.
– É verdade? – perguntamos. – Não tem nada a ver com a quantidade de comida que você ingere?

Ele fez uma pausa e respondeu: – Não é verdade. Para ser franco, nem todos os meus irmãos são gordos.

Todas as vezes que você começa uma frase com "É por sua causa que eu...", isso pode prejudicar sua vida. Esses pensamentos fazem de você uma vítima. E, quando você é vítima, tem menos força para mudar seu comportamento.

5. Negação da realidade. Estes pensamentos impedem que você veja a verdade:

Tenho muito tempo para me ocupar em ser saudável.

Se eu não comer cereais com açúcar, meus filhos não comerão nada de manhã.

Posso parar de tomar bebida alcoólica na hora que eu quiser. É que não quero parar.

Não como demais todos os dias; só como demais quando estou estressado.

Chegou a hora de aprender a desenvolver uma pequena disciplina mental e transformar seus pensamentos negativos em pensamentos positivos, corretos e saudáveis, da mesma forma que incentivamos você a aprender as disciplinas espirituais no capítulo 3. Queremos que aprenda a disciplinar seus pensamentos e ser uma pessoa sincera e saudável. Um estudo de 2010 mostrou que um programa de doze semanas elaborado para mudar os padrões de pensamento ajuda os comilões a refrear esse comportamento negativo.[16]

---

[16] STREIGEL-MOORE, Ruth; WILSON, G. Terence et al. Cognitive behavioral guided self-help for the treatment of recurrent binge eating. **Journal of Consulting and Clinical Psychology**, jun. 2010. Disponível em: <http://www.ncbi.nlm.nih.gov/pmc/articles/PMC2880824>.

EXPULSANDO O NEGATIVISMO

Quando começou a seguir o Plano Daniel com duas amigas, Solange Montoya esperava mudar mais que seu peso para conseguir entrar nas roupas antigas. Ela sabia que havia algo mais para ter saúde permanente. E havia!

"Há muitas inseguranças e todo aquele diálogo interior quando achamos que não conseguimos fazer isso fisicamente", ela diz. "Mas houve uma enorme mudança quando eu tive aquela energia e [comecei a pensar positivo em vez de pensar negativo]. É como se eu dissesse: *'Uau, Deus, agora quero fazer tudo o que eu puder para o Senhor'*. Parece que as desculpas começaram a derreter, mais que meu peso. É essa a liberdade que sinto agora. Quero sair e viver a vida — não apenas para mim, mas para meus filhos, para Deus e para as outras pessoas."

6. Concentrar-se no negativo. Muitas pessoas dominam a arte de encontrar alguma coisa negativa a dizer sobre uma situação qualquer. Essa cognição negativa toma posse de uma experiência positiva e a contamina.

Eu queria perder 15 quilos em dez semanas, mas só perdi 4 quilos. Sou um completo fracasso.

Eu frequentava uma academia e malhava muito, mas o cara na bicicleta ao lado falava ao telefone o tempo todo, por isso nunca mais vou voltar lá.

Comecei comendo duas porções de vegetais por dia, mas deveria comer cinco para ter uma saúde ótima. Então, por que me preocupar com isso?

Dar uma interpretação positiva aos pensamentos produz mudanças positivas no cérebro que o ajudarão a não desistir das escolhas mais saudáveis. Por exemplo, veja como você pode pensar a respeito dessas mesmas situações:

Já perdi 4 quilos e mudei meu modo de vida, por isso vou continuar a emagrecer até alcançar meu objetivo de perder 15 quilos.

Depois de malhar, eu tinha muito mais energia para o resto do dia.

Comer duas porções de vegetais por dia é melhor que nada.

Todas as vezes que você se sentir triste, bravo, nervoso ou fora de controle, veja se você está se enredando em alguns destes seis tipos de pensamentos negativos. Rejeite-os, encontre a verdade e declare-a. Isso leva embora o poder dos pensamentos negativos

ELIMINE AS TENDÊNCIAS DE PENSAMENTOS NEGATIVOS

PENSAMENTO NEGATIVO	TIPO	ELIMINE-O COM ESTAS PALAVRAS
Todas as vezes em que estou estressado, procuro alguma coisa para comer.	Generalização exagerada	A verdade é que, muitas vezes em que me sinto estressado, eu não exagero na comida. Vou encontrar dez alternativas para fazer quando estiver estressado para não comer demais.
Nunca vou perder peso	Prever o pior	Nunca tentei perder peso. Se mudar meu comportamento e seguir o Plano Daniel, poderei ter sucesso como muitas, muitas outras pessoas.

e faz você exercer controle sobre seus pensamentos em geral, sua disposição de ânimo e comportamentos.

GRATIDÃO

Outra maneira para disciplinar a mente – e que faz bem – é voltar a atenção para as coisas pelas quais você é grato na vida. Uma pesquisa revela que o agradecimento feito de forma regular e constante tem efeito positivo na sua saúde.[17] Deus criou-nos de tal forma que a gratidão produz cura.

Uma pesquisa científica feita pela Yale University analisou mais de 2.000 veteranos com idades entre 60 e 96 anos para saber o que os ajudou a envelhecer com sucesso.[18] Gratidão e propósito foram as características mais significativas ligadas ao envelhecimento com sucesso. Nossa atitude é muito importante.

Outro estudo, feito pela University of California-Davis, examinou o efeito da gratidão sobre o bem-estar psicológico e físico. Os participantes, distribuídos ao acaso, foram incumbidos de submeter-se a uma das três condições experimentais. Eles registraram em diários semanais ou diários suas irritações, motivos de gratidão ou eventos neutros. Registraram também seus estados de humor, como lidavam com problemas e com a saúde, sintomas físicos e avaliações da vida em geral. O grupo que sempre era grato pelo que recebia exibiu o nível mais alto de bem-estar.[19]

---

[17] In Praise of Gratitude. **Harvard Mental Health Newsletter**, nov. 2011. Disponível em: <http://www.health.harvard.edu/newsletters/Harvard_Mental_Health_Letter/2011/November/in-praise-of-gratitude>.

[18] Pietrzak, R. H.; Tsai, J. et al. Successful Aging Among Older Veterans in the United States. **American Journal of Geriatric Psychiatry**, 26 mar. 2013. Disponível em: <http://www,ncbi.nlm.nih.gov/pubmed/23567414>.

[19] Emmons, R. A.; McCullough, M. E. Counting blessing versus burdens: an experimental investigation of gratitude and subjective well-being in daily life. **Journal of Personality and Social Psychology**, fev. 2003. Disponível em: <http://www.ncbi.nlm.nih.gov/pubmed/12585811>.

O lugar para o qual você dirige a atenção determina como se sente, e sentir-se grato é um lugar feliz onde estar. Essa mentalidade também ajuda sua fé quando você se concentra nas dádivas que Deus lhe concede. Ajuda-o a comer corretamente quando se concentra em ser grato pela capacidade de comer um alimento delicioso e saudável que faz bem para seu corpo. Ajuda-o a manter a boa forma quando você se sente grato pela capacidade de movimentar o corpo. E ajuda seus amigos quando você observa mais as qualidades que os defeitos que eles têm.

> "Alegrem-se sempre. Orem continuamente. Deem graças em todas as circunstâncias, pois esta é a vontade de Deus para vocês em Cristo Jesus" (1Tessalonicenses 5.16-18).

A gratidão também ajuda o cérebro a funcionar melhor. A psicóloga Noelle Nelson, em seu livro *The Power of Appreciation in Everyday Life* [O poder da gratidão no dia a dia], descreveu um estudo no qual ela se submeteu duas vezes a uma tomografia SPECT. Na primeira vez, foi examinada depois de ficar meditando durante trinta minutos em todas as coisas pelas quais era grata na vida. Depois, foi examinada vários dias depois de concentrar-se nos maiores medos da sua vida. Após o exercício de agradecimento, o cérebro da dra. Nelson apresentou-se muito saudável. A tomografia feita depois que se concentrou nos medos foi muito diferente.

MORNINGG RITUAL

A primeira coisa da lista principal de tarefas do dr. Amen, a primeira coisa que ele vê todos os dias, é sua lista de motivos de gratidão. Em vez de limitar-se a escrever algumas palavras, ele faz um acompanhamento daquilo pelo qual é grato, lê a lista todos os dias e acrescenta a ela cada momento alegre que ocorre.

A atividade nas duas partes do seu cérebro caiu significativamente. O cerebelo fechou-se completamente.[20]

A outra área afetada do cérebro da dra. Nelson foram os lobos temporais, principalmente o esquerdo. Os lobos temporais estão ligados ao humor, à memória e ao controle do temperamento. Os problemas nessa parte do cérebro estão associados a algumas formas de depressão e também a pensamentos tenebrosos, violência e perda de memória. A prática da gratidão ajuda você a ser grato pelo cérebro que possui.

Aqui está um exercício útil: escreva três coisas pelas quais é grato todos os dias. O ato de escrever seus pensamentos de gratidão ajuda a concentrar-se neles para melhorar seu cérebro. Uma pesquisa feita pelo psicólogo Martin Seligman, da Universidade da Pensilvânia, demonstra que, quando fazem esse exercício, as pessoas notam uma diferença positiva no nível de felicidade em apenas três semanas.[21] Outros pesquisadores também descobriram que as pessoas que expressam gratidão com regularidade são mais saudáveis, mais otimistas, alcançam seus objetivos com mais facilidade, têm uma sensação maior de bem-estar e são mais úteis aos outros. Os médicos que praticam a gratidão com regularidade têm mais facilidade de diagnosticar corretamente seus pacientes.

Observe a ligação que Filipenses 4.6,7 faz entre gratidão e paz de espírito: "Não andem ansiosos por coisa alguma, mas em tudo, pela oração e súplica, *e com ação de graças*, apresentem seus pedidos a Deus. E a paz de Deus, que excede todo o entendimento, guardará o coração e a mente de vocês em Cristo Jesus" [grifo nosso]. Não basta apresentar seus pedidos a Deus. Faça isso com ação de graças, se quiser ter paz de espírito.

---

[20] Toronto: Insomniac Press, 2006.
[21] **Authentic Happiness**. New York: The Free Press, 2002.

A IMPORTÂNCIA DO "B"

Na virada do século, uma empresa fabricante de sapatos enviou um vendedor à África. Ele telegrafou à empresa: "Estou voltando para casa. Ninguém usa sapatos aqui". Outra empresa enviou seu representante, e ele vendeu milhares de sapatos. O vendedor telegrafou à empresa: "O negócio é fantástico. Ninguém tinha ouvido falar de sapatos por aqui". Os dois vendedores enxergaram a mesma situação de perspectivas completamente diferentes, e obtiveram resultados dramaticamente diferentes.

Não somos controlados por eventos nem por pessoas, mas pelas percepções que temos deles. Ao longo dos anos, todos nós já recebemos uma dose razoável de críticas por nosso trabalho quando tentamos agir de modo diferente na nossa área de trabalho. Tivemos a opção de nos sentir magoados, desmoralizados e desistir daquilo em que acreditávamos. Ou tivemos a opção de perceber que qualquer pessoa que faça algo de modo diferente está sujeita a receber críticas. Faz parte do território de tentar fazer diferença.

> "A vida compõe-se de 10% do que acontece comigo e 90% de como eu reajo a isso."
> CLES SWINDOLL

Percepção é a maneira pela qual interpretamos a nós mesmos e ao mundo à nossa volta. Nossos cinco sentidos assimilam o que se passa no mundo, mas a percepção ocorre quando o cérebro processa a informação recebida por meio dos nossos filtros sensoriais. Nossa percepção do mundo exterior baseia-se no nosso mundo interior. Por exemplo, quando estamos cansados, temos muito mais probabilidades de comer mais ou ser grosseiros com nosso cônjuge ou filhos do que quando estamos descansados.

A visão que temos de uma situação é mais real do que a própria situação. O famoso psiquiatra dr. Richard Gardner disse que o mundo é como um teste Rorschach, no qual se pede que a pessoa descreva o que vê em dez borrões de tinta que não significam absolutamente nada. O que vemos no borrão de tinta baseia-se na nossa visão interior do mundo. Portanto, é a maneira pela qual percebemos as situações, não as situações reais, que nos fazem reagir.

Se A é o evento real e B é como interpretamos ou percebemos o evento, então C é como reagimos ao evento: A + B = C.

As outras pessoas ou eventos (A) acionam nossos sentimentos iniciais, mas é nossa interpretação ou percepção (B) dessas pessoas ou eventos que determina como vamos sentir ou agir (C). Por exemplo, suponhamos que você tenha se esforçado muito para levar uma refeição saudável a um almoço na igreja, mas alguém fez um comentário negativo como "Parece muito saudável, mas deve ter gosto de papelão". Esse comentário é A, ou o que realmente aconteceu. Você pode ter pensado: *Ela me odeia! Perdi tempo e dinheiro preparando essa refeição* ou *Todas as vezes que tento fazer alguma coisa útil, não dá certo.* Sua interpretação do comentário negativo é B. E você se sente muito mal e não se esforça mais para ser uma pessoa saudável e envolver-se nisso. Sua reação é C.

Se, ao contrário, seus pensamentos a respeito do comentário negativo (A) seguirem em direção diferente, e você pensar: *Coitada, ela está julgando a comida sem nem sequer experimentá-la* (B), estará encorajando-a a experimentar a refeição (C) ou permitindo que outras pessoas a elogiem (C). Seus pensamentos a respeito dos comentários determinam como você se sente, não os comentários em si.

Nessa caminhada rumo a uma vida mais saudável, nós o encorajamos a identificar suas percepções, começando por você. Você se vê como filho de Deus (como de fato é), amado por aquele que entregou a vida por você? (v. João 3.16). Nós

> Em geral, são as nossas percepções que mais exercem influência sobre aquilo que governa nosso comportamento.

também raramente nos tratamos com o mesmo amor de Deus por nós e, às vezes, nem mesmo com o amor de um bom pai ou mãe. Quando cometemos um erro, comportamo-nos de maneira violenta em relação a nós. Exageramos na comida, menosprezamo-nos e sentimo-nos desalentados. Quando as crianças cometem erros, os bons pais não as menosprezam nem as tratam de maneira violenta; ao contrário, ajudam-nas a aprender com os próprios erros.

Se você passar a questionar seus pensamentos e percepções e depois filtrá-los com a mente amorosa e sincera de Deus, isso fará uma enorme diferença na sua vida, na sua felicidade e na sua saúde.

ATITUDE E PROPÓSITO

OUTRA ESTRATÉGIA CRÍTICA do "foco" é sua atitude em relação ao fracasso. Temos algo muito importante a dizer, algo absolutamente essencial para sua mente. No Plano Daniel você não pode fraquejar – porque iniciou uma jornada de quarenta dias e verá as mudanças ocorrerem gradualmente na sua vida. No Plano Daniel – ou na vida, a bem da verdade – ninguém se sente melhor de uma hora para outra. Você se sente melhor... dá uma escorregada... segue em frente... Contrariedades *e* derrapagens fazem parte da jornada, e a amabilidade precisa fazer parte de ambos.

Quando você cometer um erro, basta fazer um retorno. Você tem um GPS no telefone ou no carro? Quando você erra o caminho, o GPS não o chama de idiota. Diz apenas onde você deve fazer o retorno sem infringir as leis de trânsito. Se prestar atenção a seus erros – como ter tido intervalos muito prolongados entre as refeições, dormido pouco ou deixado de planejar –, eles serão seus melhores professores. Em breve você se verá em um novo patamar no qual seu cérebro e seu organismo melhorarão extraordinariamente.

A MUDANÇA OCORRE PASSO A PASSO

O diagrama adiante é, em geral, usado para participantes de pesquisas científicas.

Costumamos pensar em fracasso como uma experiência negativa. Mas as pessoas sensatas sabem como tirar vantagem do fracasso. Aprendem com ele. Aproveitam-no ao máximo. Usam-no como treinamento.

Dizem que Thomas Edison fracassou cerca de mil vezes quando estava inventando a lâmpada elétrica. Quando um repórter lhe

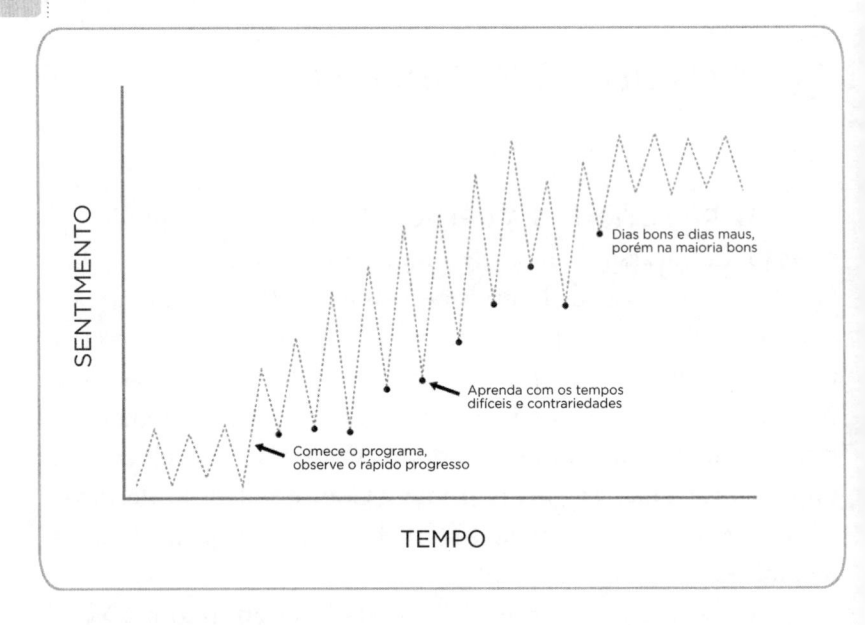

SENTIMENTO (eixo vertical) / **TEMPO** (eixo horizontal)

- Comece o programa, observe o rápido progresso
- Aprenda com os tempos difíceis e contrariedades
- Dias bons e dias maus, porém na maioria bons

perguntou como se sentia depois de ter fracassado tantas vezes, dizem que Edison respondeu assim: "Eu não fracassei mil vezes. A lâmpada elétrica foi uma invenção que exigiu mil passos".

Deus usa o fracasso para nos ensinar. Os erros são experiências de aprendizado, e há algumas coisas que só aprendemos por meio do fracasso. Portanto, alguns de nós somos muito instruídos!

Como aprendemos a ter sucesso? Aprendendo com o que não deu certo e não repetindo o erro. A Saddleback Church tem feito

DIAS BONS

Os contratempos ajudam você a identificar seus momentos mais vulneráveis. Não queremos que você seja vítima de seus fracassos, mas que os estude como um cientista os estudaria. Seja curioso. Gostamos de dizer: "Transforme seus dias maus em dias bons".

mais coisas erradas que certas. Cada membro do quadro de funcionários e cada pastor da igreja comete pelo menos um erro por semana. Se deixarmos de cometer erros, não cresceremos. E não temos medo do fracasso. Livrar-se do medo do fracasso é ser livre para crescer.

Os contratempos podem ratificar sua fé. Talvez você se surpreenda ao saber que admitir seu desânimo perante Deus pode ser uma declaração de fé. O rei Davi disse:

> Eu cri, ainda que tenha dito:
> Estou muito aflito.
> Em pânico eu disse:
> Ninguém merece confiança (Salmos 116.10,11).

A sinceridade de Davi revela realmente uma grande fé. Primeiro, ele acreditou em Deus. Segundo, acreditou que Deus ouviria sua oração. Terceiro, acreditou que Deus lhe diria como se sentia e que ainda o amava.

REGRAS SIMPLES PARA TEMPOS DE VULNERABILIDADE

Uma dica que achamos muito útil para as pessoas que analisam seus fracassos é criar regras simples para tempos de vulnerabilidade, tais como...

- Comer alimentos saudáveis antes de comer os que não prestam.
- Comer vegetais em primeiro lugar.
- Comer antes de ir a uma feira livre para não ser tentado a saborear pastel frito.
- Quando se sentir tentado, dê uma volta, repita um poema, tome um copo d'água.

Conscientize-se do impulso e mantenha o foco em outra coisa até que a vontade passe.

Sejam quais forem as circunstâncias e como você se sente, mantenha o foco em quem Deus é – sua natureza imutável. Lembre-se da verdade eterna sobre Deus: ele é bom, ele me ama, ele me favorece. Ele conhece minhas lutas e minhas circunstâncias, e eu sei que tem um plano bom para minha vida.

O fracasso também pode ser motivacional. Mudamos muitas vezes não quando vemos a luz, mas quando sentimos o calor. Quando você fracassa, talvez Deus esteja tentando chamar sua atenção e dizendo: "Quero que você siga em uma nova direção".

O fracasso não desenvolve seu caráter automaticamente. O fracasso só desenvolve o caráter quando você reage a ele de modo correto, quando aprende com ele, quando cresce com ele, quando diz: "O que não deu certo aqui, e o que posso fazer para mudar?". Quando você pensa assim sobre fracassos e contratempos, seu coração abranda. O fracasso faz de você uma pessoa menos julgadora e o ajuda a ser um pouco mais solidário com as pessoas a seu redor.

SEJA UMA PESSOA COM PROPÓSITOS

A entrada para o Saddelback Campus em Lake Forest, Califórnia, começa na "Purpose Drive" [Estrada do propósito] por um motivo. No nosso primeiro encontro do Plano Daniel, pedimos que todos os participantes preenchessem um formulário para ajudá-los a definir com clareza sua visão ou missão, uma declaração escrita para ajudá-los a manter o foco em todos os pensamentos, palavras e ações. Por quê? Nosso cérebro extraordinário faz o que ele vê acontecer. Ver o sucesso na nossa mente torna-o mais fácil de fazê-lo acontecer – da mesma forma que ver o fracasso.

Gostaríamos, portanto, que você também fizesse esse exercício. Escreva suas principais metas e seus principais propósitos. Use os seguintes tópicos:

- Fé
- Alimentação

- Condicionamento Físico
- Foco
- Amigos

Os cinco Elementos Essenciais estão separados para encorajar você a ter uma perspectiva mais equilibrada da vida. O esgotamento causado por estresse ocorre quando sua vida se desequilibra e você se fecha exageradamente em uma área e não faz caso das outras.

Ao lado de cada tópico, escreva o que, na sua opinião, Deus deseja para você e o que você deseja para você mesmo. Seja positivo e use a primeira pessoa. Escreva seu propósito com confiança e esperança de que, com a ajuda de Deus, aquilo poderá acontecer. Se necessário, faça isso durante vários dias. Depois de terminar o rascunho inicial (você vai querer atualizá-lo com frequência), coloque a lista onde possa vê-la todos os dias, como na geladeira, no telefone, ao lado da sua cama ou no papel de parede do seu computador.

Todas as vezes que você repete um comportamento, como ler diariamente seu exercício sobre propósitos, isso desenvolve e fortalece os caminhos específicos da informação no cérebro. Esse exercício pode tornar-se o marco para todos os seus pensamentos, sentimentos e ações.

OBJETIVOS SMART

Queremos também que você trace objetivos SMART (específicos, mensuráveis, atingíveis, relevantes e prazo estabelecido)[22] – semelhantes aos que abordamos no capítulo 5 sobre condicionamento físico – para as outras áreas da vida que você deseja melhorar. Provérbios 4.26 diz: "Veja por onde anda, e os seus passos serão seguros".

---

[22] Em inglês, **S**pecific, **M**easurable, **A**ttainable, **R**elevant and **T**ime-Bound. [N. do T.]

O EXERCÍCIO DE CHUCK SOBRE PROPÓSITOS

Chuck é gerente de um banco local. É casado e tem três filhos. Quando compareceu ao encontro do Plano Daniel, ele havia sido diagnosticado com diabetes e hipertensão. Veja o que ele escreveu em seu exercício sobre propósitos:

"**Fé** — Viver bem perto de Deus, saber qual é seu propósito para minha vida, confiar em Deus no momento, orar todos os dias e frequentar a igreja com assiduidade.

"**Alimentação** — Manter o foco em alimentos que façam bem ao meu corpo e espírito. Após o diagnóstico recente de diabetes e hipertensão, isso é mais importante que nunca. Eu consumo apenas alimentos integrais e de alta qualidade, água em abundância, proteínas magras, gorduras saudáveis, carboidratos de baixo teor glicêmico e alto teor de fibras, e muitas frutas e vegetais de diversas cores. Sempre com o suficiente para manter a taxa de açúcar estável e evitar desejos incontroláveis por alimentos prejudiciais à saúde.

"**Condicionamento físico** — Meu corpo é o santuário do Espírito Santo. Eu cuido dele com amor e respeito, o que significa exercitar-me com regularidade, pelo menos quatro vezes por semana.

"**Amigos** — Permanecer ligado às pessoas que amo e ser exemplo de saúde e integridade. Quero ter um relacionamento bom, carinhoso e cheio de amor com minha mulher; ser uma presença, firme, bondosa, positiva e previsível na vida dos meus filhos; e reservar um tempo para manter e cultivar amizades.

"**Foco** — Manter o foco em hábitos bons para o cérebro, objetivos SMART [v. nota 22], motivação, pensamentos sinceros e corretos, gratidão, atitude certa diante do fracasso e escrever um diário."

O pastor Warren ensina que o estabelecimento de objetivos, como oração e tempo a sós com Deus, é uma disciplina espiritual.

De fato, os objetivos podem ser um ato de mordomia ou adoração no qual você diz: "Deus, quero oferecer o melhor daquilo que recebi" ou "Deus, quero devolver-te a vida que me deste, e quero seguir em tua direção".

Algumas pessoas pensam: *Não vou planejar; vou apenas confiar em Deus e seguir em frente.* Sim, devemos confiar em Deus. Mas devemos fazer planos também, porque a Bíblia diz que Deus faz planos. "Deus planeja fazer convergir todas as coisas em Cristo" (Efésios 1.10, paráfrase). Observe que Deus não fica sentado esperando as coisas acontecerem. E temos a escolha de seguir sua orientação.

Objetivos **específicos** são objetivos claros e sem ambiguidades. É aí que você diz a seu cérebro exatamente o que espera e por que é importante. Um objetivo específico geralmente responde a cinco perguntas:

- *O que:* O que eu quero conseguir? Por exemplo, perder 15 quilos.

- *Por que:* Motivos, propósitos ou benefícios específicos para conseguir o objetivo. Por exemplo, ser uma pessoa realmente saudável, ter mais energia e ser fisicamente capaz de cumprir o propósito de Deus para minha vida.

- *Quem:* Quem está envolvido? Eu, por exemplo, mas isso também envolverá as pessoas mais próximas a mim.

- *Onde:* Identifique um lugar. Por exemplo, em casa ou onde eu estiver.

- *Qual:* Identifique os requisitos necessários e os embaraços. Por exemplo, fé, alimento, condicionamento físico, foco e amigos.

Para estabelecer objetivos específicos, você precisa saber a diferença entre pressões e prioridades. Precisa saber a diferença entre atividade e êxito, entre o que é urgente e o que é importante. Precisa saber o que faz diferença. Se você concentrar sua energia em objetivos que não sejam direcionados por Deus, ela não terá muito poder. Paulo exemplificou isso em 1Coríntios 9.26: "Sendo assim, não corro como quem corre sem alvo, e não luto como quem esmurra o ar".

Mensurável destaca a necessidade de marcas de referência tangíveis. Se o objetivo não for mensurável, não é possível saber se você está fazendo progressos para alcançá-lo. Medir seu progresso ajuda você a não se desviar do caminho e a manter o entusiasmo. Em geral, o objetivo mensurável responde a perguntas como "Quanto? Quando?".

Atingível significa que o objetivo precisa ser realista, embora os sonhos sejam grandes. Objetivos extremos convidam ao fracasso e frustração. Quando você identifica seus objetivos mais importantes, seu cérebro começa a procurar caminhos para realizá-los.

Ao mesmo tempo, você precisa entender também que "atingível" não significa apenas os objetivos que você consegue alcançar com seu poder. Os objetivos podem aumentar sua fé e afirmar sua confiança em Deus. Se puder fazer isso por conta própria, então não precisará ter fé. Saddleback Church é a história de pessoas comuns estabelecendo e tentando alcançar objetivos grandes na fé e, depois, observando Deus agir.

Relevante significa que você escolheu objetivos importantes. O objetivo de "navegar em cem *sites* até as 21 horas" pode ser específico, mensurável, atingível e limitado ao tempo, mas carece de relevância. O objetivo relevante responde "sim" a estas perguntas: Vale a pena? Este é o momento certo? Isto combina com seus outros esforços/necessidades?

> Os objetivos fazem você seguir adiante quando sente vontade de desistir. São como ímãs que o puxam para a frente e dão esperança.

Ser relevante também significa que seus objetivos são relevantes a Deus e o glorificam. Qualquer objetivo que o aproxime mais dele e o faça querer servi-lo e a aos outros é um objetivo importante. O apóstolo Paulo encorajou-nos a ter "o propósito de lhe agradar, quer estejamos no corpo, quer o deixemos" (2Coríntios 5.9).

Prazo estabelecido destaca a importância de alcançar o objetivo dentro de determinado prazo. A responsabilidade de ter um prazo estabelecido ajuda você a manter o foco em seus esforços para terminar o objetivo dentro do prazo ou antes dele. O critério do prazo estabelecido ajuda você a manter o foco em seus esforços.

Estes são alguns exemplos de objetivos SMART:

1. Andar quatro vezes por semana durante 45 minutos com meu amigo de caminhada, como se eu estivesse atrasado.

2. Fazer uma limpeza completa na cozinha (retirar todos os alimentos prejudiciais à saúde) esta semana.

3. Passar uma noite por semana com os amigos, lendo e discutindo o material do Plano Daniel. Telefonar entre uma reunião e outra para encorajá-los e cobrar resultados.

4. Passar de 5 a 10 minutos por dia anotando meu progresso em um diário.

5. A partir deste instante, manter o foco em alimentar-me de acordo com o Plano Daniel – alimentos 90% aprovados.

Esforce-se para atingir os objetivos SMART, pois eles darão a seu cérebro e mente a direção clara e o foco sobre o que é importante.

CONHEÇA SUA MOTIVAÇÃO

Para ser e permanecer saudável, é muito importante que você saiba *por que* isso é importante. O que motiva seu desejo de ser saudável?

É porque Deus quer que você tome conta do seu corpo? Reflita em 1Coríntios 6.19,20: "Acaso não sabem que o corpo de vocês é santuário do Espírito Santo que habita em vocês, que lhes foi dado por Deus, e que vocês não são de si mesmos? Vocês foram comprados por alto preço. Portanto, glorifiquem a Deus com o seu próprio corpo".

> "Deus está sempre mais interessado em 'por que' fazemos alguma coisa do que no 'que' fazemos. Atitudes são mais importantes que vitórias."
>
> PASTOR WARREN

É porque você está com dor ou cansado de sentir-se doente, letárgico, esquecido e nem um pouco perto da sua melhor forma?

É porque você quer sentir-se saudável e vibrante para pôr seu propósito em prática, trabalhar naquilo que ama, estar com as pessoas que aprecia ou ver seus netos crescerem?

É porque você quer prevenir doenças que possam atacar sua família, como diabetes, câncer, doenças cardíacas ou mal de Alzheimer?

Escreva suas motivações — por que você acha importante ser saudável — e leia-as diariamente. Você terá mais êxito se fizer isso com base em duas perspectivas: alcançar benefícios e evitar consequências negativas.

Cinquenta por cento do cérebro é dedicado à visão. Por isso, é recomendável construir o que chamamos de "imagens âncoras"

UMA MENTE VOLTADA PARA O FUTURO

"Minha maior motivação é ter saúde para ser exemplo do Senhor a meus netos e trabalhar com crianças. Para isso, preciso de energia e de mente clara, sorriso fácil e alegria em cada experiência. Observo as reações dos outros quando pareço estar bem e me sinto bem; observo até os cutucões do Senhor com mais clareza. Talvez isso se refira a ter uma sensação de contentamento e bem-estar. Sou mais carinhosa e mais compassiva quando o santuário do meu corpo está funcionando mais perto do nível operacional mais alto."

MANDY CAMERON

para que você lembre por que quer ter saúde. Essas imagens estimulam a motivação. Se você quer ter saúde para ser um ótimo líder para sua família, pendure na parede sua foto favorita da família. Se quer parecer uma pessoa legal, pendure na parede uma foto sua quando estava na melhor forma. Se quer ter saúde para cumprir o propósito de Deus na sua vida, coloque uma foto sua fazendo coisas que exemplifiquem esse propósito.

O PODER DO CÉREBRO E A AÇÃO

A inteligência, uma característica importante que nos separa dos outros animais, é nossa capacidade de pensar nas consequências do nosso comportamento antes de agir por impulso.

As decisões efetivas incluem prever nossos objetivos, o que nos ajuda não apenas a viver o momento presente, como também viver daqui a dez ou até cinquenta anos. Quando melhoramos o poder do cérebro e a saúde, evitamos problemas. Apresentamos sete passos simples para melhorar seu cérebro e renovar seus pensamentos.

1. **"Então o que"** As palavras mais poderosas, quando se trata da sua saúde, são *então o que*. Essas palavrinhas podem mudar sua saúde de maneira positiva se você as mantiver no topo da mente. Se eu fizer isto, *então o que* acontecerá? Se eu comer isto, *então o que* acontecerá?

> As pessoas mais eficientes na vida são aquelas que pensam adiante. Elas sabem o que querem, sabem o que as motiva, têm pensamentos sinceros e agem de maneira coerente ao longo do tempo para alcançar seus objetivos.

Será que se eu comer este terceiro pedaço de *pizza*, pular o exercício ou ficar acordado até tarde da noite me ajudará a alcançar um dos meus objetivos? Pense nas consequências do seu comportamento antes de agir.

2. **Durma oito horas por noite.** Se você dormir menos que isso, a corrente sanguínea para o cérebro diminuirá e você tomará decisões erradas.

3. Mantenha equilibrada a taxa de açúcar no sangue. Uma pesquisa diz que as taxas baixas de açúcar no sangue estão associadas à diminuição da corrente sanguínea ao cérebro, controle insatisfatório do impulso, irritabilidade e mais decisões erradas.[23]

4. Aumente suas taxas de ácidos graxos ômega 3. Taxas baixas de ácidos graxos ômega 3 estão associadas a TDAH (transtorno de déficit de atenção com hiperatividade), depressão e mal de Alzheimer. Todos são problemas cerebrais.

5. Leia os objetivos sobre seus propósitos todos os dias. Pergunte a você mesmo: "Meu comportamento hoje está em harmonia com meu propósito?".

6. Adquira o hábito de usar o cérebro. O autocontrole é semelhante a um músculo. Quanto mais você o usa, mais ele se fortalece. Da mesma forma que os pais ajudam os filhos a dizer "não" para desenvolver o autocontrole, fortaleça a parte do autocontrole do cérebro, dizendo "não" àquilo que não faz bem a você. Com o tempo, seu cérebro fará escolhas melhores de maneira mais automática.

7. Equilibre a química do cérebro. Busque ajuda para problemas como TDAH, ansiedade e depressão, para manter controle sobre sua vida.

Todas as ferramentas neste capítulo trabalham em conjunto para ajudar você a ter e manter o foco na jornada rumo a uma vida mais saudável. É necessário ter cérebro saudável para tomar decisões acertadas constantemente. Apresentamos muito material para você meditar nele. A questão principal é esta: queremos que você pense na sua saúde e se torne uma pessoa cautelosa, intencional e com propósito. Você precisa ter um cérebro saudável e uma mente renovada para fazer isso.

---

[23] ABDUL-RAHMAN, A.; AGARDH, C. D.; SIESJO, B. K. Local cerebral flood flow in the rat during severe hypoglycemia, and in the recovery period following glucose injection. **Acta Physiologica Scandinavian Physiological Society**, 1980: 303-314. Disponível em: <http://www.ncbi.nlm.nih.gov/pubmed/?term=.+Local+cerebral+blood+flow+in+the+rat+during+severe+hypoglycemia%2C+and+in+the+recovery+period+following+glucose+injection>.

REFLITA E DÊ O PRIMEIRO PASSO...

Tome cuidado com o que você pensa, porque os pensamentos dirigem sua vida! (v. Provérbios 4.23). Substitua os pensamentos negativos por uma das verdades de Deus. Reflita nas promessas e nos planos que ele tem para você prosperar. Anote sua gratidão todos os dias em um diário e permita que Deus restaure e transforme sua mente.

Capítulo 7

AMIGOS

*É melhor ter companhia
do que estar sozinho,
porque maior
é a recompensa do trabalho
de duas pessoas.*
Eclesiastes 4.9

Em 2009, a cidade de Huntington, na Virgínia Ocidental, recebeu o título pejorativo de "A cidade mais gorda da América" pelo CDC (Centers for Disease Control [Centros de controle de enfermidades]), que a identificou como a cidade mais enferma dos Estados Unidos.

Para Steve Willis, pastor da First Baptist Church Kenova, perto de Huntington, os números não se referem apenas a estatísticas, mas também a vidas – e mortes. Ele se surpreendeu diante do grande número de ofícios fúnebres que realizou, principalmente de jovens que estavam morrendo de doenças evitáveis, causadas por hábitos prejudiciais à saúde.

De acordo com o CDC, Huntington foi a primeira (no caso a *pior*) cidade do país com adultos que sofriam de diabetes (13%), a primeira no número de doenças cardíacas (22%) e a primeira na porcentagem de adultos que não se exercitavam regularmente (31%).

Quase metade das pessoas com mais de 65 anos havia perdido todos os dentes naturais (primeira também nessa categoria)! A cidade era a primeira em doenças renais, problemas de visão e disfunções do sono. Fossem quais fossem as origens desses organismos debilitados – hipertensão, problemas de circulação ou depressão –, o local foi considerado o pior em todas as categorias mencionadas.

Embora algumas cidades tivessem chegado perto dessas porcentagens em algumas áreas, nenhuma superou os incríveis 46% de adultos obesos (não apenas com sobrepeso) em Huntington. Isso representa quase metade dos adultos. Foi, conforme se diz no mundo esportivo, um fracasso total.

Em meio àquelas estatísticas tão cruéis, o pastor Willis ouviu um chamado de Deus para uma missão extremamente difícil: pregar sobre a saúde a uma congregação muito doente. Willis diz:

> A transformação começou com esta declaração da verdade: cuidar do nosso corpo é um ato de adoração a Deus. Quase metade da nossa congregação lutava com a obesidade, portanto [falar diretamente sobre este assunto] foi um dos [sermões] mais difíceis que preguei até hoje. Mas quase um terço da nossa congregação assumiu o compromisso público de perder, no mínimo, 20 quilos.

O pastor Willis ficou encantado com a reação das pessoas e a mudança de vida que ocorreu.

> Eu não estava preparado para ver um grupo tão maciço (trocadilho proposital), mas graças a pessoas como Elizabeth Bailey e minha mulher, Deanna, elaboramos um plano semelhante ao Daniel para nossos primeiros grupos de prestação de contas. Cada grupo se reunia semanalmente para orar, estudar a Bíblia, encorajar os outros e, sim, fazer exercícios físicos.

Willis acredita que aqueles grupos foram a arma secreta na batalha contra a obesidade epidêmica na região de Huntington.

Quando temos amigos para nos acompanhar na caminhada rumo a uma saúde melhor, temos mais probabilidades de sucesso. A mudança de vida ocorre em pequenos grupos. "Ao criar uma cultura de amor e responsabilidade, nossa igreja tem visto muitas pessoas promover uma revolução na vida delas não apenas na esfera física, mas também na vida espiritual e mental", diz Willis.

Willis escreveu um livro, *Winning the Food Fight* [Vencendo a luta da comida],[1] sobre a experiência da transformação em sua igreja, em sua comunidade e até em sua família. Hoje, Huntington deixou de ser a "número um". A cidade ficou feliz por ter perdido sua posição de "campeã" – e, na verdade, esforçou-se muito para conseguir isso. As estatísticas mudaram porque o povo se reuniu para ajudar-se mutuamente a ter mais saúde. Willis complementa:

> Começando com os membros da nossa igreja, reunimo-nos a outros grupos com ideia semelhante, que se preocupavam com a saúde da cidade. Depois de pôr em prática o Plano Daniel, não somos mais a cidade "número um" naquelas estatísticas. Aliás, se os estudos mais recentes estiverem corretos, Huntington começou a reverter a tendência à obesidade.

Quatro anos depois, a igreja trocou hábitos prejudiciais à saúde por hábitos saudáveis, servindo comida caseira na igreja em lugar de lanches no departamento infantil. Um membro da igreja doou 4.000 m² de terra para um jardim na comunidade.

Mais recentemente, a igreja começou a instruir as crianças em seu curso pré-escolar sobre a diferença entre alimento verdadeiro e alimentos falsos processados que geralmente visam às crianças. Willis relata:

> Agora, essas crianças estão indo para casa e ensinando os pais sobre a importância do alimento verdadeiro e sabendo de onde se origina.

---

[1] Com WALKER, Ken. **Winning the Food Fight:** Victory in the Physical and Spiritual Battle for Good Food and a Healthy Lifestyle. Ventura, CA: Regal, 2012.

Talvez a melhor notícia seja que nosso departamento infantil quase dobrou desde que instituímos essas mudanças nutricionais. Ainda temos um longo caminho a percorrer, mas continuo a me surpreender quando vejo que, quanto mais saudáveis somos no físico, mais parecemos ser um Corpo de Cristo saudável no espírito.

A DÁDIVA DE UMA COMUNIDADE AMOROSA

A HISTÓRIA DA CONGREGAÇÃO DO PASTOR WILLIS é inspiradora. Todos nós adoramos a ideia de ter saúde – de estar na nossa melhor condição emocional, espiritual e física. O Plano Daniel apresenta um jeito claro e simples para você estar na melhor forma física e com saúde.

É possível ter saúde melhor, mas isso exige intenção e esforço nas nossas escolhas diárias. Quando escolhemos passar um tempo com Deus, fazer exercícios físicos, comer alimentos saudáveis e manter o foco nos nossos pensamentos, seguimos em direção a nossos objetivos em todas as áreas da vida. Essa decisão é difícil, principalmente se estivermos tentando mudar nossos hábitos – e mais difícil ainda se tentarmos fazer isso sozinhos.

A boa notícia, porém, é que Deus não quer que você trabalhe sozinho. Ele o criou para você prosperar na vida, mas é preciso estar ligado a outras pessoas. Quando você se envolve nos assuntos da comunidade, sua saúde melhora – e não estamos falando apenas de saúde física. Os amigos podem melhorar sua saúde emocional e espiritual.

> "Levem os fardos pesados uns dos outros e, assim, cumpram a lei de Cristo" (Gálatas 6.2).

O oposto também é verdadeiro. O isolamento nos prejudica. A falta de envolvimento com outras pessoas impede-nos de ser mais saudáveis. Em outras palavras, o item Elemento Essencial Amigos é o molho secreto para todos os outros Elementos Essenciais.

Um dos motivos pelo qual o Plano Daniel já ajudou milhares de pessoas a ter sucesso dentro de um modo de vida mais saudável é o fato de que ele é realizado em comunidade. Funcionou em Huntington, e funcionará com você.

UMA SOLUÇÃO MÉDICA

O envolvimento dos seus amigos não é apenas um aspecto do Plano Daniel para você se sentir bem. Uma pesquisa sustenta o conceito, mostrando como somos importantes para a restauração e o sucesso de outra pessoa. Grande parte daquilo que nos incomoda no momento (e incomoda as pessoas do mundo inteiro) é evitável, tratável e, quase sempre, curável. E melhor ainda: a cura está bem perto de nós.

Nos próximos vinte anos, as doenças crônicas como hipertensão, diabetes e doenças cardíacas terão um custo estimado de US$ 47 trilhões para atender o mundo inteiro.[2] Mas essas doenças são evitáveis, uma vez que, em geral, são causadas por sobrepeso ou por vida sedentária e doentia.

Durante décadas, a comunidade médica tem tentado resolver os problemas das doenças crônicas com soluções encontradas na medicina – o que faz sentido, em certo aspecto. Problemas médicos necessitam de soluções médicas, certo? Mas não existe nenhuma parte da nossa vida que seja isolada da outra. Os esforços da classe médica estão ligados em parte a nosso modo de vida e emoções, como estresse e medo. Aquilo que comemos e quanto nos movimentamos também causam impacto na nossa saúde médica. Portanto, encontrar um comprimido ou tratamento para combater esses problemas médicos nem sempre funciona. O dr. Hyman se pergunta há anos por que a ciência médica não conseguiu solucionar aquilo que, aparentemente, eram problemas médicos. E a perspectiva do dr. Hyman mudou quando ele leu a respeito do trabalho do dr. Paul Farmer.

---

[2] MOHINDRA, Desiree. Non-communicable Diseases to Cost 447 Trillion by 2030. Disponível em: <http://www.weforum.org/news/non-communicable-diseases-cost – 47 trillion – 2030-new-study-released-today>.

> **CICLO PARA ALIMENTO E SAÚDE**
>
> Na Tailândia, os pacientes com diabetes revezam-se para pedalar uma velha bicicleta amarrada a um gerador que irriga um jardim comunitário.[3] O exercício em equipe ajuda-os a cultivar seus alimentos saudáveis. Esse tipo de exemplo de atividade em grupo como catalisador para a saúde é mais eficiente que a intervenção médica convencional.

O dr. Farmer conseguiu tratar a tuberculose e a aids – que todos imaginavam ser impossível em razão da extrema pobreza em lugares como Haiti, Peru ou Ruanda. Ele entendeu que o segredo para o tratamento não era um novo medicamento, mas algo muito simples: reconstruir a comunidade e estabelecer conexão em lugares que haviam sido destruídos.[4] Em outras palavras, os amigos foram a solução. O dr. Hyman diz:

> A grande façanha de Paul foi sua percepção de que o segredo para resolver os problemas insolúveis de saúde era a ajuda mútua – pessoas ajudando pessoas. A grande façanha de Paul foi a ideia de um acompanhar o outro na questão de saúde, ajudando um ao outro a reconstruir a comunidade deles com água limpa e alimentos, ir à casa uns dos outros para ter certeza de que o vizinho enfermo sabia como e quando tomar seu medicamento.

Nossos círculos sociais influenciam nossa saúde muito mais que nosso DNA. Somos mais propensos a engordar se nossos amigos forem gordos, mesmo que nossos pais não sejam. Ao mesmo

---

[3] DAVIS, Janelle. AAFP Foundation Global Director of Peers for Progress Outlines Peer Support for Self-Management of Diabetes at Health Affairs Forum on Diabetes. **AAFP**, 13 jan. 2012. Disponível em: <http://www.aafp.org/media-center/realeases-statements/all/2012/peers-for-progress-self-management-diabetes.html>.

[4] KIDDER, Tracy. **Mountains Beyond Mountains:** The Quests of Dr. Paul Farmer, a Man Who Would Cure the World. New York: Random House, 2009.

tempo, somos mais propensos a fazer exercícios e a comer alimentos saudáveis, a não fumar e a não comer em excesso, se nossos amigos também tiverem hábitos saudáveis. Se forem doentes, temos mais probabilidade de ser doentes. Se nossos amigos tiverem hábitos saudáveis, provavelmente nós também os teremos.

> A comunidade tem o poder de mudar nossa saúde mais do que qualquer médico ou clínica.

Significa que seus amigos e família podem determinar seu sucesso no Plano Daniel. Se forem saudáveis, você terá mais chances de ser saudável. Se estiverem concentrados nos seus objetivos com uma atitude positiva, você também estará. Se estiverem pondo em prática a fé, você terá apoio implícito.

Em um estudo publicado no *New England Journal of Medicine*, os pesquisadores descobriram que uma das associações mais fortes na disseminação da obesidade são as pessoas com quem você convive. No caso de indivíduos que tinham um amigo obeso, as chances eram de 57% de serem também obesos. Se duas pessoas se identificassem como grandes amigos, o número subia para 171%. O relacionamento entre irmãos também provou ser importante. Ter um irmão obeso representava 40% a mais de possibilidades de ser obeso também.[5]

Em um dos estudos mais longos sobre longevidade feitos até hoje, os pesquisadores descobriram que os hábitos de saúde são contagiosos.[6] Por exemplo, se você passa tempo com pessoas que se exercitam, tem mais probabilidades de exercitar-se. Se passa tempo com pessoas que comem alimentos saudáveis, tem mais probabilidades de comer de modo saudável. O grupo ao qual você se associa determina o tipo de pessoa em que você se torna.

---

[5] CHRISTAKIS, Nicholas A., M.D., Ph.D., M.P.H.; FOWLER, James H., Ph.D. The Spread of Obesity in a Large Social Network over 32 Years. **New England Journal of Medicine**, 25 jul. 2007. Disponível em: <http://www.nejm.org/doi/full/10.1056/NEJMsa066082>.

[6] BUETTNER, Dan. The Island Where People Forget to Die. **The New York Times**, 24 out. 2012. Disponível em: <http://www.nytimes.com/2012/10/28/magazine/the-island-where-people-forget-to-die.html?pagewanted=all>.

Não estamos dizendo que você precisa livrar-se de todos os familiares e amigos que não tenham vida saudável. Ao contrário, seja o líder e o exemplo de um novo modo de viver.

> O dr. Amen gosta de dizer: "Para ser realmente saudável, encontre a pessoa mais saudável que você for capaz de tolerar e passe o maior tempo possível com ela".

Você não está apenas recebendo influência; exerce influência sobre os outros também. Se desenvolver e mantiver hábitos saudáveis, seus amigos e familiares terão mais probabilidades de desenvolvê-los também. Os hábitos são contagiosos, o que significa que sua influência é importante para os outros a seu redor. Mas isso não acontece da noite para o dia.

O dr. Amen descobriu que ele e sua mulher, Tana, encontraram no início um pouco de resistência por parte de sua enorme família agregada quando mudaram os hábitos de comer.

> Tenho cinco irmãs, um irmão, pais vivos e 21 sobrinhas e sobrinhos. Quando Tana e eu decidimos, anos atrás, ter uma vida saudável, muitas pessoas da minha família acharam muito estranho e até riram de nós. Expliquei por que era importante que começássemos a alimentar nosso cérebro e corpo de maneira saudável.

A família agregada do dr. Amen reúne-se frequentemente para refeições, o que causou tensão visível quando ele e Tana insistiram em comer de modo diferente do resto da família. Mas os dois apoiaram um ao outro nesse novo estilo de vida. O dr. Amen diz:

> Com o tempo, os membros da nossa família começaram a recorrer a nós em busca de ajuda. Um dos meus sobrinhos que sofria de obesidade mórbida foi um dos que nos pediram ajuda e acabaram fazendo mudanças radicais. Quando Tana e eu assumimos a liderança quanto à saúde e persistimos diante das críticas e protestos iniciais, todos se beneficiaram.

AMOR E SAÚDE

Os principais progressos nos anos recentes alteraram significativamente a maneira com que nós, os americanos, cuidamos da nossa saúde. Apesar de sabermos que o modo de vida pode causar problemas de saúde (fumar pode causar câncer, falta de exercício ou excesso de peso contribui para doenças cardíacas), a ideia de que o oposto também é verdadeiro – que o modo de vida pode reverter os problemas de saúde – é novidade.

O dr. Dean Ornish descobriu quatro passos para reverter doenças cardíacas:

1. Exercitar-se com regularidade.
2. Seguir uma dieta com base em produtos derivados de plantas.
3. Reduzir o estresse.
4. Parar de fumar.[7]

No entanto, vários anos depois de provar clinicamente a eficácia desses quatro comportamentos, o dr. Ornish ficou frustrado e perplexo ao ver que poucas pessoas seguiram seu plano comprovado de quatro passos para reverter doenças cardíacas e obstrução nas artérias.

> " 'Um novo mandamento lhes dou: Amem-se uns aos outros. Como eu os amei, vocês devem amar-se uns aos outros. Com isso todos saberão que vocês são meus discípulos, se vocês se amarem uns aos outros' "
> (João 13.34,35).

Ele partiu, então, em busca de respostas mais profundas para saber por que não fazemos as coisas que sabemos serem as melhores para nossa saúde e nosso bem-estar. Percebeu que só saber o que fazer é apenas parte da solução. Por fim, ele descobriu depois de muitos anos de amplas pesquisas que há algo

---

[7] **Reversing Heart Disease**. New York: Ivy Books, 1996. ORNISH, D.; SCHERWITZ, L. W. et al. Intensive lifestyle changes for reversal of coronary heart disease. **Journal of the American Medical Association**, 16 dez. 1998.

mais profundo que aperfeiçoa a motivação e aperfeiçoa de modo significativo nossa capacidade de escolher naturalmente comportamentos saudáveis e melhorar nossa vida.

Esse médico com especialização em Harvard descobriu que são os relacionamentos que, em última análise, causam impacto na nossa motivação para fazermos exercícios e comer alimentos saudáveis. É o amor que transforma nossa saúde, condicionamento físico e vida mais que qualquer outra coisa. Ele escreveu:

> A medicina de hoje parece manter o foco principalmente no físico e mecanicismo: nas drogas e cirurgia, nos genes e germes, nos micróbios e moléculas. Não conheço nenhum outro fator na medicina – dieta, fumo, exercício, estresse, genética, drogas, cirurgia – que tenha maior impacto na nossa qualidade de vida, incidência de doenças e morte prematura de qualquer tipo que não seja o amor e a intimidade! O amor e a intimidade estão na raiz daquilo que nos adoece e nos faz sentir bem, daquilo que nos traz felicidade, daquilo que nos faz sofrer e daquilo que produz cura. Se uma nova droga tivesse o mesmo impacto, praticamente todos os médicos do país a recomendariam a seus pacientes.[8]

MUDANÇA DE VIDA

Nossa experiência na Saddleback confirma a pesquisa do dr. Ornish. Quando apresentamos o Plano Daniel, mais de 15 mil pessoas formaram pequenos grupos, pessoalmente ou pela internet, ansiosas por encontrar amigos que pudessem ajudá-las. Eles montaram seus programas de atividades, mas cada grupo tinha seu foco e seu tempero. Não havia dúvida: os grupos eram, sem dúvida, o "molho secreto" do Plano Daniel, a peça responsável pelo sucesso desse plano nos pontos em que outros planos de dieta e exercício falharam. Isso não nos surpreendeu, claro. Acreditamos que a mudança de vida acontece em comunidade.

Um grupo de mulheres reunia-se para estudar e orar em conjunto, e uma vez por semana faziam compras de alimentos saudáveis também em conjunto. Depois das compras, iam à casa de uma

---

[8] ORNISH, Dean, M.D. **Love and Survival**. New York: HarperCollins, 1998. [**Amor & sobrevivência**. Rio de Janeiro: Rocco, 1998.]

> ### MARQUE UMA DATA PARA O CONDICIONAMENTO FÍSICO
>
> "Encontre um colega de exercícios com interesses semelhantes. Pense em amigos, membros da família ou membros da sua igreja que possam ter interesses semelhantes aos seus. Ligue para eles e marque uma data para planejarem juntos o condicionamento físico do grupo. Você poderá postar seus interesses no Facebook ou Twitter para ver quem responderá. Ou faça exercícios com um membro da família. Marque um dia todas as semanas — antes que a semana comece — com seu cônjuge, filho, pai ou mãe, para participar com você de uma atividade divertida de condicionamento físico."
>
> FOY, FISIOLOGISTA DO EXERCÍCIO

delas e preparavam uma refeição enorme, fazendo grandes quantidades de peru apimentado ou salada saudável de frango. Repartiam a comida e levavam para casa algumas refeições feitas com antecedência. Elas se divertiam muito fazendo compras e cozinhando juntas, e a conversa durante esse tempo as encorajava ainda mais.

Outro grupo trabalhou de maneira mais organizada. Durante uma aula de exercícios ou estudo bíblico, as pessoas conversavam sobre ideias para uma refeição saudável ou davam sugestões sobre como fazer sucos, trocavam receitas e incentivavam umas às outras.

Uma participante do Plano Daniel perdeu 20 quilos e mudou radicalmente todos os hábitos alimentares. Quando ela ficou mais saudável, seu marido, que pesava mais de 130 quilos, a princípio relutou em mudar seu modo de vida. Mas, quando viu o sucesso da esposa, decidiu mudar, e com o tempo perdeu 34 quilos.

Em geral, o maior carinho que você pode demonstrar por seu cônjuge é decidir ter uma vida saudável. Aquela mulher mostrou ao marido, por meio de um exemplo corajoso, que é possível ter vida melhor se agirmos corretamente. Ela incentivou o marido e os filhos a ter uma vida mais saudável.

A FAMÍLIA DE UM PASTOR

"A batalha por boa nutrição nunca foi mais verdadeira para mim do que quando vi meu filho, que frequentava a pré-escola, lutar para adaptar-se aos medicamentos psicotrópicos prescritos por seu médico.

"Lucas vinha tendo problemas de disciplina na escola. Lutava frequentemente para concentrar-se nas tarefas que tinha em mãos e começou a tirar notas baixas em muitas matérias. Embora sua mãe fosse professora do ensino fundamental e o ajudasse incessantemente, as notas do meu filho nas provas continuavam abaixo da média.

"Tivemos de ministrar-lhe medicamentos para DDA (distúrbio de déficit de atenção)/TDAH (transtorno de déficit de atenção e hiperatividade) para mantê-lo calmo na escola, mas, aparentemente, aquilo prejudicou sua personalidade e seu crescimento em outras áreas. Para o bem do nosso filho, minha mulher, Deanna, quis fazer mudanças radicais na dieta da nossa família, mas eu resisti por gostar muito de *pizza*, batatas fritas e sorvete com calda. Depois de ver durante meses nosso filho, antes tão cheio de vida, tornar-se totalmente letárgico e desligado em termos emocionais, eu cedi e disse à minha mulher: 'Faça o que tiver de ser feito'.

"Imediatamente ela pôs em prática os princípios do Plano Daniel na nossa casa. Depois de três meses, nosso filho estava completamente mudado. Não tomou mais medicamentos, os problemas de disciplina acabaram e suas notas saltaram de C para A. A mudança foi um verdadeiro milagre.

"Se você estiver nos primeiros estágios para realizar as mudanças necessárias na sua família, vá em frente e combata o bom combate. Não vou dizer que foi fácil substituir todos os cereais com açúcar e alimentos nocivos por opções mais saudáveis. A princípio, nossos filhos mais velhos passaram a comer menos e deixavam um pouco de comida no prato. Com o tempo, o paladar deles mudou, da mesma forma que o meu, e posso dizer com toda a sinceridade que agora prefiro, a qualquer dia, um bom prato de vegetais grelhados a um hambúrguer engordurado!

"A boa notícia é que, hoje, nossa filha adolescente está totalmente envolvida em cozinhar alimentos saudáveis para a família. Recentemente, ela compareceu a um acampamento de verão, e, de todas as atividades que poderia fazer em seu tempo livre, ela se matriculou em um curso de culinária.

"Quanto a Lucas, o único que lutou com seu comportamento e nos estudos, continua, anos depois, um aluno A em matemática, e suas notas estão sempre acima de 90% em quase todas as matérias.

"Como pastor e pai, preciso me fazer esta pergunta: *Quantas outras crianças estão na mesma situação que meu filho? Quantas outras crianças têm capacidade para ser excelentes matemáticos, cientistas, poetas, músicos ou atletas, mas essa capacidade lhes foi roubada em razão de uma dieta inadequada?* Essa é mais que uma questão de saúde; é uma questão de justiça social. Milhões de crianças não estão alcançando seu potencial concedido por Deus porque nós, os adultos, não tomamos as providências necessárias para fornecer-lhes a nutrição de que necessitam. Para a igreja, esse problema deve ser encarado como uma questão moral. Para o bem dos nossos filhos e do futuro do nosso país, temos de fazer algo melhor."

PASTOR STEVE WILLIS

O FUNDAMENTO

UM DIA, JESUS teve um debate acalorado com um grupo de líderes religiosos, pessoas que definiam a própria fé com base no cumprimento da Lei. Eles lhe perguntaram: "Qual é o maior mandamento da Lei?" (v. Mateus 22.36-40).

A resposta de Jesus foi radical naquela cultura, muito mais do que seria para nós hoje. Eles estavam esperando ouvir Jesus falar de regras e da Lei ou confundi-lo com uma das centenas de leis religiosas. Jesus, porém, falou-lhes da graça, contrastando-a com as exigências da Lei. Jesus disse-lhes em essência: "Não se trata de regras absolutamente; trata-se de relacionamentos. A vida toda gira em torno do amor. Não do cumprimento de leis. Não de aquisições. Não de popularidade, poder ou prestígio. Ela gira em torno de relacionamentos".

Se você deseja mudar sua vida permanentemente, precisa preenchê-la com amor. É por isso que o sucesso do Plano Daniel depende de você ter amigos caminhando a seu lado – porque o amor é a única coisa capaz de mudar o imutável. É a força mais poderosa do mundo. O amor revigora, revitaliza e renova.

O amor é a forma mais irresistível no Universo, porque Deus é amor. E esse amor é disponível e acessível a todos os seres humanos. Não precisamos fazer nada para conquistá-lo; basta aceitá-lo.

> Podemos resumir a vida toda em duas frases: "Ame o Senhor de todo o seu coração e ame o seu próximo como a si mesmo" (v. Mateus 22.37,39).

A Bíblia não diz que Deus tem amor; diz que Deus é amor. O amor é o cerne da própria natureza de Deus. O amor de Deus cura o que não pode ser curado de outra forma. O amor de Deus enaltece. Fortalece.

É melhor viver em união

Há uma palavra maravilhosa na língua original do Novo Testamento que é usada para descrever a comunidade da igreja primitiva: *koinonia*. Em geral, é traduzida por *companheirismo*, uma palavra que, às vezes, temos a tendência de usar como sinônimo de socializar, talvez com nossos amigos da igreja.

> ### MARQUE O PASSO PARA OUTRA PESSOA
>
> "Ao preparar-se para sua terceira maratona, minha mulher tinha um plano simples: encontrar um colega de corrida que pudesse servir-lhe de exemplo e permanecer perto dele custasse o que custasse. A maioria dos organizadores de maratonas oferece aos corredores todos os tipos de equipamentos e técnicas para ajudá-los na estafante tarefa — talvez o melhor de todos, um colega em quem se espelhar.
>
> "Esse colega é um homem ou mulher capaz de terminar a corrida no tempo exato. Kevin completou a corrida em 3 horas e 35 minutos — o tempo que lhe foi atribuído. Mas Kevin não sabia quem estava dependendo de seus passos. Ele só sabia que alguém estaria confiando em sua experiência, força e resistência para conseguir seu objetivo.
>
> "Na nossa busca diária de ser bons administradores espirituais e físicos, todos precisamos ter alguém que nos sirva de exemplo: pessoas que Deus põe na nossa vida para nos ajudar a não sair dos trilhos. Além disso, Deus pode abençoar-nos com o privilégio de ser esse colega para outra pessoa. Assim como Kevin, podemos ou não saber quem seja, mas alguém está dependendo de nós para conhecer o caminho e mostrar o caminho."
>
> JIMMY PENNA
> Fisiologista do exercício e fundador do Prayfit.com

Koinonia, porém, significa muito mais que uma simples socialização ou reunião em um pequeno grupo. Significa amor, intimidade e participação com alegria, intensa comunhão uns com os outros – pôr as necessidades dos outros adiante das nossas. É um nível radical de amizade e comunidade, semelhante ao que existia na igreja primitiva, descrito em Atos 2.42-47 e em outros textos. Implica firme compromisso, não por obrigação, mas por amor e alegria genuínos uns pelos outros.

A visão de Deus por você é que você vivencie a *koinonia*.

"Assim também em Cristo nós, que somos muitos, formamos um corpo, e cada membro está ligado a todos os outros" (Romanos 12.5). Deus criou-nos para crescer espiritualmente dentro de uma comunidade de apoio. O mesmo se aplica se quisermos ter uma vida mais saudável.

Mande a solidão embora

Os pesquisadores dizem que a falta de relacionamento afeta significativamente nossa saúde física e mental de várias maneiras.[9] Quando estamos sozinhos, podemos perder o foco, lutar com a fé, desistir dos nossos objetivos para o condicionamento físico e até perder a oportunidade de ter companhia em uma mesa de refeições.

Sentimentos de solidão e de desligamento da comunidade podem...

- Aumentar a probabilidade de desenvolver comportamentos negativos e autodestrutivos, como ser inativo, fumar, beber demais e comer em excesso.

- Diminuir a probabilidade de fazermos escolhas saudáveis que melhoram a vida, como fazer exercícios físicos, estabelecer objetivos, passar tempo com amigos, ler a Bíblia ou orar.

---

[9] MEADE, Walker. Loneliness takes toll on mental, physical health. **Herald-Tribune Health**, 14 fev. 2012. Disponível em: <http://health.heraldtribune.com/2012/02/14/loneliness-takes-toll-on-mental-physical-health>.

- Aumentar a probabilidade de doença e morte prematuras de várias causas de 200 a 500%!

- Impedir-nos de sentir a alegria da vida cotidiana.[10]

No entanto, quando nos apoiamos mutuamente, aumentamos o potencial uns dos outros em todas as áreas da vida. Aliás, a palavra *apoio* encerra a ideia de fortalecer um ao outro – ajudar um ao outro a ser mais capaz de enfrentar os desafios de viver para Cristo e os desafios de saúde. Filipenses 1.30 diz: "Vocês estão envolvidos na mesma luta que me viram enfrentar" (*A Mensagem*).

Quando você se envolve com uma comunidade amorosa de amigos, tem mais capacidade de lidar com problemas como fadiga, medo, frustração e fracasso. Tem mais capacidade de lidar com a depressão e o desespero e, acima de tudo, não precisa passar por tudo isso sozinho.

Um chamado para despertar

Debra Miller, membro da Saddleback, aparentava estar "bem". Ninguém conhecia a dor que ela escondia. Precisava tomar comprimidos para dormir à noite, cafeína em excesso durante o dia e analgésicos para aliviar a dor nas costas. Faltava-lhe a respiração quando precisava subir escada, mas ela imaginava que isso acontecia com todas as pessoas depois dos 40 anos de idade. Apesar disso, por ser sempre uma voluntária entusiasmada, ela decidiu liderar um grupo do Plano Daniel. Debra não tinha problema de peso, mas, quando mudou seus hábitos alimentares, começou a sentir-se um pouco melhor. Ainda assim, ela sabia que havia algo errado. "Eu continuava a sentir que estava morrendo por dentro, e ainda não havia parado de tomar os medicamentos", ela admite.

---

[10] ORNISH, Dean Dr. Q&A: How do loneliness and isolation affect our health?. **ShareCare**. Disponível em: <http://sharecare.com/health/human-emotions/loneliness--isolation-affect-our-health;jsessionid=408BC4DAE90B4F7CBB0A7A71105DD76>.

> ### ENCONTRE UM CLUBE
>
> "Associe-se a um grupo de caminhada, corrida ou marcha. Se você gosta de caminhar ou correr, verifique todas as fontes de informação na sua comunidade relacionadas a clubes de caminhar ou correr. Procure a ACM e academias da sua cidade. Alguns restaurantes acolhem clubes de corrida semanalmente. Em geral, os locais para condicionamento físico oferecem caminhadas e/ou corridas grátis. Se não encontrar nenhum grupo, pense em organizar o seu."
>
> FOY, fisiologista do exercício

Finalmente, Debra resolveu fazer um exame de sangue, que revelou uma condição crítica. Ela estava com anemia profunda e úlceras sangrentas. Os médicos enviaram-na diretamente ao pronto-socorro para uma transfusão de sangue.

Aquela estada no pronto-socorro foi um chamado para Debra despertar, o que a inspirou a pensar seriamente em seu grupo no Plano Daniel – que era parte integral de permanecer com saúde em longo prazo. Ela decidiu que não lideraria o grupo sozinha e dividiu a responsabilidade com a amiga Claudia. O grupo delas tomou várias ações imediatas, como substituir os doces e bolos que serviam no grupo por frutas, vegetais e frutos secos. Além das mudanças na dieta, passaram a cozinhar juntas, caminhar juntas e apoiar uma à outra.

"É muito difícil fazer alguma coisa sozinha", Debra diz. "Estamos sempre juntas, porque, juntas, nos sentimos melhor o tempo todo."

O COMPROMETIMENTO É INDISPENSÁVEL

Permanecer em um relacionamento honesto e profundo nem sempre é fácil. Exige comprometimento. Contudo, o outro lado da moeda é um presente maravilhoso: Quando você se compromete com alguns amigos ou com um pequeno grupo, as pessoas do grupo também se comprometem a ajudar você a realizar mudanças verdadeiras e permanentes. O apóstolo Paulo disse: "Anseio vê-los [...] para que eu e vocês sejamos mutuamente encorajados pela fé" (Romanos 1.11,12).

O comprometimento é contracultural, e para alguns de nós é contraintuitivo. Não queremos ter obrigações. Mas o comprometimento é o que faz um pequeno grupo ter sucesso porque os membros do grupo sabem que dependem uns dos outros nos tempos bons e nos tempos maus.

Se fingirmos que tudo está bem e que não temos problemas verdadeiros, nos sentiremos sozinhos e isolados. É quando falamos abertamente dos nossos problemas (nossas fraquezas e lutas), que encontramos restauração e consolo. Descobrimos que temos mais facilidade de manter o foco e permanecer saudáveis na mente e nas emoções. Descobrimos que não estamos sozinhos na luta para seguir em frente rumo aos nossos objetivos. Damos um suspiro de alívio, porque as dúvidas e as tentações que nos procuram desviar do caminho da fé não são exclusividade nossa. As outras pessoas também enfrentam as mesmas lutas.

> "Por isso, exortem-se e edifiquem-se uns aos outros, como de fato vocês estão fazendo" (1Tessalonicenses 5.11).

A Bíblia diz que, quando nos desabafamos com os outros, damos um passo significativo para nossa restauração e integração: "Façam disso uma prática comum: confessem seus pecados uns aos outros e orem uns pelos outros, para que vocês possam viver juntos, integrados e curados" (Tiago 5.16, *A Mensagem*).

Precisamos ser muito corajosos para ser autênticos – admitir nossos problemas e aceitar as fraquezas dos outros. Precisamos criar uma comunidade na qual cada membro se sinta aceito e não tenha medo de pedir ajuda.

A Bíblia diz: "Portanto, como povo escolhido de Deus, santo e amado, revistam-se de profunda compaixão, bondade, humildade, mansidão e paciência" (Colossenses 3.12). Nessa lista não há nenhum conselho para oferecermos ajuda rápida e superficial. Ao contrário, devemos compreender o sofrimento dos outros e ser bondosos com eles.

Embora cada grupo seja único, apoiamo-nos mutuamente ao fazer o seguinte:

1. Amar uns aos outros. Tratem uns aos outros com humildade e paciência, não importa o ponto em que cada um esteja na jornada. O amor aceita-nos onde estamos, mas espera que cresçamos. E amor não significa apenas sentimentos calorosos; às vezes significa levar uma refeição quente ou ajudar alguém com tarefas que não possa realizar sozinho.

2. Ouvir uns aos outros. Admita suas fraquezas e lutas, seu progresso e sucessos. E ouça seus amigos quando fizerem o mesmo. Ouvir significa envolver-se completamente no assunto, observando as pistas verbalizadas e as não verbalizadas sobre como alguém se sente. Não significa simplesmente esperar sua vez de falar.

A solidariedade no sofrimento é o nível mais profundo e mais intenso do companheirismo. É quando penetramos no sofrimento e na dor uns dos outros e carregamos os fardos juntos. É durante esses tempos de crise, sofrimento e dúvida profundos que mais precisamos uns dos outros. Quando as circunstâncias nos arrasam a ponto de abalar nossa fé, é aí que precisamos realmente de amigos dedicados e solidários. Precisamos de um grupo pequeno de amigos que tenham fé em Deus para nos ajudar e nos empurrar para a frente. "Quando um membro sofre, todos os outros sofrem com ele; quando um membro é honrado, todos os outros se alegram com ele" (1Coríntios 12.26). Em um pequeno grupo, o Corpo de Cristo é verdadeiro e tangível, mesmo quando Deus parece distante.

> **FACILITE O DESAFIO**
>
> "Exercitar-se com um amigo pode, de fato, tornar o exercício mais eficaz e menos difícil. Os pesquisadores da Universidade de Oxford descobriram que, quando fazem exercícios juntas, as pessoas liberam mais 'hormônios da felicidade' (endorfinas) do que quando se exercitam sozinhas. Os pesquisadores também descobriram que exercitar-se em grupo diminui sensações de dor e desconforto durante o exercício."[11]
>
> FOY, fisiologista do exercício

3. Aprender uns com os outros. Conversem sobre o que funciona e o que não funciona. Troquem ideias sobre o que vocês têm tentado em termos de fé, alimento, condicionamento físico e foco. Troquem ideias sobre o que estão aprendendo. Você pode aprender com qualquer pessoa, portanto não pense que alguém mais novo ou menos experiente não seja capaz de ensinar-lhe alguma coisa.

4. Ser amáveis uns com os outros em circunstâncias difíceis. Incentive e dê mais apoio quando os outros cometerem erros ou encontrarem um obstáculo no caminho. Quando as pessoas sabem que são amadas nos momentos em que enfrentam contrariedades, o grupo passa a ser um lugar seguro no que elas se sentem livres.

Alguém no grupo poderá se questionar: "Sou esquisito por estar sentindo isto? Sou tolo? Estou confuso?". Você poderá encorajar e afirmar a pessoa, dizendo: "Não, você não é esquisito. Está agindo igual a todos nós. Já passamos por isso". Ou: "Entendo seu problema, e o que está sentindo não é esquisitice nem loucura".

---

[11] COHEN, Emma E.A.; EJSMOND-FREY, Robin et al. Rowers' high: behavioural synchrony is correlated with elevated pain thresholds. **Biology Letter**, 15 set. 2009. Disponível em: http://rsbl.royalsocietypublishing.org/content/early/2009/09/14/rsbl.2009.0670.full>.

Decida criar uma comunidade ou intensificar a que já possui com sua família, amigos, vizinhos ou colegas de trabalho.

O segredo está nas amizades

Solange Montoya, Joan England, Heidi Jacobsen, Wendy Lopez e April O'Neil faziam parte de um pequeno grupo que participou do Plano Daniel até o fim, e elas descobriram definitivamente esse encorajamento e o dever de dar explicações dentro daquele grupo.

Wendy havia tentado seguir o Plano Daniel sozinha, mas, sem as amigas, ela diz: "Não fui capaz de concluí-lo. Eu meio que desisti. Penso que desta vez o elemento decisivo foram as amizades".

Suas amigas concordam. Para garantir a presença na aula de exercícios, elas frequentavam a mesma classe e enviavam mensagens de texto para lembrar umas às outras.

Solange diz: "Eu ficava em casa tentando encontrar uma desculpa para dizer que não poderia ir à aula de exercício. Aí o telefone tocava. Era a Wendy dizendo que me encontraria na aula. Certo, ela está me esperando. Preciso ir. Se eu não tivesse recebido a mensagem, seria muito mais fácil ficar sentada no sofá e não ir". Esse dever de dar explicações ajudou as duas, porque a pessoa que estava enviando a mensagem de texto entendia que precisava comparecer também!

O dever de dar explicações ajudou também o grupo quanto aos Elementos Essenciais Foco, Fé e Alimentação. Wendy disse:

> É muito bom ter alguém para orar por nós quando nos sentimos arrasadas, quando estamos prontas para ir a algum lugar e agarrar um *cheeseburguer*, e saber que podemos enviar uma mensagem de texto dizendo: "Ei, ore por mim. Diga que devo parar e dar meia-volta". Aquilo foi excelente para mim. Já tentei outras dietas e perdi peso em dez dias. Mas esta é uma mudança de vida. Para sempre. Você aprende a mudar os hábitos alimentares e as amizades.

> ### MINHA EQUIPE DOS TEMPOS DA FACULDADE
>
> "Por ter sido atleta na faculdade, eu adorava exercitar-me com minha equipe. Após a formatura, recrutei um grupo de colegas e amigos do antigo time de futebol para nos reunirmos com regularidade na quadra esportiva. Eu me encontrava com meus amigos todas as manhãs e fazíamos ótimos exercícios juntos, transmitindo energia, reconhecimento, encorajamento, como nos velhos tempos. Fizemos isso durante anos, e nossos níveis de condicionamento físico chegaram perto de ser tão bons quanto nos tempos em que jogávamos bola.
>
> "Com o tempo, meus amigos de exercícios e eu nos casamos, tivemos filhos e nos mudamos para outros lugares. Constatei que meus níveis de condicionamento físico estavam diminuindo pouco a pouco. Eu continuava a fazer exercícios, só que sozinho.
>
> "Decidi encontrar outro grupo de amigos com a mesma mentalidade para apoiar meu condicionamento físico — e aquela foi uma das melhores decisões que tomei. Descobrimos que todos nós gostávamos muito de pedalar na montanha. Hoje, nos encontramos todas as sextas-feiras e pedalamos

Não importa se você está tentando melhorar sua saúde mental (foco), crescer espiritualmente (fé), escolher melhor o que come (alimento), manter o compromisso de participar de um programa de exercícios (condicionamento físico). A comunidade dará o apoio necessário. Você se sente motivado ao saber que não está sozinho, que há outras pessoas torcendo por você. Se der esse mesmo apoio aos outros, terá alegria e sensação de propósito na vida.

Criando uma comunidade

E então, como você poderá encontrar essa comunidade capaz de transformar vidas e que seja tão importante para o sucesso do Plano Daniel? Não é difícil, mas você precisará

> juntos, fazendo um longo exercício, apreciando a natureza e, em geral, passando um tempo extra tomando uma xícara de café ou o desjejum e conversando sobre a vida.
>
> "Descobri também quatro bênçãos adicionais ao recrutar minha nova equipe de companheiros de condicionamento físico. Agora minha mulher, minha filha e nossos dois cães fazem parte da minha equipe. Minha mulher adora caminhar e marchar — quase tanto quanto nossos cães —, por isso caminhamos fielmente pelo menos uma vez por dia, às vezes duas. Isso dá à minha mulher e a mim a oportunidade de conversar, rir e orar juntos.
>
> "Também faço exercícios com minha filha, que joga futebol no colégio. Subimos escadas correndo e realizamos um programa de campo de treinamento de recrutas com levantamento de peso três vezes por semana. Esses exercícios em conjunto me incentivam a manter o nível de condicionamento físico de uma garota de 16 anos. Sempre saio de lá exausto, mas revigorado e muito grato pelo tempo que passo com minha filha."
>
> FOY, fisiologista do exercício

procurá-la. Um ótimo lugar para começar é, evidentemente, sua igreja. Provavelmente encontrará pessoas conhecidas e que queiram adotar o Elemento Essencial Fé, que é parte integral de uma vida com saúde.

O Plano Daniel é flexível. Cada grupo pode fazer o que dá certo para ele. Não existe uma forma "errada" de organizar um grupo no Plano Daniel; qualquer decisão que você tomar será boa. Talvez você trabalhe como voluntário em um ministério da igreja – um dos seus colegas voluntários deseja formar um grupo com você. Ou talvez você já faça parte de um pequeno grupo ou de um estudo bíblico – alguém gostaria de seguir o Plano Daniel com você.

No entanto, não restrinja a busca por comunidade à sua igreja. Na verdade, conhecemos muitas pessoas com os mesmos interesses que nós: companheiros de golfe, clube do livro, grupo de mães, colegas de trabalho. Pais com filhos mais ou menos da mesma idade poderão fazer amizade na beira do campo onde as crianças jogam futebol ou trabalhar como voluntários na escola dos filhos.

E que tal fazer amigos na internet? Passe a fazer parte de um grupo virtual. Você sabia que pode aproveitar "em tempo real" a especialização, o treinamento, a motivação e a instrução de um professor de condicionamento físico em casa, no seu computador doméstico, ou no escritório? Basta ter uma *webcam*. Em termos de conveniência, simplicidade e custo, esse tipo de grupo permite que você se conecte virtualmente no conforto e privacidade da sua casa ou do escritório.

Comece pedindo a Deus que mostre a pessoa certa. Confie em que ela o conduzirá na busca por uma comunidade. Mas não fique sentado, esperando que o telefone toque. Comece sinceramente a procurar por amigos com a mesma mentalidade sua e que participem com você na jornada para ter mais saúde. Tenha coragem de convidar outras pessoas, mantenha os olhos abertos, mesmo em lugares inesperados. Por exemplo:

- As pessoas com quem você trabalha demonstram interesse em estar em melhor forma e ser mais saudáveis? Você poderá convidar alguns colegas de trabalho para almoçar juntos uma vez por semana, como se fosse um grupo do Plano Daniel. Poderão até comer juntos com frequência (encorajar uns aos outros a fazer escolhas saudáveis), usar a hora do almoço para caminhar, ou marcar encontro na academia antes ou depois do expediente.

- Talvez você tenha vizinhos que queiram seguir as orientações deste livro com você. Se houver um clube do livro na vizinhança, talvez esse grupo de amigos esteja interessado em aprender a ter uma vida mais saudável.

- Você faz parte de alguma agremiação esportiva, como liga de boliche ou *softball*? Que tal organizar atividades físicas na comunidade a que você pertence e usar intencionalmente os outros Elementos Essenciais do Plano Daniel?

- Se tem filhos pequenos, procure conhecer os pais de seus coleguinhas na escola ou na vizinhança com quem eles brincam. Você poderá organizar um grupo do Plano Daniel em "estilo família", no qual se reunirão para saborear uma refeição saudável e trocar ideias sobre como desenvolver hábitos saudáveis com seus filhos.

- Procure umas oito pessoas que gostaria de conhecer melhor ou fazer amizade com elas. Convide-as para organizar um clube do jantar (ou café da manhã ou almoço no fim de semana). Façam juntos uma refeição saudável uma ou duas vezes por mês, cada vez em uma casa. Programem reuniões informais com comidas caseiras e troquem receitas saudáveis e nutritivas. Em cada refeição, planeje falar sobre alimento, saúde ou comunidade. Conte histórias de sucesso e fale abertamente das suas dificuldades. Você sairá de lá completamente alimentado.

Um elo restaurador

Há poder na comunidade, portanto continue a procurar amigos que o acompanhem na jornada rumo a uma vida mais saudável. Não desista; procure pessoas que, no seu entender, estão sozinhas ou necessitando de entusiasmo. Eclesiastes 4.9-12 lembra-nos:

É melhor ter companhia
    do que estar sozinho,
porque maior
    é a recompensa do trabalho
    de duas pessoas.
Se um cair,
    o amigo pode ajudá-lo a levantar-se.

Mas pobre do homem que cai
 e não tem quem o ajude a levantar-se!
E se dois dormirem juntos,
 vão manter-se aquecidos.
Como, porém,
 manter-se aquecido sozinho?
Um homem sozinho pode ser vencido,
 mas dois conseguem defender-se.
Um cordão de três dobras
 não se rompe com facilidade.

O cordão de três dobras refere-se a você, a Deus e à outra pessoa. Ele liga os Elementos Essenciais Fé e Amigos – os dois componentes que distinguem o Plano Daniel de qualquer outro plano de vida saudável. Ter Deus e os amigos a seu lado enquanto você faz mudanças nos seus hábitos alimentares, de condicionamento físico e de foco é o que faz toda a diferença.

Evidentemente é bem possível que você siga o Plano Daniel sozinho – por pouco tempo. Mas, se quiser manter um modo de vida saudável no longo prazo, e se quiser divertir-se fazendo isso, reúna alguns amigos.

A comunidade, quando você a adota, não serve apenas para o ajudar a ter sucesso nos seus objetivos. Ela traz alegria a você. Por meio desse relacionamento profundo com outras pessoas, você passa a viver no amor que Deus quer dar a você. Quando está cercado de pessoas tão comprometidas em amar o próximo quanto você, adivinhe o que acontece: Você recebe esse amor e o distribui.

Lemos em 1João 4.12: "Ninguém jamais viu a Deus; se amarmos uns aos outros, Deus permanece em nós, e o seu amor está aperfeiçoado em nós".

REFLITA E DÊ O PRIMEIRO PASSO...

Não tente seguir o Plano Daniel sozinho. Encontre um companheiro ou alguns amigos para acompanhar você. Queremos que sinta como a amizade faz toda a diferença quando queremos ter mais saúde — no corpo, na mente e no espírito.

Capítulo 8

PONDO EM PRÁTICA
O ESTILO DE VIDA

Amado, oro para que você tenha boa saúde e tudo lhe corra bem, assim como vai bem a sua alma.
3João 2

Agora que você já conhece os cinco Elementos Essenciais do pastor Warren, dos médicos e do especialista em condicionamento físico, talvez esteja pensando se este plano funcionará realmente com você. Talvez esteja frustrado porque outros programas não funcionaram no passado. Seja qual for o seu ponto de partida, esta é uma ótima esperança para você mudar. Milhares de pessoas no mundo inteiro tiveram sucesso e curtiram uma nova maneira de viver com saúde.

Dee Eastman é uma delas. Apesar de a sua jornada ter sido pontilhada por altos e baixos – tempos de grande alegria e momentos de terrível tristeza –, Dee pôs em prática os princípios dos cinco Elementos Essenciais. Criou novos padrões, isto é, maneiras duradouras de reagir à vida e que reduzem o estresse em vez de criá-lo. O Plano Daniel tornou-se sua prática diária, e temos a certeza de que poderá tornar-se para você também.

A vida apresenta desafios para todos nós, e a jornada de Dee não foi diferente. Sua primeira filha nasceu com graves anormalidades genéticas e passou por várias cirurgias. Mas, depois de apenas quatro meses, o bebê morreu. Em um instante, as esperanças e os sonhos de uma família desapareceram. Dee lutou para entender por que Deus permitiu aquela perda em sua vida.

Apesar do terrível sofrimento e de perguntas sem respostas, Dee e o marido levaram adiante o sonho de ter uma família. Depois de um ano, nasceu um menino sadio, e dois anos depois nasceu uma menina também sadia. Contudo, logo em seguida, uma grande surpresa bateu à porta deles. Dee estava grávida de trigêmeas idênticas!

Felizes da vida com a notícia, eles não faziam ideia do malabarismo que teriam de fazer com cinco filhos abaixo de 5 anos de idade. A gravidez foi complicada, e as meninas nasceram prematuras, com 28 semanas. Dee foi informada de que duas das trigêmeas tinham paralisia cerebral, e os médicos disseram que uma delas jamais conseguiria andar.

Nos anos que se seguiram, lutando para encontrar a normalidade, Dee tentou adaptar-se aos problemas médicos das meninas e às necessidades cada vez maiores de sua família. Mas, com o sofrimento pela perda da primeira filha e os problemas com os quais tinha de lidar, a saúde de Dee começou a definhar. O estresse emocional foi aterrador. Afundada na depressão, ela contraiu síndrome do intestino irritável (SII). O estresse físico foi acumulando.

Dee recorreu a uma amiga, e foi então que a cura começou. Ela sentiu pela primeira vez a força da amizade. A Bíblia fala sobre isso em Mateus 18.20: " 'Pois onde se reunirem dois ou três em meu nome, ali eu estou no meio deles' ".

Aquela amizade a conduziu a um pequeno grupo que a encorajou a falar sinceramente de suas lutas. O primeiro passo de Dee foi adotar o Elemento Essencial Amigos enquanto ela entrava em uma comunidade autêntica. "Tive de aprender a receber em vez de ser sempre a doadora. Tive de aprender a falar das coisas difíceis da minha vida em vez de mantê-las escondidas."

Esse conceito de transformação é algo que o pastor Warren ensina com frequência: Somos tão doentes quanto nossos segredos. Para ter saúde, precisamos falar das nossas lutas e estar dispostos a receber ajuda.

A comunidade de Dee ajudou-a a seguir em frente:

> Eu havia escondido a raiva e a decepção por todas as dificuldades que Deus permitira na minha vida, mas decidi desabafar e começar a agir por meio dos meus sentimentos. Entendi que havia colocado Deus em uma caixa pequena e que a caixa precisava ser detonada. Eu precisava aceitar o mistério de quem ele era e confiar nele, mesmo que algumas das minhas perguntas não tivessem sido respondidas. Tomei a decisão de redirecionar o foco para ele, sentar em silêncio diante dele e meditar em suas promessas. Aprendi a ter um propósito de vida, notar que, no meio do estresse e da tensão, Deus continua no centro.

Uma das maneiras de Dee fazer isso foi refletir intencionalmente em tudo o que havia de bom em sua vida. Ela registrava tudo em um diário no qual derramava seus sentimentos e, principalmente, mantinha o foco na gratidão, mesmo quando a vida não lhe sorria. "Aquilo se tornou uma escolha de momento após momento para mim e, em resumo, me ensinou a controlar meus pensamentos o dia inteiro e em todos os dias. Provérbios 4.23 diz: 'Vigie sempre os seus pensamentos: *deles* depende a sua vida! (*A Mensagem*).

Com a ajuda de um profissional da medicina funcional, um novo plano alimentar e o desejo de seguir em frente e readquirir força física, Dee continuou a progredir. Por meio de conselhos práticos, aos poucos sua saúde física, espiritual e emocional começaram a melhorar. A depressão foi embora, e depois de alguns meses todos os sintomas de SII desapareceram de vez.

Um passo conduziu a outro. Dee decidiu sair para caminhar e, com o tempo, correr. Fazia exercícios não por causa da culpa, mas por causa do efeito terapêutico em seu corpo. Passou a correr 5 quilômetros, depois 10 quilômetros e chegou a participar de uma maratona. Hoje ela continua a descobrir todos os tipos de movimento de que mais gosta.

A experiência de Dee é, em última análise, o que a fez dizer "sim" quando o pastor Warren a convidou para ser diretora do Plano Daniel. Os princípios originais do Plano Daniel têm causado enorme impacto em sua vida. E, na função de diretora, Dee tem visto pessoas de todos os tipos, jovens e idosas, adotar os cinco Elementos Essenciais para ter saúde e fortalecer-se. São essas histórias de vidas transformadas e os princípios sólidos de ter um novo modo de vida que proporcionam um alicerce firme para seu crescimento e entusiasmo constante a fim de que o sucesso chegue até você.

> Estabeleça seu perfil de saúde e procure conselhos mais especializados — visite agora danielplan.com.

COMECE COM UM PEQUENO PASSO

Um dos aspectos mais tranquilizadores do Plano Daniel é o fato de que ele foi testado e é verdadeiro. A jornada começa no momento em que você decide dar o primeiro passo. Depois que você sente os benefícios da sua primeira escolha para ser uma pessoa saudável, a mudança torna-se mais fácil.

Muitas pessoas começaram com um pequeno passo na tentativa de adotar um novo hábito saudável. Decidiram iniciar o dia com o café da manhã ou acrescentar mais vegetais à refeição, ou fazer uma caminhada todos os dias ou convidar um amigo para acompanhá-las nos exercícios. Pequenos passos, sim. No entanto, começamos a ver uma mudança de vida surpreendente. Mudanças simples vieram em seguida. Os pequenos passos levaram essas pessoas para mais perto de grandes sonhos.

O dr. Oz recomendou que incentivássemos as pessoas a seguir na direção certa, e isso passou a ser a nossa meta. Ficamos assombrados com a transformação que ocorria diante dos nossos olhos. Muitas pessoas começaram a perder alguns quilos. Animadas com o progresso e com a ajuda dos amigos, continuaram a fazer escolhas mais saudáveis. Depois de uns dois meses, aquelas mudanças pequenas formaram uma bola de neve e transformaram-se em grandes mudanças; vimos energia revigorada, mais horas de sono, melhora no humor e menos necessidade de medicamentos.

O dr. Amen ajuda pacientes durante o processo de mudança há quase trinta anos. Ele diz que o método gradual é o caminho mais seguro para o sucesso. A tentativa de mudar tudo de uma só vez é, quase sempre, um convite à decepção. Não tente mudar dezenas de hábitos nocivos de uma só vez. Comece com algumas decisões importantes – aquelas que terão maior impacto imediato – e prossiga a partir desse ponto.

SIMPLESMENTE INTENCIONAL

Pense em sua rotina matinal e noturna. Você costuma trabalhar no *notebook* ou enviar alguns *e-mails* na hora de dormir? A primeira coisa que faz de manhã é sair apressado de casa? Pequenas mudanças na rotina matinal e noturna são simples, mas reduzem o estresse e fazem você sentir-se mais descansado. Tente algo como decidir que não vai começar a trabalhar sem antes sair para uma caminhada e tomar um café da manhã saudável, ou que não terminará o dia sem uma oração e uma leitura inspiradora. Pequenas decisões como essas servirão para lembrá-lo de que você está no controle de suas escolhas — e assim terá mais entusiasmo para fazer escolhas saudáveis durante o dia.

MUDANÇA DE MENTALIDADE

Há uma verdade importante a ser lembrada: Deus concedeu-lhe poder para mudar sua vida, estabelecer novos procedimentos e reações. Aprendemos que são essas mudanças que nos sustentam no Elemento Essencial Fé.

Suas escolhas diárias, feitas com o poder ilimitado de Deus em uma comunidade de amigos, podem ajudá-lo a iniciar o dia com intenção e propósito. Para isso, é necessária uma mudança no modo de ver as coisas: manter o foco no que é bom, reconhecer a grande quantidade de bênçãos recebidas e prestar atenção em quem você é no poder dentro de você para fazer escolhas sábias. Esse novo olhar é o caminho para sua transformação.

Existe dentro de cada ser humano o desejo de melhorar, crescer e mudar. É universal. Os motivos é que são diferentes. Qual é sua motivação e sonho?

Aquele grande sonho, aquele objetivo, é uma das razões para você ter escolhido este livro para ler: você deseja estabelecer novos padrões para ter uma vida mais vibrante, mais saudável. A capacidade de estabelecer novos padrões de longo prazo está a seu alcance. E rever sua motivação dia após dia lhe será útil. Quando começar a fazer isso, você se surpreenderá com a força que encontrará.

Lembra-se de como a vida de Wendy Lopez mudou radicalmente quando ela decidiu dar o simples passo de ingressar em um pequeno grupo? Cada mulher no grupo estabeleceu dois ou três objetivos pequenos, porém atingíveis, para cada semana. Wendy concluiu que precisava incorporar exercícios regulares à sua vida. Programou caminhadas após o trabalho, corridas nos fins de semana e chegou até a marcar um encontro com o filho na academia. Este foi seu pequeno passo, porém essencial: compartilhar seus objetivos de condicionamento físico com o pequeno grupo que frequentava.

É isto que torna o Plano Daniel tão sustentável. Wendy não decidiu esforçar-se sozinha; tinha amigas que a encorajaram enquanto ela estabelecia e alcançava seus objetivos. As amigas enviavam-lhe mensagens de texto para dizer o que pensavam sobre ela e perguntar como estavam indo a caminhada e a marcha.

PROGRESSO EM LONGO PRAZO

Alonso Charles é outra pessoa cujos pequenos passos produziram grandes resultados. Pesando mais de 180 quilos, ele vivia doente e cansado de viver doente e cansado. Perdera a confiança. Não tinha força para lidar com os problemas e o estresse.

Assim como Wendy, Alonso ingressou em um pequeno grupo do Plano Daniel na Saddleback, e os membros daquele grupo tornaram-no responsáveis por alcançar seus objetivos. Desde então, ele perdeu mais de 60 quilos. Hoje ele dedica o alimento que consome aos propósitos de Deus e não come os alimentos que antes o prejudicavam. Ele sabe que mudar é uma escolha dele.

O foco de Alonso também melhorou. Ele sentiu motivação para continuar sua caminhada espiritual com sinceridade ao ver o que Deus estava fazendo em sua vida. A confiança aumentou, e ele começou a correr. O condicionamento físico melhorou, e a energia também, o que lhe permitiu pensar e tomar decisões com mais clareza. As inseguranças e os sentimentos de inferioridade foram substituídos pelo selo do Plano Daniel: esperança.

Hoje Alonso participa de atividades esportivas e ainda corre. A asma, da qual padecia antes, melhorou radicalmente. Sua jornada foi abastecida com mais fé em Deus. Ele se viu pensando de maneira diferente. *Se Deus pode fazer isso na minha vida (algo que nunca imaginei ser possível), quantas coisas mais ele não poderá fazer?* Esses pequenos passos levaram-no a uma condição na qual ele prevê as coisas grandiosas que Deus fará por ele. Alonso readquiriu a capacidade de sonhar e de ter um coração grato. Ele é um homem de Deus, um homem transformado.

Pela primeira vez depois de muito tempo, Wendy sentiu-se animada. Estava esperançosa. Começou a acreditar que conseguiria alcançar seus objetivos – porque estava se esforçando para isso.

Aqueles pequenos passos permitiram que ela prosseguisse até alcançar resultados maiores. Seu condicionamento físico melhorou, e a confiança e a motivação também. Ela começou a acreditar que a mudança, além de ser possível, era emocionante e estava à disposição.

INCLUA COISAS BOAS NA SUA VIDA

É muito comum concordar com a ideia de que mudança requer abrir mão do que gostamos – que a transformação requer evitar determinadas coisas. Concentramo-nos com facilidade naquilo que não possuímos em vez de pensar na profusão de coisas que podemos desfrutar.

A verdade é que a mudança se torna muito mais sustentável quando mantemos o foco naquilo que temos, não no que não temos. Algumas pessoas tentam ser mais fiéis, e para isso seguem uma lista de regras e coisas das quais precisam manter distância. Embora seja importante obedecer aos mandamentos de Deus, o que nos transforma realmente é fazer escolhas positivas e que correspondam a esses mandamentos. Escolhas para adorar a Deus com alegria, servir e amar o próximo, manter o foco na gratidão, ser amável – todas essas escolhas reabastecem nosso espírito e aumentam nossa fé.

De modo semelhante, quando se trata da saúde física, se mantivermos o foco apenas no que não podemos comer ou fazer, não seremos capazes de sustentar as mudanças que desejamos. Se, porém, mantivermos o foco em incluir coisas boas na vida e apreciar a abundância do que Deus nos tem concedido, nosso corpo, nossa mente e nosso espírito se fortalecerão. Começaremos a ver que decisões como caminhar de manhã ou ler a Bíblia e orar não são "obrigações", mas oportunidades para "agarrar" porque nos rejuvenescem e nos restauram. Desenvolveremos um relacionamento diferente com os alimentos ao ver que, quando ingerimos comida saudável, somos bondosos conosco e tomamos conta do nosso corpo com amor.

É assim que a mudança de perspectiva começa. Incluímos o que é bom não porque "devemos", mas porque ansiamos pelos benefícios que o modo de vida saudável traz.

É exatamente da autodescoberta que estamos falando – tentar algo novo e perceber que gostamos disso. Pode ser mais simples do que pensamos. Você descobrirá que o modo de vida de acordo com o Plano Daniel é banhado em graça, um modo de vida criado por Deus que traz energia e paixão em todo o nosso ser.

Incluir o que é bom na vida significa ir ao supermercado ou à feira e encontrar novos alimentos saudáveis dos quais você gosta. Significa aprender a amar os alimentos que amam você. Ou significa voltar a pedalar uma bicicleta – algo que você não faz há muito tempo – ou nadar pela primeira vez depois que você cresceu e perceber como essa atividade é divertida.

Enquanto você faz essas coisas, sua perspectiva muda. Em vez de dizer a você mesmo: "Não consigo fazer isto; é difícil demais", imagine-se pensando: É sensacional aprender e tentar coisas *novas, e vou fazer mais*. A vida torna-se uma aventura com uma lista infinita de oportunidades para investigar.

Cada um de nós encontra-se em uma condição diferente em relação à saúde, mas os cinco Elementos Essenciais abrem a porta para mudanças. Comece na condição em que você está. Comece lentamente, mas comece. Talvez seu objetivo na questão da fé seja passar um tempo lendo a Palavra de Deus e sentir-se renovado com suas promessas. Ou talvez, para começar, você queira comer mais alimentos verdadeiros e integrais ou caminhar em companhia de amigos. O melhor lugar para começar é onde você está. Se mantiver o foco no progresso, não na perfeição, estará preparado para participar da corrida que Deus planejou para você.

PARTICIPE DA CORRIDA

Antes da Olimpíada de 1968 no México, John Stephen Akhwari, da Tanzânia, era apenas mais um corredor de maratonas. Um excelente corredor olímpico, sim. Vencera três maratonas na África, com tempos de corrida abaixo de 2 horas e meia.

Ele se classificava facilmente para os Jogos Olímpicos. Mas, na cidade do México, Akhwari deparou com um obstáculo que nunca enfrentara: a altitude, que provocou câimbras em suas pernas. Mesmo assim, ele continuou a correr. De repente, quando estava mais ou menos na metade da corrida, ele se enroscou em outros corredores e caiu. Na queda, Akhwari deslocou o joelho, arranhou a perna e machucou o ombro. Mas não parou. Com ferimentos horríveis e câimbras nos músculos que o deixavam mais lento, ele conseguiu terminar a corrida penosamente. Foi um dos 75 corredores que começaram a corrida e o último dos 57 que terminaram.

Quando finalmente ele entrou na arena para a última volta, havia apenas umas 2 mil pessoas lá para vê-lo terminar a corrida. Ele chegou em último lugar, mais de uma hora depois do vencedor. Embora parecesse que Akhwari havia perdido a corrida, todos os que o viram terminá-la sabiam que ele era um vencedor.

Mais tarde, durante uma entrevista, um repórter perguntou: – Por que você não desistiu quando se machucou, quando ficou sangrando e desanimado? Por que não desistiu? – Sua resposta: – Meu país não queria que eu viajasse 8 mil quilômetros para começar a corrida; queria que eu viajasse 8 mil quilômetros para terminar a corrida.[1]

Queremos preparar você para participar da corrida para a qual Deus o chamou, a fim de que a termine bem. Às vezes isso significa levantar-se do chão quando cair e seguir em frente, por mais devagar que possa parecer.

Um passo muito importante para participar bem da corrida é retirar os empecilhos que não nos deixam prosseguir. Hebreus 12.1 diz: "Portanto, também nós, uma vez que estamos rodeados por tão grande nuvem de testemunhas, livremo-nos de tudo o que

---

[1] International Olympic Committee. John Akhwari Fulfills His Commitment. **Teaching Values:** An Olympic Education Toolkit. Lausanne: International Olympic Committee, 2007. p. 111. Disponível em: <http://www.olympic.org/Documents/OVEP_Toolkit/OVEPToolkit_en.pdf>.

nos atrapalha e do pecado que nos envolve, e corramos com perseverança a corrida que nos é proposta".

Você não participaria de uma maratona usando casaco de pele. Se o usasse, faria um esforço incrível –, mas não venceria a corrida! Parece um exemplo ridículo, não? Mas muitas pessoas não sabem por que seus esforços parecem trazer resultados tão pequenos. Ficamos frustrados: "Eu trabalho tanto, mas sinto que não estou chegando a lugar nenhum! Por que é tão difícil?".

Está na hora de tirar o casaco de pele. Deixe para trás tudo o que retarda sua corrida.

Qual é a corrida que Deus planejou para você? Para responder a essa pergunta, você precisa, antes de tudo, ser sincero com você mesmo e pedir a Deus que ele lhe mostre o caminho.

Muitos de nós estamos perdendo a energia porque nunca temos tempo para pensar no que está acontecendo na nossa vida. O dr. Hyman recomenda que você faça uma lista de tudo o que dá energia e tudo o que consome sua energia. Inclua todas as pessoas, lugares, coisas, experiências, pensamentos, sentimentos e alimentos. O que está retardando você? O que traz alegria e o ajuda a progredir? Que hábitos o encorajam e que hábitos atrapalham o caminho?

Depois, decida livrar-se toda semana de uma coisa que está consumindo sua energia e adicione uma que dá energia. Esse é um exercício instrutivo para ser feito antes de você determinar seus objetivos e passos para os próximos 40 dias.

O desperdício de energia recai em uma destas três categorias: hábitos prejudiciais (não dormir o suficiente, fumar, comer alimentos que não fazem bem à saúde), emoções prejudiciais (como preocupação, negativismo ou ira) ou relacionamentos prejudiciais (que podem ser nocivos ou codependentes). Ficar atento a isso é o primeiro passo para você mudar, superar os obstáculos. Passar um pouco de tempo fazendo uma autoanálise séria dos seus hábitos é o primeiro passo para ter vida saudável. Depois disso, você estará pronto para pegar uma caneta e um papel e estabelecer alguns objetivos iniciais.

Enquanto está incluindo os objetivos que deseja alcançar, será que você está à procura de um poder infinito para que o ajude a continuar a jornada? Está pronto para aproveitar o enorme suprimento de amor e incentivo? A maior fonte de energia disponível a cada um de nós é simplesmente o amor de Deus. É ele que, em última análise, proporciona a força para você mudar.

Deus deseja que você seja abastecido com o poder dele. Anseia abastecer você completamente com o amor dele. É incrível saber que ele nos chama para ser seus filhos e que esse amor é infinito. Ele está esperando que aceitemos e recebamos seu amor. Parece um convite acolhedor, não? Vá em frente, abra o envelope.

Estar bem perto do nosso Criador, desfrutando a intimidade com nosso Pai, é fundamental para nossa vida neste mundo. É nos momentos de quietude com Deus que você recebe e entende o desejo dele para sua vida.

REFLITA SOBRE SUA CAMINHADA

O fim deste livro não é o fim da estrada. Ao contrário, é o lugar onde sua caminhada começa. Ter uma vida saudável em 40 dias é o pontapé inicial. Para continuar a crescer espiritualmente e avançar, é importante refletir sobre a vida. É por isso que é igualmente importante acompanhar seu progresso. Temos um diário e um aplicativo móvel, de acordo com sua preferência. Seja qual for sua escolha, nós o encorajamos a registrar sua caminhada. Podemos deixar de notar o ponto em que estamos se não pararmos para olhar para trás a fim de ver os altos e baixos na estrada e agradecer a Deus por nos ter conduzido a uma distância tão grande.

Refletir sobre sua caminhada o ajudará a descobrir qual será o próximo passo. Conforme o pastor Warren costuma dizer, você não pode controlar o que não mediu. Anotar em um diário o seu progresso é uma atitude muito prática, e à medida que progredir você será motivado a continuar.

Até os reveses na caminhada poderão ajudar você a seguir em frente. Se você prestar atenção e acompanhar seu progresso, um dia mau poderá ser um dia bom. Quando seu progresso vacilar, preste atenção. Não se julgue. Aprenda com seus erros, conforme mencionamos no capítulo 6. O que atrapalha sua alimentação ou seu condicionamento físico? É quando você está atarefado demais? É quando não dorme o suficiente? Observe os padrões recorrentes, ciclos e reações – não quando você se pune ou se sente culpado, mas quando tem mais informações para tomar decisões mais sábias no futuro.

No Plano Daniel, não há condenação nem culpa. Todos nós cometemos erros. O objetivo aqui é aprender com os erros e estabelecer novos padrões nas áreas de maior necessidade. Quando acompanhamos nossas vitórias e nossos reveses, vemos que a graça de Deus é suficiente, e que seu amor é maior que qualquer uma das nossas fraquezas.

> Como parte do Plano Daniel, oferecemos a você um aplicativo GRÁTIS com receitas, exercícios e materiais sociais para conectar-se com outras pessoas. Visite *danielplan.com*.

Steven Komanapalli descobriu que isso é verdade. No capítulo 2, você leu a história de Steven, que pesava mais de 140 quilos e enfrentava vários problemas de saúde. Depois de seguir o Plano Daniel, Steven é um homem transformado. Você já sabe que ele perdeu peso, melhorou as taxas de colesterol e açúcar no sangue e parou de tomar a maioria dos medicamentos.

Steven também começou a caminhar e a orar com dois amigos todos os dias. Aquele foi um primeiro passo muito pequeno, mas o fortaleceu a dar outros. Steven manteve o foco em lançar toda a ansiedade sobre Deus, abastecer o coração e a alma com Deus em vez de encontrar consolo na comida. Quando reflete sobre sua jornada, Steven sabe que é muito importante ter amigos para nos ajudar. Ele sente menos fome e tem mais energia. Sai da cama com facilidade de manhã, sentindo-se bem descansado – algo que não conseguiu fazer em vinte anos.

Quando reflete sobre sua jornada, Steven fica abismado. O acompanhamento de seu progresso regularmente deu-lhe a visão necessária para continuar a realizar todas as mudanças que agora ele aprecia. Isso lhe trouxe saúde e, acima de tudo, muita alegria. Hoje ele dirige um grupo masculino e inspira outras pessoas a ter vida mais saudável. Steven diz que não há limites para seu sucesso, porque não há limites para Deus.

TODAS AS COISAS SÃO POSSÍVEIS

Nosso maior desejo é que você siga o Plano Daniel e os cinco Elementos Essenciais que o convidam a ser saudável em todas as áreas da sua vida. Acredite que todas as coisas são possíveis para Deus. Seja bom com você mesmo e confie nele. Faça da Palavra de Deus uma parte diária da sua vida, e as verdades e promessas dele restaurarão tudo o que estiver quebrado; seu amor o compelirá a ter uma nova maneira de pensar, um método saudável para cada dia.

Convide as pessoas a participar da sua jornada. Aprecie os acontecimentos importantes que Deus entrelaça enquanto escreve sua história. Comemore seus sucessos. Compartilhe suas lutas. Dê meia-volta quando necessário. Reestruture os fracassos como marcos indicadores que sejam úteis a você, não que o desencaminhem. Viva em comunidade, celebrando o poder de Deus em cada área. Este é o tempero secreto do Plano Daniel: ter vida saudável em companhia de amigos, seguindo o caminho de Deus e com o poder de Deus.

Todos os cinco Elementos Essenciais – Fé, Alimentação, Condicionamento Físico, Foco e Amigos – são exatamente isto: essenciais. Nenhum é menos importante que o outro. E cada um sustenta os outros: quando você se sentir fraco em um dos elementos essenciais, sua esperança será restaurada se você fizer uma mudança positiva nos demais. À medida que seguir em frente e quando todos os cinco elementos fizerem parte da sua vida diária, você terá força para realizar uma mudança, sustentá-la e manter a motivação. Antigos refrões serão reescritos, novas histórias serão reveladas e a vida se tornará uma aventura movida pela fé, pela esperança e pelo amor.

> **REFLITA E DÊ O PRIMEIRO PASSO...**
>
> Seguir o modo de vida do Plano Daniel é um caminho de graça e harmonia — uma forma de viver que honra a Deus e sopra uma nova vida no seu corpo, na sua mente e no seu espírito. Pense nos novos passos que você gostaria de dar e nos novos objetivos que gostaria de estabelecer para a jornada adiante. Confiamos em que Deus reservou para você muitas coisas enquanto continua a seguir os planos dele.

Capítulo 9

O DESAFIO DE 40 DIAS PARA SER FORTE COMO DANIEL

Comece a movimentar o corpo

Para ajudar você a começar sua jornada rumo ao condicionamento físico, elaboramos o desafio de 40 dias para ser forte como Daniel com sugestões de exercícios diários – que gostamos de chamar de "brincadeira do dia" para o ajudar a alcançar seus objetivos de condicionamento físico. Um deles para você ser forte como Daniel é exercitar-se seis dias por semana nos próximos 40 dias.

Nós mostraremos como é fácil movimentar seu corpo nos próximos 40 dias com um plano simples de ser seguido. Primeiro você verá um resumo do plano de 40 dias e depois uma programação de condicionamento físico de 10 dias, mais detalhado, dia após dia. Esse programa de 10 dias proporcionará um modelo para elaborar seu plano de condicionamento físico para ser forte como Daniel, permitindo que você substitua nossas sugestões pelos exercícios da sua preferência. Também apresentamos níveis variados de exercícios para você escolher, com base no tempo de que dispõe, objetivos, interesses e uma forma segura de fazer progresso. Também apresentamos os passos seguintes, depois que o desafio de condicionamento físico de 40 dias para ser forte como Daniel for completado.

NÍVEIS DO PROGRAMA FORTE COMO DANIEL

Você poderá selecionar três níveis de exercícios, dependendo do estágio de condicionamento físico em que se encontra neste momento.

FORTE COMO DANIEL
Resumo do plano de condicionamento físico de 40 dias

1º DIA	2º DIA	3º DIA	4º DIA	5º DIA
Aeróbica & alongamento	Treinamento de força	Aeróbica & alongamento	Treinamento de força	Aeróbica & alongamento
6º DIA	**7º DIA**	**8º DIA**	**9º DIA**	**10º DIA**
Treinamento de força	Descanso	Aeróbica & alongamento	Treinamento de força	Aeróbica & alongamento
11º DIA	**12º DIA**	**13º DIA**	**14º DIA**	**15º DIA**
Treinamento de força	Aeróbica & alongamento	Treinamento de força	Descanso	Aeróbica & alongamento
16º DIA	**17º DIA**	**18º DIA**	**19º DIA**	**20º DIA**
Treinamento de força	Aeróbica & alongamento	Treinamento de força	Aeróbica & alongamento	Treinamento de força
21º DIA	**22º DIA**	**23º DIA**	**24º DIA**	**25º DIA**
Descanso	Aeróbica & alongamento	Treinamento de força	Aeróbica & alongamento	Treinamento de força
26º DIA	**27º DIA**	**28º DIA**	**29º DIA**	**30º DIA**
Aeróbica & alongamento	Treinamento de força	Descanso	Aeróbica & alongamento	Treinamento de força
31º DIA	**32º DIA**	**33º DIA**	**34º DIA**	**35º DIA**
Aeróbica & alongamento	Treinamento de força	Aeróbica & alongamento	Treinamento de força	Descanso
36º DIA	**37º DIA**	**38º DIA**	**39º DIA**	**40º DIA**
Aeróbica & alongamento	Treinamento de força	Aeróbica & alongamento	Treinamento de força	Aeróbica & alongamento

3 dias de aeróbica/alongamento
+ 3 dias de treinamento de força = 6 dias/semana

EXERCÍCIOS SUGERIDOS

NÍVEL	EXERCÍCIOS AERÓBICOS OU JOGOS ATIVOS	ALONGAMENTO OU RELAXAMENTO	TREINAMENTO DE FORÇA
FORTE COMO DANIEL 1	• Caminhar • Pedalar • Subir escada • Qualquer PLAY da p. 200	• Alongamento de cervical • Circundução de ombros • Flexionamento tocando os pés alternadamente	• Agachamento • Flexão de braços na mesa ou modificado • Prancha na mesa ou modificado • Lunges frontais
FORTE COMO DANIEL 2	• Caminhar/Correr em ritmo moderado • Correr • Pular corda • Basquete competitivo • Aulas de cond. físico • Qualquer PLAY da p. 200	• Flexionamento do corpo para a frente • Lunge com flex. lateral de corpo • Alongamento com chutes altos • Lunge com cotovelo na direção do peito do pé	• Agachamento com elevação dos braços • Flexão de braços militar • Prancha, prancha lateral e abdominal • Lunges frontais ou lunges frontais com halteres • Movimentos metabólicos – passo acelerado, alta intensidade (p. ex., pulo alternando as pernas, agachamentos com pulos ou tocando a ponta dos pés)
FORTE COMO DANIEL 3	Visite *danielplan.com* para exercícios do nível 3		

Forte como Daniel 1 é recomendado para pessoas que estão iniciando, reiniciando ou não dispõem de muito tempo. Os movimentos recomendados nesse nível foram idealizados para ajudar você a incorporar o exercício, de maneira lenta e segura, à sua vida agitada.

Forte como Daniel 2 é recomendado para pessoas que se exercitam de vez em quando ou têm capacidade e desejo de passar um pouco mais de tempo se exercitando. Os exercícios neste nível foram elaborados para ajudar você a progredir pouco a pouco, desafiando-o a ser Forte como Daniel.

Forte como Daniel 3 foi elaborado para pessoas que já se exercitam e estão prontas para desafios maiores. As rotinas exibidas aqui apresentam um nível mais alto de condicionamento físico. Nesse nível, você encontrará uma profusão de exercícios e movimentos desafiadores de condicionamento físico. Os exercícios do nível 3 são apresentados na internet; visite *danielplan.com* para mais informações.

Qual é o melhor nível para mim?

Com base nos seus interesses, objetivos, tempo disponível e nível atual de condicionamento físico, selecione o nível que mais se adapte a você. Sinta-se à vontade para trocar as atividades sugeridas encontradas nos níveis 1 e 2 nas páginas seguintes por exercícios ou movimentos dos quais você mais gosta, relacionados no capítulo 5. Por exemplo, se nossa recomendação for uma caminhada de 20 minutos hoje e você preferir uma corrida leve ou pedalar uma bicicleta, basta substituir a atividade e executá-la por 20 minutos no mínimo. Ou, se nossa recomendação for treinamento de força e você preferir uma aula de Pilates, por exemplo, vá em frente e faça a substituição. Lembre-se: o objetivo é ajudar você a movimentar-se diariamente.

Como eu continuo a incluir o condicionamento físico como parte da minha vida?

Depois que você completar o desafio do condicionamento físico de 40 dias, gostaríamos que mudasse para o nível posterior de condicionamento físico (isto é, se estiver no nível 1, avance para o nível 2; se estiver no nível 2 agora, avance para o nível 3) ou visite *danielplan.com* para conhecer mais exercícios e materiais de referência ou use o aplicativo do Plano Daniel para encontrar todo o encorajamento, apoio e instruções de que necessita para ser Forte como Daniel.

BRINCADEIRA DO DIA
PARA SER FORTE COMO DANIEL

1º DIA

Realize as atividades a seguir (ou troque por outras atividades encontras nas páginas 200 ou em *danielplan.com*).

Nível 1:

Aeróbico: Faça uma caminhada de 10 a 20 minutos com passos rápidos.

Alongamento: Alongamentos cervicais; ore ou medite durante o exercício. Realize esse alongamento por 10 a 15 segundos de cada lado, em pé diante da sua mesa no trabalho ou em casa durante o dia. (V. ilustração na página 328.)

Nível 2:

Aeróbico: Faça uma caminhada vigorosa de 20 a 30 minutos, caminhada/corrida leve, treinamento intervalado ou corrida.

Alongamento: Completo

- [ ] Flexionamento do corpo para a frente
- [ ] Lunge (ou perna à frente) com flexionamento lateral do corpo
- [ ] Chutes altos

Realize cada alongamento ou movimento (v. ilustrações nas páginas 328-329) por 10 a 15 segundos de cada lado (ou 5 vezes de cada lado do corpo) antes e/ou depois do exercício aeróbico ou durante o dia no trabalho ou em casa. Agradeça a Deus a bênção de um corpo capaz de movimentar-se.

2º DIA

Realize as atividades a seguir (ou troque por outras atividades de força encontradas na página 203 ou em *daniel.plan.com*).

Nível 1:

Força: Realize uma série de 8 a 10 repetições (ou quantas puder):

- [ ] Agachamentos
- [ ] Flexão de braços na mesa ou modificado

(V. ilustrações na página 330.)

Nível 2:

Força: Realize quantas repetições você puder de cada exercício a seguir em 20 segundos. Descanse 10 segundos entre cada exercício. Assim que completar todos os exercícios, descanse por 2 minutos. Complete mais uma série para um total de duas séries:

- [ ] Agachamento com elevação dos braços:
  20 segundos/10 segundos de descanso
- [ ] Correr sem sair do lugar:
  20 segundos/10 segundos de descanso
- [ ] Flexão de braços em estilo militar:
  20 segundos/10 segundos de descanso
- [ ] Correr sem sair do lugar:
  20 segundos/10 segundos de descanso
- [ ] Lunge frontal (alternando os lados):
  20 segundos/10 segundos de descanso
- [ ] Prancha com flexão de cotovelo:
  20 segundos/10 segundos de descanso
- [ ] Correr sem sair do lugar: 20 segundos/descanso

(V. ilustrações nas páginas 320-332.)

3º DIA

Realize as atividades a seguir (ou troque por outras atividades encontradas nas páginas 200-201s ou em *danielplan.com*)

Nível 1:

Aeróbico: Faça uma caminhada ou ande de bicicleta por 10 a 20 minutos.

Alongamento:

☐ Alongamento de cervical
☐ Circundução de ombros

Complete cada movimento durante 10 segundos de cada lado (ou 5 a 10 vezes para cada ombro) diante da sua mesa no trabalho ou em casa durante o dia. (V. ilustração na página 328.) Ore ou medite nas Escrituras durante esses movimentos de relaxamento.

Nível 2:

Aeróbico: Faça uma caminhada vigorosa de 20 a 30 minutos, caminhada/corrida leve, treinamento intervalado ou corrida.

Alongamento:

☐ Flexionamento do corpo para a frente
☐ Lunge com flexionamento lateral de corpo
☐ Chutes altos

Realize cada alongamento ou movimento por 10 a 15 segundos de cada lado (ou 5 a 10 vezes para cada lado) antes ou depois do exercício aeróbico ou durante o dia no trabalho ou em casa. (V. ilustrações na página 329.) Ore ou medite nas Escrituras durante esses movimentos de relaxamento.

4º DIA

Realize as atividades a seguir (ou troque por outras atividades encontradas na página 203 ou em *danielplan.com*).

Nível 1:

Força: Realize uma série de 8 a 10 repetições (ou quantas puder):

- [ ] Agachamentos
- [ ] Flexão de braços na mesa ou modificado
- [ ] Pranchas na mesa ou modificado; segure por 10 segundos

(V. ilustrações na página 330.)

Nível 2:

Força: Realize quantas repetições puder de cada exercício a seguir em 20 segundos. Descanse 10 segundos entre cada exercício. Assim que completar todos os exercícios, descanse por 2 minutos. Complete uma série adicional para o total de duas séries.

- [ ] Agachamento com elevação dos braços:
  20 segundos/10 segundos de descanso
- [ ] Pulo alternando as pernas:
  20 segundos/10 segundos de descanso
- [ ] Flexão de braços:
  20 segundos/10 segundos de descanso
- [ ] Lunges para fortalecer as panturrilhas:
  20 segundos/10 segundos de descanso
- [ ] Pulo alternando as pernas:
  20 segundos/10 segundos de descanso
- [ ] Prancha com flexão de cotovelo:
  20 segundos/10 segundos de descanso
- [ ] Pulo alternando as pernas:
  20 segundos/descanso

5º DIA

Realize as atividades a seguir (ou troque por outras atividades encontradas nas páginas 200-201s ou em *danielplan.com*).

Nível 1:

Aeróbico: Faça uma caminhada de 10 a 20 minutos com passos rápidos.

Alongamento:

- [ ] Circundução de ombros
- [ ] Flexionamento do corpo tocando os pés alternadamente

Complete cada movimento 5 a 10 vezes (v. ilustrações nas páginas 328-329) e agradeça a Deus sua saúde enquanto realiza cada alongamento.

Nível 2:

Aeróbico: Faça uma caminhada vigorosa, caminhada/corrida leve, treinamento intervalado ou corrida de 20 a 30 minutos.

Alongamento:

- [ ] Flexionamento do corpo para a frente
- [ ] Lunge com flexionamento lateral de corpo
- [ ] Chutes altos
- [ ] Lunge com cotovelo na direção do peito do pé

Realize cada alongamento ou movimento por 10 a 15 segundos de cada lado (ou 5 a 10 vezes para cada lado) antes ou depois do exercício aeróbico ou durante o dia no trabalho ou em casa. (V. ilustrações nas páginas 328-329.) Agradeça a Deus sua saúde enquanto realiza cada alongamento.

6º DIA

Realize as atividades a seguir (ou troque por outras atividades encontradas na página 203 ou em *danielplan.com*).

Nível 1:

Força: Realize uma série de 8 a 10 repetições (ou quantas puder).

- [ ] Agachamentos
- [ ] Flexão de braços na mesa ou modificado
- [ ] Prancha na mesa ou modificado; segure por 10 a 15 segundos

(V. ilustrações nas páginas 330-331.)

Nível 2:

Força: Realize quantas repetições puder de cada exercício a seguir em 15 segundos. Descanse 15 segundos entre cada exercício. Assim que completar todos os exercícios, descanse por 2 minutos. Complete uma série adicional para o total de duas séries:

- [ ] Agachamento com elevação dos braços: 20 segundos/10 segundos de descanso
- [ ] Flexionamento do corpo tocando os pés alternadamente: 20 segundos/10 segundos de descanso
- [ ] Flexão de braços: 20 segundos/10 segundos de descanso
- [ ] Flexionamento do corpo tocando os pés alternadamente: 20 segundos/10 segundos de descanso
- [ ] Lunges para fortalecer as panturrilhas: 20 segundos/10 segundos de descanso
- [ ] Flexionamento do corpo tocando os pés alternadamente: 20 segundos/10 segundos de descanso
- [ ] Prancha lateral: 20 segundos/10 segundos de descanso
- [ ] Flexionamento do corpo tocando os pés alternadamente: 20 segundos/descanso

(V. ilustrações nas páginas 328-332.)

7º DIA | DESCANSO

8º DIA

Realize as atividades a seguir (ou troque por outras atividades encontradas nas páginas 200-201 ou em *danielplan.com*).

Nível 1:

Aeróbico: Faça uma caminhada vigorosa de 15 a 25 minutos.

Alongamento:

- [ ] Alongamentos de cervical
- [ ] Circundução de ombros
- [ ] Flexionamento do corpo tocando os pés alternadamente

Realize cada exercício por 10 segundos (ou 5 a 10 vezes) na sua mesa no trabalho ou em casa. (V. ilustrações nas páginas 328-329.) Concentre-se na respiração e no fato de que Deus é o doador de cada respiração sua.

Nível 2:

Aeróbico: Faça uma caminhada vigorosa, caminhada/corrida leve, treinamento intervalado ou corrida.

Alongamento:

- [ ] Flexionamento do corpo para a frente
- [ ] Lunge com flexionamento lateral de corpo
- [ ] Chutes altos
- [ ] Lunge com cotovelo na direção do peito do pé

Realize cada alongamento ou movimento por 10 a 15 segundos de cada lado (ou 5 a 10 vezes) antes ou depois do exercício aeróbico ou durante o dia na sua mesa no trabalho ou em casa. (V. ilustrações nas páginas 328-329.) Concentre-se na respiração e no fato de que Deus é o doador de cada respiração sua.

9º DIA

Realize as atividades a seguir (ou troque por outras atividades encontradas na página 203 ou em *danielplan.com*).

Nível 1:

Força: Realize duas séries de 10 a 12 repetições (ou quantas puder):

- [ ] Agachamentos
- [ ] Flexão de braços na mesa ou modificado
- [ ] Lunges
- [ ] Prancha na mesa; segure por 20 a 30 segundos

(V. ilustrações nas páginas 330-332.)

Nível 2:

Força: Realize quantas repetições puder de cada exercício a seguir em 15 segundos. Descanse 15 segundos entre cada exercício. Assim que completar todos os exercícios, descanse por 2 minutos. Complete uma série adicional para o total de duas séries:

- [ ] Agachamento com elevação dos braços: 20 segundos/10 segundos de descanso
- [ ] Agachamento e salto vertical: 20 segundos/10 segundos de descanso
- [ ] Flexão de braços: 20 segundos/10 segundos de descanso
- [ ] Agachamento e salto vertical: 20 segundos/10 segundos de descanso
- [ ] Lunges para fortalecer as panturrilhas: 20 segundos/10 segundos de descanso
- [ ] Agachamento e salto vertical: 20 segundos/10 segundos de descanso
- [ ] Prancha lateral: 20 segundos/10 segundos de descanso
- [ ] Agachamento e salto vertical: 20 segundos/descanso

(V. ilustrações nas páginas 330-332.)

10º DIA

Realize as atividades a seguir (ou troque por outras atividades encontradas nas páginas 200-201 ou em *danielplan.com*).

Nível 1:

Aeróbico: Ande de bicicleta por 15 a 25 minutos ou faça uma caminhada vigorosa.

Alongamento:

- [ ] Alongamento de cervical
- [ ] Circundução de ombros
- [ ] Flexionamento do corpo tocando os pés alternadamente
- [ ] Flexionamento do corpo para a frente

Realize cada exercício por 10 segundos (ou 5 a 10 vezes) na sua mesa no trabalho ou em casa. (V. ilustrações nas páginas 328-329.) Ore ou medite nas Escrituras enquanto realiza cada alongamento.

Nível 2:

Aeróbico: Faça uma caminhada vigorosa de 25 a 35 minutos, caminhada/corrida leve, treinamento intervalado ou corrida.

Alongamento:

- [ ] Flexionamento do corpo para a frente
- [ ] Lunge com flexionamento lateral de corpo
- [ ] Chutes altos
- [ ] Lunge com cotovelo na direção do peito do pé

Realize cada movimento por 10 a 15 minutos de cada lado (ou 5 a 10 vezes). (V. ilustrações nas páginas 328-329.) Ore ou medite nas Escrituras enquanto realiza cada alongamento.

11º AO 20º DIA

Nível 1:

Passe para o Nível 2 e realize as instruções do 1º ao 10º dia.

OU

Força: Permaneça no Nível 1 e aumente o número de repetições dos exercícios de força para 12 a 15. (Aumente também o exercício de prancha para 30 segundos.) Se tiver disposição, complete duas séries inteiras de exercícios nos 11º, 13º, 16º, 18º e 20º dias.

Aeróbico: Permaneça no Nível 1 e aumente os exercícios aeróbicos para 20 a 30 minutos. Realize exercícios, como caminhada vigorosa ou caminhada normal/corrida leve nos 12º, 15º, 17º 19º dias.

Nível 2:

Passe para o Nível 3, visitando *danielplan.com*.

OU

Força: Permaneça no Nível 2 e aumente a duração de cada exercício de força para 20 segundos. Realize quantas repetições puder em 20 segundos. Descanse por 10 segundos entre cada exercício. Complete duas ou três séries nos 11º, 13º, 16º, 18º e 20º dias e descanse de 1,5 a 2 minutos entre cada série.

Aeróbico: Permaneça no Nível 2 e aumente os exercícios aeróbicos para 30 a 40 minutos. Realize exercícios, como caminhada/corrida leve, pular corda, corrida, basquete ou treinamento intervalado nos 12º, 15º, 17º e 19º dias.

Alongamento: Acrescente um alongamento à sua rotina nos 12º, 15º, 17º e 19º dias.

21º AO 30º DIA

Nível 1:

Passe para o Nível 2 e realize as instruções do 1º ao 10º dia no 21º ao 30º dia.

OU

Força: Permaneça no Nível 1 e aumente o número de repetições para exercícios de força para 15 repetições (20 a 30 segundos para exercício de prancha) e complete duas séries de todos os exercícios nos 23º, 25º, 27º e 30º dias.

Aeróbico: Permaneça no Nível 1 e aumente o exercício aeróbico para 25 a 35 minutos. Realize exercícios, como caminhada vigorosa ou caminhada/corrida leve, nos 22º, 24º, 26º e 29º dias.

Alongamento: Acrescente um alongamento à sua rotina nos 22º, 24º, 26º e 29º dias.

Nível 2:

Passe para o Nível 3, visitando *danielplan.com*.

OU

Força: Permaneça no Nível 2 e continue a realizar quantas repetições puder em 20 segundos. Descanse 10 segundos entre cada exercício. Mas agora complete três ou quatro séries nos 23º, 25º, 27º e 30º dias. Diminua também o intervalo de descanso para 1 ou 1,5 minuto entre as séries.

Aeróbico: Permaneça no Nível 2 e aumente o exercício aeróbico para 35 a 45 minutos. Realize exercícios, como caminhada/corrida leve, pular corda, corrida, basquete ou treinamento intervalado nos 22º, 24º, 26º e 29º dias.

Alongamento: Acrescente um alongamento à sua rotina nos dias 22º, 24º, 26º e 29º dias.

31º AO 40º DIA

Nível 1:
Passe para o Nível 2 e realize as instruções do 1º ao 10º dia no 31º ao 40º dia.

OU

Força: Permaneça no Nível 1 e aumente o número de repetições dos exercícios de força para 15 a 20 repetições (30 segundos para exercício de prancha) e complete duas ou três séries de todos os exercícios nos 32º, 34º, 37º e 39º dias.

Aeróbico: Permaneça no Nível 1 e aumente o exercício aeróbico para 30 a 45 minutos. Realize exercícios, como caminhada vigorosa ou caminhada/corrida leve, nos 31º, 33º, 36º, 38º e 40º dias.

Alongamento: Acrescente um alongamento à sua rotina nos 31º, 33º, 36º, 38º e 40º dias.

Nível 2:
Passe para o Nível 3, visitando *danielplan.com*.

OU

Força: Permaneça no Nível 2 e realize quantas repetições puder em 30 segundos. Descanse 10 a 15 minutos entre cada exercício. Mas agora complete quatro séries nos 32º, 34º, 37º e 39º dias. Diminua também o intervalo de descanso para 1 minuto entre as séries.

Aeróbico: Permaneça no Nível 2 e aumente o exercício aeróbico para 40 a 50 minutos. Realize exercícios, como caminhada/corrida leve, pular corda, corrida, basquete ou treinamento intervalado nos 31º, 33º, 36º, 38º e 40º dias.

Alongamento: Acrescente um alongamento à sua rotina nos 31º, 33º, 36º, 38º e 40º dias.

ATIVIDADES AERÓBICAS/JOGOS DE MOVIMENTAÇÃO:

1. Caminhada
2. Subir escada
3. Andar de bicicleta
4. Caminhada/Corrida leve
5. Corrida
6. Pular corda
7. Basquete/Esportes competitivos
8. Aulas de condicionamento físico
9. Treinamento intervalado

Você encontrará outras atividades aeróbicas e jogos de movimentação nas páginas 201 e 203. *www.danielplan.com*

CONDICIONAMENTO FÍSICO
PARA SER FORTE COMO DANIEL

EXERCÍCIOS DE ALONGAMENTO/RELAXAMENTO

Alongamento de cervical com flexão frontal: Curve o pescoço lentamente para a frente e encoste o queixo no peito por 10 a 15 segundos.

Alongamento de cervical com flexão lateral: Movimente a orelha direita em direção ao ombro direito. Pare nessa posição. Movimente a orelha esquerda em direção ao ombro esquerdo. Pare nessa posição.

Rotação do pescoço: Gire lentamente a cabeça para a direita. O queixo deve ficar perto do ombro direito. Pare nessa posição. Gire lentamente a cabeça para a esquerda. O queixo deve ficar perto do ombro esquerdo. Pare nessa posição.

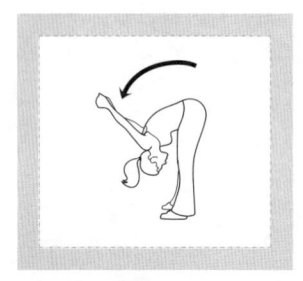

Flexionamento do corpo para a frente: Estique os braços para trás e cruze os dedos. Levante os ombros em direção às orelhas e levante as mãos atrás do corpo. Curve o corpo lentamente para a frente, mantendo as costas retas, não arqueadas. Continue a curvar o corpo e levante as mãos acima da cabeça o mais que puder. Com os braços bem esticados, você sentirá tensão nos tendões do jarrete e nos ombros.

Circundução de ombros: Em pé, com os braços caídos ao lado do corpo, encolha os ombros para a frente e para cima. Gire os ombros para trás e para baixo, Faça círculos grandes mantendo a cabeça ereta.

Flexionamento do corpo tocando os pés alternadamente: Em posição ereta, com os pés afastados um do outro o mais confortavelmente possível, incline o corpo em direção a uma perna e tente alcançar seu pé ou até sentir um alongamento confortável na região lombar e nos tendões do jarrete. Agora tente tocar o outro pé com o braço oposto.

Lunge (perna à frente) com flexionamento lateral de corpo: Em pé, com os braços caídos ao lado do corpo, dê um passo à frente com a perna direita e abaixe o corpo até que o joelho direito esteja dobrado em ângulo de cerca de 90º. Empurre a perna para frente, estique o braço esquerdo acima da cabeça e curve o tronco para a direita.

Alongamento com chutes altos: Em pé, com os braços caídos ao lado do corpo, mantenha o joelho reto. Dê um chute com a perna direita e estique o braço esquerdo até tocar a ponta do pé, dando ao mesmo tempo um passo à frente. (Imagine que você seja um soldado britânico. Assim que a perna direita tocar o chão, repita o movimento com o pé esquerdo e o braço direito.)

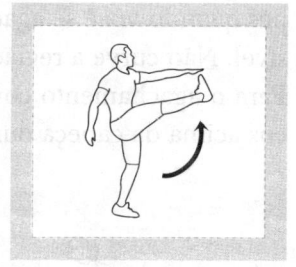

Lunge com cotovelo na direção do peito do pé: Passe o braço direito ao redor do corpo e faça um lunge com a perna direita. Curve o corpo para a frente e coloque a mão esquerda no chão, de modo que fique na mesma posição que o pé direito. Coloque o cotovelo direito junto ao peito do pé direito (ou o mais perto que puder) e pare nessa posição. A seguir, gire o tronco para cima e à direita, esticando a mão direita o mais que puder. Repita com a perna esquerda e o braço esquerdo.

EXERCÍCIOS DE TREINAMENTO DE FORÇA

Agachamento ou agachamento com elevação dos braços: Em pé, com os pés afastados de modo que fiquem na mesma direção dos ombros, estique os braços para a frente do corpo na altura dos ombros.

A região lombar deve ficar naturalmente arqueada. Abrace seu corpo o mais que puder, empurrando o quadril para trás e dobrando os joelhos, como se estivesse sentando. Faça uma pausa e volte lentamente à posição inicial.

Sugestões: Mantenha o peso nos calcanhares, não nos pés, durante o movimento inteiro. Os joelhos devem ficar à frente do meio dos pés quando você se agachar. O tronco deve ficar o mais reto possível. Não curve a região lombar.

Para o agachamento com elevação dos braços, mantenha os braços acima da cabeça durante o movimento e as repetições.

Flexão de braços: Posicione-se com as mãos um pouco mais distantes da direção dos ombros. Seu corpo deve estar em linha reta dos tornozelos até a cabeça. Contraia o abdômen – como se estivesse se protegendo de um golpe na barriga – e mantenha essa contração durante todo o exercício. Isso ajuda a manter o corpo rígido da mesma forma que o treino *core* (centro do corpo). Dobre os cotovelos enquanto abaixa o corpo, para que os braços formem um ângulo de 45° com seu corpo na parte mais baixa do movimento. Faça uma pausa e force as costas para cima.

Para uma flexão de braços modificada, em vez de realizar este exercício com as pernas esticadas, dobre os joelhos e cruze os tornozelos atrás de você. Seu corpo deve formar uma linha reta da cabeça aos joelhos.

Prancha: Inicie na posição flexão de braços. Dobre os cotovelos e descanse o peso nos antebraços, não nas mãos. Os cotovelos devem estar na mesma direção dos ombros. Seu corpo deve ficar em linha reta dos ombros até os tornozelos. Contraia os músculos abdominais. Contraia os glúteos. Permaneça nessa posição.
Na mesa ou modificado: Realize o movimento de prancha usando a posição flexão de braços ou nos cotovelos, mas use uma mesa para se apoiar. Ou, em vez de encostar as pontas dos pés no chão, coloque os joelhos no chão.

Prancha lateral: Deite-se no chão do lado direito com os joelhos esticados. Levante a parte superior do corpo apoiando-se no cotovelo e antebraço esquerdos. Posicione o cotovelo na direção do ombro. Contraia os músculos abdominais como se estivesse se defendendo de um soco na barriga. Levante o quadril até que seu corpo fique em linha reta dos tornozelos até os ombros. A cabeça deve estar alinhada com o corpo. Permaneça nessa posição durante o tempo indicado, respirando profundamente.

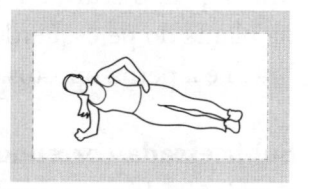

Prancha lateral abdominal: Levante o corpo sobre uma prancha lateral e levante o braço direito de modo que fique perpendicular ao chão. Passe o braço direito por cima da cabeça, atrás do corpo e volte à posição inicial.

Lunge: Em pé, com os braços caídos ao lado do corpo, cruze os braços diante do peito ou coloque as mãos no quadril ou atrás das orelhas. Dê um passo à frente com a perna direita e abaixe o corpo lentamente até dobrar o joelho o mais perto possível do ângulo de 90°. Faça uma pausa. Empurre o corpo para a posição inicial o mais rápido que puder. Alterne as pernas após cada repetição.

Lunges para fortalecer as panturrilhas: Em vez de retornar à posição inicial, movimente o outro pé para a frente e faça o movimento *lunge* com a perna.

MOVIMENTOS METABÓLICOS

Para criar exercícios aeróbicos de alta intensidade e passos rápidos.

Pulo alternando as pernas: Levante o joelho direito até o quadril enquanto estica o braço esquerdo acima da cabeça. Apoie-se na planta do pé esquerdo e alterne o movimento de pular, com o braço e a perna opostos.

Subir escada correndo: Suba vários lances de escada correndo o mais rápido que puder.

Agachamento tocando a ponta dos pés: Em pé, com os pés juntos e braços caídos ao lado do corpo, dobre os joelhos e agache-se, encostando as pontas dos dedos da mão nos pés (se conseguir, toque os dedos do pé). Dê um salto imediatamente com os braços e as pernas abertos, voltando à posição tradicional de pular.

Agachamento e salto vertical: Coloque os dedos cruzados na nuca e empurre os cotovelos para trás de modo que fiquem alinhados com o corpo. Com os pés bem separados, empurre o quadril para trás, dobre os joelhos e abaixe-se até que as coxas fiquem paralelas ao chão. O tronco deve ficar o mais reto possível. Não curve a região lombar. Mantenha o peso nos calcanhares, não nos pés. Os joelhos devem ficar à frente da parte central dos pés durante o agachamento.

Impulsione o corpo para cima e dê um salto. Caia suavemente e retorne à posição inicial.

Capítulo 10

PLANO DE REFEIÇÕES PARA 40 DIAS

Alimente-se para ter saúde

Elaborado com base em ingredientes verdadeiros e integrais, o plano de refeições para 40 dias (e o Plano de Desintoxicação de Daniel) apresenta refeições com proporção balanceada de macronutrientes para equilibrar o açúcar no sangue, as taxas hormonais e a estabilidade do humor, bem como proporcionar saúde cardiovascular. Se você comer refeições pequenas, frequentes e puras no decorrer do dia, permanecerá energizado e também recarregará seu metabolismo. Essa maneira de comer é a mais eficaz para perder gordura e manter saudável a massa muscular. Você ficará satisfeito sem aquela sensação de "estar estufado".

Esse plano o ajudará a adquirir o hábito de reunir nutrientes balanceados e integrais que facilitarão sua rotina diária. Apresentamos a você uma tabela de 10 dias como ponto de partida para fazer seu planejamento. Você descobrirá que o preparo das refeições com antecedência o ajudará a permanecer no plano. Por isso, você usará a mesma tabela para os 30 dias seguintes, mas poderá trocar de refeição ou as opções de lanche em dias diferentes para renovar suas escolhas. Copie o guia de compras para levá-lo ao supermercado. Isso facilitará sua ida até lá.

Este plano de refeições inclui uma combinação de pratos que exigem receitas (apresentadas nas páginas 359 a 386) e refeições que não exigem nada mais do que está descrito. Todos os pratos são simples de fazer e com ingredientes encontrados em qualquer supermercado. Sinta-se à vontade para trocar frutas e vegetais de acordo com a estação ou tempere a gosto. Pesquise temperos e ervas diferentes para dar mais sabor ao prato. Leve a família e os amigos à cozinha para participarem da criação de pratos. Quando seguimos o método do Plano Daniel, cada bocado é muito importante.

Nota: Embora o plano de refeições básicas para 40 dias apareçam primeiro nas páginas seguintes, gostaríamos que cada um de vocês começasse com o Plano Daniel de Desintoxicação para ver até que ponto seu organismo melhorou. Seguir o plano de desintoxicação por um mínimo de dez dias pode ser o melhor plano para você usar regularmente se tiver alergia a glúten ou leite e seus derivados; você se sentirá melhor se não os ingerir.

MAIS RECEITAS

Visite *danielplan.com* para encontrar mais receitas que usam alimentos verdadeiros e integrais para entradas, acompanhamentos e lanches deliciosos. Compre um exemplar do *The Daniel Plan Cookbook: Healthy Eating for Life* [Livro de receitas do Plano Daniel: alimente-se bem para ter saúde] para encontrar receitas com a assinatura dos *chefs* do Plano Daniel.

Plano de refeições 337

PLANO DE REFEIÇÕES BÁSICAS PARA 40 DIAS

As refeições que necessitam de receita estão em **negrito**; você encontrará as receitas nas páginas **359-386**.

	1º DIA	2º DIA	3º DIA	4º DIA	5º DIA
DESJEJUM	**Shake de morango com chocolate**	*Muffin* do desjejum: 1 ovo mexido com 2 fatias de bacon ou peru assado, sem nitrato, sobre *muffin* inglês de grãos integrais ou grãos germinados	**Smoothie de mirtilo com espinafre e linhaça**	1 xícara de aveia em flocos com 1/2 xícara de leite de amêndoa & 1/2 xícara de morango com banana	Enrolado para o desjejum: 1 ovo mexido com 1/4 de abacate, tomate fatiado e manjericão enrolados em *tortilla* de grãos integrais
LANCHE	1/3 de xícara de **homos de alcachofra** com palitos de vegetais variados (salsão, cenoura, pepino, *jicama*)	1 maçã pequena mais 25 amêndoas cruas	**1 bolinha de chocolate com coco**	2 colheres de sopa de **grão-de-bico crocante** com 30 g de queijo duro	Pera ou maçã pequena com 1 colher de sopa de manteiga de amêndoa
ALMOÇO	1/2 xícara de quinoa com brócolis, cenoura e couve-flor, cozidos no vapor, e **molho de salada antioxidante**	Enrolado de peito de peru, com baixo teor de sódio e sem nitrato, com tomate, alface, 2 colheres de sopa de **homos de alcachofra**	**Sopa de lentilha com linguiça de frango e vegetais.**	**Salmão grelhado com *chutney*** acompanhado de salada de verduras com melancia	**Enrolado de frango grelhado e frutas cítricas** com 2 colheres de sopa de **homos de alcachofra**, alface romana & 1/4 de abacate
LANCHE	2 colheres de sopa de **grão-de-bico crocante** com um palito de mozarela	1 pedaço de fruta com baixo teor glicêmico mais 25 amêndoas cruas	**Molho cremoso de *baba ganoush*** com vegetais cortados em palito (salsão, cenoura, pepino, *jicama*)	1 bolinha de chocolate com coco	*Shake* de morango com chocolate

PLANO DE REFEIÇÕES BÁSICAS PARA 40 DIAS (cont.)

As refeições que necessitam de receita estão em **negrito**; você encontrará as receitas nas páginas **359-386**.

	1º DIA	2º DIA	3º DIA	4º DIA	5º DIA
JANTAR	Hambúrguer de carne bovina ou de peru sobre 1/2 *muffin* ou 1 fatia de pão integral com espinafre, tomate e 1 colher de sopa de abacate	**Espetinhos de frango temperados com frutas cítricas** acompanhados de arroz integral e **salada de verduras com melancia**	**Salmão grelhado com chutney** com aspargos e quinoa assados/grelhados	**Cafta de cordeiro grelhado** e salada de verduras variadas	**Sopa de lentilha com linguiça de frango e vegetais.**
GULOSEIMA SAUDÁVEL	1 pedaço de fruta salpicada com canela	**Mousse de abacate com chocolate amargo**	**Salada de toranja e sementes de romã com coco**	**Sorvete de banana com calda de chocolate e nozes**	Salada de frutas picadas

	6º DIA	7º DIA	8º DIA	9º DIA	10º DIA
DESJEJUM	**Desjejum nutritivo de triguilho**	*Muffin* do desjejum: 1 ovo mexido, 2 fatias de *bacon* de peru assado, sem nitrato, ou abacate sobre grãos integrais ou *muffin* inglês de grãos integrais ou grãos germinados	**Smoothie de manga com coco e proteína**	2 ovos cozidos com uma taça de frutas variadas	2 ovos cozidos com uma taça de frutas variadas
LANCHE	**Shake de frutas vermelhas com proteína**	2 colheres de sopa de frutos secos mais 30 g de queijo duro	**Molho cremoso de cenoura** com lascas de grãos integrais ou vegetais	2 colheres de sopa de chocolate amargo com frutos secos e sementes	**Triângulos de *tortilla* sem glúten** com 1/3 de xícara de molho mexicano apimentado

PLANO DE REFEIÇÕES BÁSICAS PARA 40 DIAS (cont.)

As refeições que necessitam de receita estão em **negrito**; você encontrará as receitas nas páginas **359-386**.

	6º DIA	7º DIA	8º DIA	9º DIA	10º DIA
ALMOÇO	**Frittata de brócolis** com verduras variadas & **molho de salada antioxidante**	**Camarão ao curry com ervilhas em vagem e castanhas-d'água**	**Carne de panela com vegetais**	Peixe ou frango grelhado com 1/2 xícara de quinoa & 1/2 xícara de **molho mexicano apimentado**	**Salada mediterrânea com camarão grelhado**
LANCHE	**Molho cremoso de cenoura** com lascas de grãos inteiros ou vegetais	Chocolate amargo com frutos secos e sementes	Banana pequena com 1 colher de sopa de manteiga de frutos secos	**Smoothie de mirtilo com espinafre e linhaça**	1 xícara de edamame cozido no vapor com molho de soja, ou tamari.
JANTAR	**Carne de panela com vegetais**	**2 tacos de peixe com molho mexicano de abacaxi**	**Refogado de arroz com coco à moda tailandesa**	**Frango saboroso ao forno com purê de couve-flor** e aspargo assado/grelhado	**Massa com carne de peru/bovina moída e brócolis**
GULOSEIMA SAUDÁVEL	1 porção de **quadrados de torta light de abóbora**	Iogurte grego com muesli sem açúcar	Sorvete de frutas naturais congeladas (esmague suas frutas favoritas em forma de purê e congele)	1 porção de **quadrados de torta light de abóbora**	**Sobremesa congelada de coco e frutas vermelhas**

OUTRAS OPÇÕES DE DESJEJUM

Desjejum mediterrâneo: 2 ovos mexidos com 1/2 xícara de espinafre fresco, 1 colher de sopa de queijo feta e 2 azeitonas do tipo kalamata picadas	Fatia de torrada de grãos integrais com 1 colher de sopa de manteiga de frutos secos e uma colher de chá de mel cru com 1 xícara de melão fresco	1/2 xícara de quinoa com leite de coco não adoçado e 1 colher de sopa de passas de Corinto
2 ovos mexidos com 1 *tortilla* de milho, fatia de abacate e 2 colheres de sopa de molho mexicano	1 *waffle* de grãos integrais com 1 colher de sopa de xarope de bordo e 1 linguiça de peru	1 xícara de iogurte grego natural com granola com baixo teor de açúcar e mirtilo

OUTRAS OPÇÕES DE ALMOÇO

Mix de frango à primavera	1/2 xícara de arroz integral, brócolis e cenoura cozidos no vapor e peito de frango cortado em cubos	Hambúrguer de carne de bisão moída sobre uma fatia de pão de hambúrguer com tomate fatiado, espinafre e abacate
1 xícara de **sopa de cenoura com abacate** e salada de verduras variadas	Salada de vegetais e verduras verdes com peixe enlatado e 1/2 xícara de frutas variadas	**Salada de peixe com ervas** e verduras variadas

LISTA DE COMPRAS
para o Plano de refeições básicas para 40 dias

Abasteça sua despensa para ter sucesso! Se preferir, acrescente ou modifique à medida que for necessário.

Observações importantes:

1. Antes de sair de casa, compare sua lista de compras com o que já existe na sua despensa.
2. Se o tamanho específico de um item não estiver relacionado, compre a versão menor. Sempre que possível, indicamos a

OUTRAS OPÇÕES DE JANTAR

Pimentões recheados com carne de peru moída	Bacalhau assado à moda grega	Salada de pepino, azeitona, tomate e cebola vermelha coberta com camarão grelhado, limão e azeite de oliva
Espaguete *alla lucca* com grãos integrais	Frango inteiro assado com couve-de-bruxelas e cenoura	Berinjela e abobrinha fritas/refogadas com óleo de gergelim e molho de soja. Sirva sobre arroz integral.

OUTRAS OPÇÕES DE LANCHE

Parfait de granola e nozes com iogurte	Palitos de batata-doce assada	1/2 muffin inglês de grãos integrais com 2 colheres de sopa de requeijão e fatias de pêssego fresco
1 xícara de lascas de grãos integrais com *homos* ou molho mexicano	1 xícara de melão e frutas vermelhas fatiados	*Tortilla* de grão integral recheada com 90 g de peito de peru fatiado, couve-de-bruxelas, tomate, 1 colher de sopa de mostarda e 3 fatias de abacate

quantidade que você usará a cada cinco dias, portanto não compre mais do que o necessário.

3. As quantidades sugeridas baseiam-se no rendimento das receitas. Em geral, as entradas rendem 4 porções; os lanches rendem 1 a 2 porções.
4. Os itens com a marca * serão usados nos dias 1–5 e precisam ser comprados novamente para os dias 6–10; a marca † indica um ingrediente perecível que é necessário apenas nos dias 6–10.
5. Se preferir analisar a receita primeiro e trocar os itens do plano, precisará ajustar as quantidades de sua lista de compras.

PRODUTOS FRESCOS

- [ ] 4 maçãs*
- [ ] 2 abacates*
- [ ] 4 bananas*
- [ ] 1 embalagem grande de mirtilo
- [ ] 4 limões sicilianos*
- [ ] 2 limões-cravo*
- [ ] 2 pêssegos'
- [ ] 1 abacaxi'
- [ ] 1 laranja
- [ ] 1 toranja rosada
- [ ] 1 romã
- [ ] 1 embalagem grande de morango
- [ ] 1 maço de coentro'
- [ ] 2 pepinos'
- [ ] 1 berinjela
- [ ] 1 cabeça de alho*
- [ ] 1 pimenta *jalapeño*'
- [ ] 1 *jicama*
- [ ] 2 cabeças de repolho
- [ ] 2 cebolas médias
- [ ] 4 tomates médios'
- [ ] melancia pequena ou melão
- [ ] 1 maço de rúcula
- [ ] 1 maço de aspargo*
- [ ] 2 sacos (de 225 a 250 g) de espinafre bebê ou um maço pequeno*
- [ ] 2 pimentões vermelhos*
- [ ] 1 cabeça de brócolis*
- [ ] 2 cabeças de repolho roxo ou verde'
- [ ] 1 saco de cenouras*
- [ ] 1 saco de couve-flor'
- [ ] 1 maço de salsão*
- [ ] 2 cebolas vermelhas'
- [ ] 1 maço de salsa*
- [ ] 2 batatas-roxas médias ou 1 nabo
- [ ] 1 pé de alface romana*
- [ ] 450 g de ervilhas em vagem'
- [ ] 1 saco pequeno de feijão-verde
- [ ] 4 a 6 abobrinhas'

PÃES/PRODUTOS DE PANIFICAÇÃO

- [ ] 2 pacotes de *tortillas* de grãos integrais
- [ ] 1 pacote de *tortillas* de milho
- [ ] 1 pacote de *muffins* de grãos integrais

CARNE/PEIXE

- [ ] 900 g de peito ou filé de frango
- [ ] 12 coxas de frango†
- [ ] 6 linguiças de frango
- [ ] 1,3 a 1,8 kg de acém
- [ ] 450 g de carne moída magra (de peru ou bovina)
- [ ] 450 g de peito de peru fatiado, sem nitrato
- [ ] 300 g de halibut e ou outro peixe de carne branca†
- [ ] 900 g de camarão selvagem†
- [ ] 900 g de salmão selvagem*
- [ ] 2 latas de atum ou salmão selvagem com baixo teor de mercúrio

OVOS & LATICÍNIOS

- [ ] 1 dúzia de ovos orgânicos*
- [ ] 1 pacote pequeno de queijo feta
- [ ] 1 embalagem grande de iogurte grego natural, sem gordura*
- [ ] 1 pacote pequeno de queijo parmesão ralado†
- [ ] 1 pacote de queijo duro, não processado

---

* Para ser usado nos dias 1—5 e comprado novamente para os dias 6—10
† Indica um ingrediente necessário apenas para os dias 6—10

MASSAS, GRÃOS, LEGUMINOSAS

- [ ] 1 pacote de arroz integral (jasmine, de preferência) ou preto
- [ ] 450 g de lentilha
- [ ] 1 pacote de triguilho
- [ ] 1 caixa de aveia em flocos
- [ ] 450 g de massa sem glúten (p. ex., massa de arroz integral)
- [ ] 1 pacote de quinoa

PRODUTOS CONGELADOS

- [ ] 1 pacote de frutas vermelhas congeladas
- [ ] 1 pacote de manga congelada
- [ ] 1 pacote de milho congelado
- [ ] 1 pacote de morangos congelados
- [ ] 1 pacote de edamame congelado

ENLATADOS

- [ ] 1 vidro de molho de maçã não adoçado
- [ ] 1 vidro de azeitonas pretas ou do tipo kalamata
- [ ] 1 lata de alcachofra em água
- [ ] 1 lata de abóbora
- [ ] 2 latas de 425 g de caldo de carne com baixo teor de sódio
- [ ] 2 latas de molho mexicano fresco ou de sua receita favorita
- [ ] 1 lata de feijão-branco ou feijão-preto
- [ ] 1 lata de tomates picados
- [ ] 3 latas de grão-de-bico
- [ ] 1 lata de 425 g de molho de tomate orgânico
- [ ] 2 litros de caldo de galinha ou vegetais com baixo teor de sódio
- [ ] 1 lata de castanhas-d'água em água

CONDIMENTOS/MOLHOS

- [ ] 1 garrafa de vinagre de maçã não filtrado
- [ ] 1 garrafa de vinagre balsâmico ou de vinho tinto
- [ ] 1 vidro de óleo de coco ou de semente de uva
- [ ] 1 embalagem de mostarda
- [ ] 1 garrafa de azeite de oliva extravirgem (ou em *spray* para cozinhar)
- [ ] 1 vidro de mel cru
- [ ] 1 garrafa pequena de molho de soja, ou tamari, com baixo teor de sódio
- [ ] 1 garrafa pequena de óleo de gergelim
- [ ] 1 garrafa pequena de *tahine*, ou pasta de gergelim
- [ ] 1 embalagem de estévia ou outro adoçante natural aprovado
- [ ] 1 lata de massa de tomate
- [ ] 1 vidro de maionese orgânica

FRUTOS SECOS/SEMENTES

- [ ] 1 caixa de leite de coco ou amêndoa não adoçado*
- [ ] 1 caixa de leite de amêndoa não adoçado
- [ ] 1 vidro de manteiga de amêndoa ou de outro fruto seco
- [ ] 1 embalagem de farinha de amêndoa
- [ ] 1 embalagem de amêndoas cruas
- [ ] 1 embalagem de lascas de amêndoas
- [ ] 1 pacote de sementes de chia
- [ ] 1 pacote de coco cortado em tiras não adoçado
- [ ] 1 pacote de linhaça moída
- [ ] 1 pacote de sementes de girassol sem sal
- [ ] 1 pacote de nozes cruas

* Para ser usado nos dias 1—5 e comprado novamente para os dias 6—10
' Indica um ingrediente necessário apenas para os dias 6—10

DIVERSOS

- [ ] Mirtilos secos
- [ ] 1 pacote de proteína em pó derivada de planta com aroma de chocolate
- [ ] Barras ou lascas de chocolate com 70% de cacau
- [ ] Amido de milho
- [ ] Uvas-passas
- [ ] 1 pacote de *tempeh* orgânico (encontrado na seção de produtos refrigerados)
- [ ] 1 pacote de proteína em pó derivada de planta

ESPECIARIAS/ERVAS

- [ ] Pimenta-do-reino
- [ ] Pimenta-de-caiena
- [ ] *Chili* em pó
- [ ] Cominho
- [ ] *Curry* em pó
- [ ] Endro
- [ ] Mostarda seca
- [ ] Orégano seco
- [ ] Alho em pó
- [ ] Sal marinho ou *kosher*
- [ ] Cebola em pó
- [ ] *Pumpkin pie spice*[1]
- [ ] Extrato de baunilha

* Para ser usado nos dias 1—5 e comprado novamente para os dias 6—10
' Indica um ingrediente necessário apenas para os dias 6—10

---

[1] Mistura especial para tortas feita de canela, gengibre, noz-moscada e pimenta-da-jamaica. [N. do T.]

PLANO DANIEL
DE DESINTOXICAÇÃO

O PLANO DANIEL DE DESINTOXICAÇÃO inclui os elementos fundamentais expostos no Plano Daniel. A única diferença é que você para de comer tudo o que tenha *grandes probabilidades* de provocar problemas de saúde. Mesmo que pense que não tem esse tipo de problema, verá uma grande diferença. Se um cavalo estivesse pisando em seu pé a vida inteira, você só saberia quanto essa situação é incômoda quando ele deixasse de pisar no seu pé. A maioria dos pacientes do dr. Hyman diz: "Dr. Hyman, eu só percebi que estava me sentindo tão mal quando comecei a me sentir tão bem!". Esse é o nosso desejo para todos vocês.

O que você comerá:

- Alimentos frescos e verdadeiros.
- Siga a tabela com o plano de refeições do Plano Daniel de Desintoxicação ou crie a sua com ingredientes de alimentos verdadeiros.

O que você excluirá:

- Estimulantes e sedativos: álcool, cafeína etc.
- Alimentos processados ou *fast-food* (abandone todos os aditivos e elementos químicos)
- Adoçantes artificiais de todos os tipos
- Todas as formas de açúcar (v. página 120)
- Todos os laticínios (leite, iogurte, manteiga, queijo), nem mesmo uma gota.

- Todos os tipos de glúten (trigo, centeio, cevada, aveia, espelta), nem mesmo uma gota.

COMO SEGUIR O PLANO DANIEL DE DESINTOXICAÇÃO?

É mais fácil seguir o Plano Daniel de Desintoxicação em grupo ou com amigos. Encontre um amigo ou um pequeno grupo para o acompanhar. Você vai saborear uma deliciosa variedade de alimentos frescos e integrais e parar de consumir alimentos tóxicos ou inflamatórios. Seu organismo terá a possibilidade de ser curado, revitalizado e reajustado, permitindo que você note pela primeira vez como é bom sentir-se bem de verdade. Talvez pareça um sacrifício, mas, se você nunca fez isso, precisa passar pela experiência de ser totalmente curado por meio de algumas poucas mudanças na sua alimentação.

Se você está acostumado a ingerir cafeína, reduza a quantidade ao meio durante uma semana antes de iniciar a desintoxicação. Isso diminuirá as dores de cabeça provocadas pela ausência da cafeína no organismo. Não se esqueça de tomar oito copos de água, no mínimo, por dia. Durma e descanse bastante, e tire alguns cochilos enquanto seu corpo estiver passando pelo processo de cura. Faça exercícios leves, como uma caminhada de 30 minutos por dia. Tente cortar todas as atividades desnecessárias ou agendas lotadas; pense nisso como um tempo de renovação e restauração. E, no final de dez (ou 40 dias), seu corpo dirá o que ele necessita. Se estiver se sentindo muito bem, continue a alimentar-se de acordo com o plano de refeições de desintoxicação.

Se quiser voltar a consumir formas saudáveis de laticínios ou glúten, inclua um por vez. Comece com os laticínios. Coma um pouco algumas vezes por dia e veja como se sente. Teve problemas de congestão, inchaço ou outros sintomas? Se sim, será melhor deixar de consumir esses produtos. Depois de três dias comendo laticínios, inclua o glúten. Coma uma fatia de pão ou uma massa de grãos integrais e observe atentamente. Sentiu dor nas articulações, confusão mental, dor de cabeça ou problemas estomacais?

Se o glúten fizer mal a você, ou o deixar indolente ou cansado, pense em eliminá-lo ou ingerir alimentos com baixo teor de glúten. Também poderá reduzir a quantidade de grãos com glúten, como centeio, cevada ou aveia.

Muitas pessoas têm baixo grau de sensibilidade a alimentos, e o Plano Daniel de Desintoxicação é excelente para você aprender como esses dois alimentos inflamatórios podem prejudicá-lo.

Voltar a consumir cafeína do café ou do chá é opcional. Observe como se sente sem a cafeína. Você sempre terá a opção de consumir produtos sem cafeína. No entanto, não deixe de saborear sua xícara diária de café. Apenas tenha certeza de não abusar da quantidade de açúcar ou de adoçante artificial. Para aqueles que gostam de tomar café de tempos em tempos, ele pode fazer parte de um modo de vida saudável. No entanto, é importante notar como você se sente, como o café afeta seu sono, energia e humor. Somos diferentes uns dos outros, e esse é o segredo para encontrar o equilíbrio certo para você.

Preencha o questionário com sintomas médicos, apresentado a seguir, para avaliar seu nível geral de bem-estar e também de toxicidade e inflamação. Marque quantos pontos fez antes e depois do Plano Daniel de Desintoxicação, ou no final de 40 dias. Você se surpreenderá com os resultados em um espaço de tempo tão curto.

QUESTIONÁRIO PARA AVALIAÇÃO DE TOXICIDADE E SINTOMAS

Este questionário identifica sintomas que ajudam a identificar as causas subjacentes da enfermidade e a acompanhar seu progresso. Avalie os seguintes sintomas com base na sua saúde nos últimos 30 dias. Se estiver preenchendo este questionário depois dos dois primeiros dias de desintoxicação, anote APENAS seus sintomas nas últimas 48 horas.

ESCALA DE PONTUAÇÃO

0 = Nunca ou quase nunca tenho o sintoma
1 = Tenho de vez em quando, e o efeito não é grave
2 = Tenho de vez em quando, e o efeito é grave
3 = Tenho frequentemente, e o efeito não é grave
4 = Tenho frequentemente, e o efeito é grave

TRATO DIGESTIVO
___ Náusea ou vômito
___ Diarreia
___ Prisão de ventre
___ Sensação de inchaço
___ Arroto ou gases
___ Azia
___ Dor no intestino/estômago
Total _____

ORELHAS/OUVIDOS
___ Coceira nas orelhas
___ Dor de ouvido ou infecções no ouvido
___ Vazamento de líquido pelo ouvido
___ Zumbido nos ouvidos, perda de audição
Total _____

EMOÇÕES
___ Mudanças de humor
___ Ansiedade, medo ou nervosismo
___ Raiva, irritabilidade ou agressividade
___ Depressão
Total _____

ARTICULAÇÕES/MÚSCULOS
___ Dor ou desconforto nas articulações
___ Artrite
___ Rigidez ou limitação de movimentos
___ Dor ou desconforto nos músculos
___ Sensação de fraqueza ou cansaço
Total _____

ENERGIA/ATIVIDADE
___ Fadiga, indolência
___ Apatia, letargia
___ Hiperatividade
___ Desassossego
Total _____

PULMÕES
___ Congestão no peito
___ Asma, bronquite
___ Respiração curta
___ Dificuldade para respirar
Total _____

OLHOS

___ Olhos lacrimejantes ou coceira nos olhos
___ Pálpebras inchadas, avermelhadas ou viscosas
___ Inchaço ou olheiras
___ Visão embaçada ou limitada (não inclui miopia ou hipermetropia)

Total _____

MENTE

___ Memória fraca
___ Compreensão confusa ou deficiente
___ Dificuldade de concentração
___ Dificuldade de coordenação física
___ Dificuldade em tomar decisões
___ Gagueira
___ Dificuldade em pronunciar as palavras
___ Dificuldade de aprendizado

Total _____

CABEÇA

___ Dores de cabeça
___ Tontura
___ Vertigem
___ Insônia

Total _____

BOCA/GARGANTA

___ Tosse crônica
___ Engasgo ou necessidade frequente de limpar a garganta
___ Dor de garganta, rouquidão ou perda de voz
___ Língua, gengiva, lábios inchados ou descoloridos
___ Aftas

Total _____

NARIZ

___ Nariz inchado
___ Problemas sinusais
___ Rinite alérgica
___ Ataques de espirro
___ Formação excessiva de muco

Total _____

PESO

___ Excesso de comida/bebida
___ Desejo incontrolável de comer determinados alimentos
___ Peso excessivo
___ Compulsão alimentar
___ Retenção de líquidos
___ Peso abaixo do normal

Total _____

PELE

___ Acne
___ Urticária, erupções ou pele seca
___ Queda de cabelo
___ Vermelhões ou fogachos
___ Transpiração excessiva

Total _____

OUTROS

___ Doença frequente
___ Micção frequente ou urgente
___ Coceira genital ou corrimento vaginal

Total _____

TOTAL GERAL _____

RESPOSTAS AO QUESTIONÁRIO

1. Acrescente pontuações individuais e totais a cada grupo.
2. Acrescente a pontuação de cada grupo ao total geral.

Ótimo = menos de 20

Toxicidade média = 10-50

Toxicidade moderada = 50-100

Toxicidade grave = acima de 100

PLANO DANIEL DE DESINTOXICAÇÃO

As refeições que necessitam de receita estão em **negrito**; você encontrará as receitas nas páginas **359-386**.

	1º DIA	2º DIA	3º DIA	4º DIA	5º DIA
DESJEJUM	**Shake de alimentos integrais com proteína do dr. Hyman**	Abacate & vegetais Omelete com 2 ovos	1 xícara de quinoa cozida com 1/2 xícara de leite de amêndoa não adoçado com canela	**Mingau de aveia com chia e coco**	**Desjejum de quinoa**
LANCHE	Vegetais variados cortados em palitos (salsão, cenoura, pepino, *jícama*) e 1/2 xícara de **homos de alcachofra**	1/2 xícara de frutas vermelhas mais 25 **amêndoas torradas com canela**	**Smoothie de mirtilo com espinafre e linhaça**	2 colheres de sopa de grão-de-bico crocante com ovo cozido	**Coquetel sem álcool de vegetais**
ALMOÇO	1/2 xícara de quinoa com brócolis e cenoura cozidos no vapor e **molho de salada antioxidante**	3 rolinhos de peru (2 fatias de peito de peru sem nitrato e sem sódio, alface romana & 1/2 xícara de **homos de alcachofra**)	**Sopa de feijão-preto do dr. Hyman**	**Hambúrguer de peru com tomate seco do dr. Hyman**	**Salada de repolho cru do dr. Hyman**
LANCHE	**Coquetel sem álcool de vegetais**	grão-de-bico crocante com ovo cozido	1/2 xícara de edamame na vagem, orgânico e cozido no vapor	1/2 xícara de frutas vermelhas mais 25 **amêndoas torradas com canela**	Vegetais variados cortados em palitos (salsão, cenoura, pepino, *jícama*) e 2 colheres de sopa de **homos de alcachofra**
JANTAR	**Refogado de arroz com coco à moda tailandesa**	**Carne de panela com vegetais**	**Salmão grelhado com chutney de coentro e hortelã do dr. Hyman** com limão, azeite de oliva com quinoa	**Frango com pesto de nozes do dr. Hyman** com feijão-branco, pimentões picados e vinagre balsâmico	**Camarão ao curry com ervilhas em vagem e castanhas-d'água**

PLANO DANIEL DE DESINTOXICAÇÃO (cont.)

As refeições que necessitam de receita estão em **negrito**: você encontrará as receitas nas páginas **359-386**.

	6º DIA	7º DIA	8º DIA	9º DIA	10º DIA
DESJEJUM	2 ovos mexidos com espinafre, abacate e tomate	**Shake de alimentos integrais com proteína do dr. Hyman**	1 xícara de edamame orgânico cozido no vapor com molho de soja, ou tamari	**Smoothie de mirtilo com espinafre e linhaça**	2 ovos cozidos com 2 fatias de carne de peru sem nitrato e 1/4 de abacate
LANCHE	**Smoothie de mirtilo com espinafre e linhaça**	**Molho cremoso de cenoura** com vegetais cozidos no vapor	3 rolinhos de peru	**Molho cremoso de feijão-branco com alho** com brócolis e cenoura	1/2 xícara de frutas vermelhas com 25 **amêndoas torradas com canela**
ALMOÇO	**Sopa de feijão-preto do dr. Hyman**	**Salada de repolho cru do dr. Hyman**	(2 fatias de peito de peru sem nitrato e sem sódio, alface romana & 1/2 xícara de **homos de alcachofra**)	**Salada de peixe com ervas** com verduras variadas	*Frittata de brócolis ao forno* com verduras variadas e **molho de salada antioxidante**
LANCHE	**Molho cremoso de feijão-branco com alho** com brócolis e couve-flor	4 colheres de sopa de **grão-de-bico crocante**	**Shake de alimentos integrais com proteína do dr. Hyman**	2 ovos cozidos com sal, pimenta, **chili em pó** ou alho em pó	**Molho cremoso de cenoura** com vegetais cozidos no vapor
JANTAR	**Refogado de arroz com coco à moda tailandesa**	**Peixe grelhado com salada apimentada de repolho**	**Cafta de cordeiro** com **purê de couve flor**	**Mix de frango à primavera e feijão-verde** cozido no vapor	**Bacalhau assado à moda grega** com aspargo assado, limão e azeite de oliva com quinoa

LISTA DE COMPRAS
para o Plano Daniel de Desintoxicação

PRODUTOS FRESCOS

- [ ] 1 banana*
- [ ] 1 embalagem grande de mirtilo fresco ou congelado*
- [ ] 4 limões*
- [ ] 1 limão-cravo*
- [ ] 1 maço de aspargo
- [ ] 2 abacates*
- [ ] 1 maço de manjericão fresco*
- [ ] 2 pimentões vermelhos*
- [ ] 1 beterraba pequena
- [ ] 1 cabeça de brócolis*
- [ ] 1 cabeça de repolho verde ou roxo'
- [ ] 1 saco de cenouras*
- [ ] 1 cabeça de couve-flor*
- [ ] 1 maço de salsão
- [ ] 1 maço de coentro
- [ ] 2 pepinos
- [ ] 1 cabeça de alho*
- [ ] 1 raiz de gengibre pequena
- [ ] 2 xícaras de feijão-verde fresco'
- [ ] 1 *jicama*
- [ ] 1 cabeça de repolho
- [ ] 1 maço de hortelã fresca
- [ ] 1 cebola média
- [ ] 1 cebola vermelha*
- [ ] 1 maço de salsa
- [ ] 2 batatas-doces ou batatas-roxas médias ou 1 nabo
- [ ] 1 pé de alface romana*
- [ ] 2 sacos (de 225 a 250 g) de espinafre bebê ou um maço pequeno*
- [ ] 450 g de ervilhas em vagem
- [ ] 1 xícara de ervilhas em vagem ou feijão-verde*
- [ ] 1 pacote de tomates-cereja ou pera'
- [ ] 1 abobrinha

* Para ser usado nos dias 1—5 e comprado novamente para os dias 6—10
' Indica um ingrediente necessário apenas para os dias 6—10

CARNE/PEIXE

- [ ] 450 g de peito ou filés de frango*
- [ ] 225 g de peito de peru fatiado sem nitrato*
- [ ] 450 g de carne magra de peru/bovina moída
- [ ] 450 g de peixe de carne branca'
- [ ] 1,3 a 1,8 kg de acém
- [ ] 450 a 550 g de salmão selvagem
- [ ] 450 g de carne de cordeiro moída'
- [ ] 550 g de camarão selvagem

OVOS

- [ ] 1 dúzia de ovos orgânicos*

MASSAS, GRÃOS, LEGUMINOSAS

- [ ] 1 pacote de quinoa
- [ ] 1 pacote de arroz integral jasmine ou preto

PRODUTOS CONGELADOS

- [ ] 1 pacote de frutas vermelhas congeladas
- [ ] 1 pacote de edamame orgânico congelado

LATAS/VIDROS

- [ ] 1 lata de alcachofras em água
- [ ] 1 vidro de azeitonas pretas ou do tipo kalamata
- [ ] 2 latas de 425 g de caldo de carne com baixo teor de sódio
- [ ] 1 vidro/pacote de tomates secos
- [ ] 2 latas de 425 g de feijão-preto
- [ ] 1 lata pequena de massa de tomate
- [ ] 1 lata de 425 g de feijão-branco'
- [ ] 1 lata/caixa de caldo de legumes com baixo teor de sódio
- [ ] 2 latas de grão-de-bico
- [ ] 1 lata de castanhas-d'água em água

* Para ser usado nos dias 1—5 e comprado novamente para os dias 6—10
' Indica um ingrediente necessário apenas para os dias 6—10

CONDIMENTOS/MOLHOS

- [ ] 1 garrafa de vinagre de maçã
- [ ] 1 garrafa de vinagre balsâmico
- [ ] 1 garrafa de óleo de coco ou óleo de semente de uva
- [ ] 1 embalagem de mostarda
- [ ] 1 garrafa de azeite de oliva extravirgem (ou em *spray* para cozinhar)
- [ ] 1 garrafa pequena de vinagre de arroz
- [ ] 1 garrafa pequena de *tahine*, ou pasta de gergelim
- [ ] 1 garrafa pequena de molho de soja, ou tamari, sem glúten

FRUTOS SECOS/SEMENTES

- [ ] 1 pacote de linhaça moída
- [ ] 1 caixa de leite de amêndoa não adoçado
- [ ] 1 embalagem de amêndoas cruas
- [ ] 1 vidro de manteiga de amêndoa ou de outro fruto seco
- [ ] 1 pacote de sementes de chia
- [ ] 1 pacote pequeno de castanhas-do-pará
- [ ] 1 pacote de leite de coco não adoçado*
- [ ] 1 embalagem de coco em tiras não adoçado
- [ ] 1 pacote de sementes de cânhamo
- [ ] 1 pacote pequeno de pinhão
- [ ] 1 pacote pequeno de sementes de abóbora
- [ ] 1 saco de nozes cruas

DIVERSOS

- [ ] Amido de milho
- [ ] Passas de Corinto
- [ ] 1 vidro de proteína em pó de qualidade
- [ ] 1 pacote de *tempeh* orgânico* (encontrado na seção de produtos refrigerados)

* Para ser usado nos dias 1—5 e comprado novamente para os dias 6—10
† Indica um ingrediente necessário apenas para os dias 6—10

ESPECIARIAS/ERVAS

- Folhas de louro
- Pimenta-do-reino
- Pimenta-de-caiena
- Canela
- *Chili* em pó
- Cominho
- Orégano seco
- Mostarda seca
- Alho em pó
- Sal marinho ou *kosher*
- Cebola em pó
- Páprica
- Extrato de baunilha

RECEITAS DO PLANO DANIEL

(D) INDICA RECEITAS COMPATÍVEIS
COM O PLANO DE DESINTOXICAÇÃO

Molho de salada antioxidante (D)

1/4 de xícara de vinagre de cidra de maçã cru e não filtrado
2 colheres de sopa de azeite extravirgem, de semente de uva ou de coco
1 dente de alho esmagado
2 colheres de sopa de suco de limão mais 1 colher de chá de casca ralada de limão
1 colher de chá de linhaça moída
1 colher de chá de mostarda seca
1/2 colher de chá de orégano
pimenta-do-reino preta moída e sal a gosto

Bata vigorosamente o vinagre com o azeite ou óleo até ficarem bem misturados (ou coloque-os em um recipiente fechado e agite com força). Adicione os ingredientes restantes e bata (ou agite) até que fiquem bem incorporados. Você poderá variar este molho de acordo com seu paladar, acrescentando outras ervas e especiarias, como manjericão, estragão, alecrim e endro.

Rendimento: 3 a 4 porções

Homos de alcachofra (D)

1 lata de 425 g de grão-de-bico
1 xícara de corações de alcachofra, escorridos e picados
2 dentes de alho esmagados
1 colher de sopa de suco de limão
1 colher de sopa de azeite de oliva
1 colher de sopa de água
1 colher de sopa de *tahine* de gergelim
pimenta-do-reino preta moída e sal a gosto

Misture todos os ingredientes em um processador até obter uma massa homogênea. Transfira para uma tigela. Leve ao refrigerador e sirva com vegetais variados cortados em palitos, como salsão, *jicama* e cenoura.

Rendimento: 8 porções (1/3 de xícara cada)

Molho cremoso de *baba ganoush* (D)

- 1 berinjela grande
- 1/4 de xícara de *tahine* (ou um pouco mais se necessário)
- 3 dentes de alho cortados bem miudinho
- 1/4 de xícara de suco de limão espremido na hora (ou um pouco mais se necessário)
- 1 pitada de cominho moído
- 1 pitada de sal
- 1 colher de sopa de salsa de folhas lisas picada

Preaqueça o forno a 190°. Espete a berinjela com um garfo em vários lugares e coloque-a em uma assadeira. Leve ao forno por 20 a 30 minutos ou até ficar macia. Retire-a do forno, deixe esfriar um pouco. Descasque a berinjela e jogue a casca fora. Coloque-a em uma tigela. Esmague-a bem com um garfo. Adicione o *tahine*, o alho, o suco de limão e o cominho e misture bem. Tempere com sal e prove. Adicione um pouco mais de *tahine* e/ou suco de limão, se necessário. Transfira a mistura para uma travessa funda. Espalhe a salsa picada por cima. Sirva em temperatura ambiente.

Rendimento: 4 porções (1/4 de xícara cada)

Frittata de brócolis ao forno

- 6 ovos grandes
- 1 cebola vermelha média, picada em cubos pequenos
- 1 dente de alho esmagado
- 1 colher de sopa de salsa fresca picada
- 2 xícaras de brócolis picado
- 1 pitada de sal
- 1/4 de colher de chá de pimenta-do-reino preta moída
- 1 colher de chá de azeite de oliva extravirgem
- 3 colheres de sopa de queijo parmesão

Preaqueça o forno a 180°. Aqueça o azeite de oliva em uma frigideira grande antiaderente em fogo médio. Adicione a cebola e cozinhe, mexendo sempre, até amolecer (cerca de 3 minutos). Acrescente o alho, a salsa e os brócolis. Continue a cozinhar, mexendo sempre, até os brócolis adquirirem tonalidade verde brilhante (cerca de 3 minutos). Tempere com sal e pimenta-do-reino. Bata bem os ovos em uma tigela grande. Incorpore a mistura dos brócolis. Unte uma assadeira rasa. Derrame a mistura dos brócolis dentro dela. Salpique o queijo parmesão por cima uniformemente. Asse sem tampa por 25 a 30 minutos, até que a *frittata* esteja firme no centro ao ser tocada.

Rendimento: 3 porções

Shake de frutas vermelhas com proteína

1/2 xícara de frutas vermelhas congeladas
1 xícara de leite de coco não adoçado
1 colherada de proteína em pó não adoçada
1 colher de sopa de manteiga de amêndoas
1/4 de xícara de iogurte grego natural
1/4 de xícara de gelo triturado

Bata os cinco primeiros ingredientes no liquidificador. Acrescente o gelo. Bata novamente até obter uma mistura homogênea.

Rendimento: 1 porção

Smoothie de mirtilo com espinafre e linhaça (D)

2 xícaras de leite de amêndoa ou coco não adoçado
2 colheres de sopa de linhaça moída
1 colherada de proteína em pó não adoçada
1 xícara de espinafre
1/2 xícara de mirtilos frescos ou congelados
1/2 xícara de gelo triturado

Bata os cinco primeiros ingredientes no liquidificador. Acrescente o gelo e bata novamente até ficar com textura homogênea.

Rendimento: 2 porções

Sopa de cenoura com abacate

2 colheres de chá de óleo de semente de uva
1/2 cebola vermelha, picada fino
2 ou 3 cenouras, cozidas no vapor e picadas
1 abacate pequeno, cortado ao meio e sem o caroço
1 colher de chá de gengibre fresco moído
1¾ de xícara de caldo de legumes
400 ml de leite de coco não adoçado
2 colheres de chá de amido de milho
sal

Salteie a cebola em uma panela média até ficar macia. Bata no liquidificador a cebola, a cenoura, o abacate, o gengibre, o caldo e o leite de coco até obter uma textura cremosa. Acrescente à panela e misture o amido de milho. Aqueça por cinco minutos. Sirva quente ou em temperatura ambiente.

Rendimento: 5 porções

Purê de couve-flor (D)

1 couve-flor média, sem as folhas e picada em cubos
2 colheres de sopa de azeite de oliva extravirgem
sal e pimenta-do-reino preta moída

Coloque água em uma panela grande e leve ao fogo até ferver. Adicione a couve-flor e cozinhe por cerca de 10 minutos, até ficar macia. Reserve 1/4 de xícara do líquido de cozimento e escorra bem. Em uma tigela grande, esmague a couve-flor com a água reservada, usando um espremedor ou um garfo grande, até obter uma textura homogênea. Experimente incluir ervas e especiarias nesse prato, como alecrim, tomilho ou *curry* em pó.

Rendimento: 6 porções

Desjejum de chia com coco e arroz integral (D)

1 xícara de arroz integral cozido
50 g de sementes secas de chia
2 xícaras de leite de coco
2 colheres de sopa de flocos de coco

Misture os ingredientes em uma vasilha e leve ao refrigerador por 1 hora no mínimo. Sirva quente ou frio.

Rendimento: 3 a 4 porções

Mingau de aveia com chia e coco

    1 xícara de aveia em flocos
    50 g de sementes secas de chia
    2 xícaras de leite de coco não adoçado
    1 colher de chá de extrato de estévia
    2 colheres de sopa de flocos de coco não adoçados

Mergulhe a aveia e as sementes de chia no leite de coco e deixe de molho à noite. Antes de comer, aqueça o mingau de aveia no fogo por cerca de 5 minutos até obter a consistência desejada. Acrescente a estévia e coloque os flocos ou tiras de coco por cima. Sirva quente ou frio.

Sugestão: Se preferir comer o mingau cru, deixe a mistura de molho durante a noite.

Rendimento: 3 porções

Mix de frango à primavera (D)

    4 colheres de chá de óleo de coco
    1/4 de cebola vermelha grande picada
    450 g de peito de frango, sem osso, cortado em cubos de 2 cm
    1 pimentão vermelho médio, picado
    1 xícara de tomates-pera cortados ao meio
    1 xícara de cenoura ralada
    1/2 xícara de salsa picada
    1 colher de chá de pimenta-do-reino preta moída
    2 colheres de sopa de suco de limão

Em uma panela grande, cozinhe as cebolas em fogo médio no óleo de coco por cerca de 5 minutos ou até ficarem macias. Adicione o frango e leve ao fogo por 8 a 10 minutos ou até ficar bem cozido. Acrescente o pimentão, os tomates e a cenoura e cozinhe por mais 5 minutos. Cubra com a salsa, a pimenta-do-reino e o suco de limão e misture bem. Sirva quente ou frio.

Vegetais alternativos: repolho roxo, abobrinha e couve-flor; brócolis, abóbora amarela e erva-doce; ou berinjela japonesa e ervilhas em vagem.

Rendimento: 4 porções

Amêndoas torradas com canela (D)
1 xícara de amêndoas inteiras cruas
1 colher de chá de canela em pó
azeite extravirgem em *spray* para cozinhar

Preaqueça o forno a 180°. Forre uma assadeira retangular com uma camada de amêndoas e borrife levemente o azeite. Polvilhe a canela peneirada sobre as amêndoas e leve ao forno por 8 a 10 minutos ou até que exalem seu aroma característico. Sirva quente.

Rendimento: 4 porções

Sorvete de banana com calda de chocolate e nozes
225 g de chocolate amargo com 70% ou mais de cacau, quebrado em pedaços pequenos
2 bananas cortadas ao meio
2 colheres de sopa de nozes moídas
4 palitos de sorvete

Derreta o chocolate em banho-maria ou no micro-ondas. Se usar o micro-ondas, tome cuidado para não "cozinhar" o chocolate; aqueça-o por 30 segundos ou até derreter. Deixe o chocolate descansar por cerca de 5 minutos para esfriar um pouco. Coloque as nozes moídas em um prato. Enfie a banana no palito de sorvete. Mergulhe metade da banana no chocolate derretido e role-a sobre as nozes moídas. Repita até mergulhar todos os pedaços de banana no chocolate. Coloque-os em uma bandeja forrada com papel parafinado e congele por 4 horas no mínimo, de preferência durante a noite.

Rendimento: 4 porções

Espetinhos de frango, salmão ou vegetais temperados com frutas cítricas

    1 limão siciliano (suco mais 1 colher de chá de casca ralada)
    2 limões-cravo (suco mais 1 colher de chá de casca ralada)
    1 colher de sopa de vinagre balsâmico
    2 colheres de chá de azeite de oliva
    sal e pimenta-do-reino preta moída
    1 kg de franco, salmão ou vegetais cortados em pedaços de 2 cm

Bata vigorosamente os cinco primeiros ingredientes (marinada) até ficarem bem incorporados. Coloque o frango, o salmão ou os vegetais separadamente na marinada e deixe por 1 hora no mínimo. No caso do frango ou salmão, deixe na marinada durante a noite, antes de cozinhar. Monte os espetinhos com o frango, o salmão ou os vegetais e asse-os na grelha ou no forno até ficarem completamente cozidos. Esta receita é suficiente para um almoço e um jantar para duas pessoas. Faça uma receita completa com o frango e outra com o salmão para os dias 1—5.

Rendimento: 4 a 5 porções

Molho mexicano apimentado

    2 tomates inteiros cortados em cubos pequenos
    1/2 xícara de milho congelado e descongelado
    1 pimenta *jalapeño* sem sementes e moída (as sementes são muito ardidas; manuseia-as com cuidado)
    1/2 cebola vermelha média picada fino
    3 colheres de sopa de coentro fresco picado fino
    2 limões-cravo (suco e 1/4 de colher de chá de casca ralada)
    1 pitada de sal

Misture os tomates, o milho, a cebola, a pimenta, o coentro, o suco de limão e a pitada de sal em uma tigela média. Deixe no refrigerador por 1 hora no mínimo.

Rendimento: 4 porções

Molho cremoso de cenoura (D)

1 xícara de cenouras picadas
2 dentes de alho esmagados
suco de 2 limões
1 pitada de sal
3 colheres de sopa de azeite de oliva extravirgem
1/4 de colher de chá de pimenta-de-caiena

Cozinhe as cenouras no vapor até que fiquem macias e, depois, bata-as no liquidificador. Acrescente os outros ingredientes, bata até obter uma massa homogênea e sirva com grãos inteiros assados ou pedaços de brócolis e couve-flor. Adapte a quantidade de sal e da pimenta-de-caiena a seu gosto.

Rendimento: 4 porções

Carne de panela com vegetais (D)

1,8 kg de acém assado cortado em cubos de 2 cm
1/2 xícara de amido de milho
2 colheres de sopa de óleo de semente de uva
1 cebola vermelha grande cortada em cubos
4 xícaras de caldo de carne com baixo teor de sódio
1 lata de massa de tomate
2 xícaras de batatas-roxas picadas (ou substitua por nabo ou batata-doce)
1 xícara de cenoura picada
1 xícara de salsão picado
1 folha de louro
2 colheres de chá de pimenta-do-reino preta moída
1 colher de chá de sal

Espalhe uma camada fina de amido de milho em um prato. Empane ligeiramente os cubos de carne no amido de milho. Aqueça o óleo em uma frigideira grande. Doure a carne com a cebola de 6 a 8 minutos. Acrescente a massa de tomate e o caldo de carne e misture bem.

Transfira a mistura para uma panela com os vegetais e os temperos. Tampe e cozinhe em fogo baixo por cerca de 8 horas ou em fogo alto por 4 horas.

Rendimento: 4 a 6 porções

Parfait de granola e nozes com iogurte

1 xícara de mirtilo
2 colheres de chá de extrato puro de baunilha
2 colheres de sopa de suco de limão
1 xícara de granola com baixo teor de açúcar
1/2 xícara de nozes
900 g de iogurte grego natural
1 colher de chá de extrato de estévia
4 a 6 folhas de hortelã fresca

Bata o mirtilo em um processador até ficar com consistência lisa e transfira para uma tigela. Adicione o extrato de baunilha, o suco de limão e a estévia à mistura. Deixe no refrigerador até que esteja pronta para montar os *parfaits*. Em taças individuais, coloque algumas colheradas de iogurte, uma colherada da mistura do mirtilo e salpique com as nozes. Repita a operação. Enfeite com as folhas de hortelã.

Rendimento: 4 a 6 porções

Grão-de-bico crocante (D)

4 xícaras de grão-de-bico, escorrido e lavado
2 colheres de chá de azeite de oliva extravirgem
1 colher de chá de cominho em pó
1 colher de chá de *chili* em pó
1/2 colher de chá de pimenta-de-caiena

Preaqueça o forno a 200°. Coloque o grão-de-bico em uma tigela grande e adicione os ingredientes restantes até que o grão-de-bico esteja coberto uniformemente. Espalhe o grão-de-bico em uma assadeira e coloque-a na grade do meio do forno. Asse até que esteja quebradiço, de 30 a 40 minutos.

Rendimento: 12 porções (30 g cada)

Salada mediterrânea com camarão grelhado

450 g de camarão selvagem, sem a casca e limpo
1 colher de sopa de óleo de semente de uva
2 xícaras de alface romana cortada em tiras
2 xícaras de espinafre bebê
1 tomate médio picado
1/2 pepino picado

4 colheres de sopa de salsa fresca picada
1/8 de cebola vermelha grande fatiada fino
2 colheres de sopa de queijo feta
8 azeitonas pretas ou do tipo kalamata
2 colheres de sopa de **molho de salada antioxidante** (v. receita na página 359)
1/3 de xícara de **grão-de-bico crocante** (v. receita na página 367)

Pincele o camarão com o óleo de semente de uva. Cozinhe em uma frigideira *grill* por cerca de 2 minutos de cada lado ou até que adquira tonalidade vermelha brilhante. Corte a alface, o espinafre e a salsa em pedaços pequenos. Pique o tomate e o pepino. Misture todos os vegetais em uma tigela. Acrescente 2 colheres de sopa do molho de salada e misture bem. Cubra com o camarão grelhado e o grão-de-bico crocante.

Rendimento: 2 porções

Mousse de abacate com chocolate amargo

2/3 de xícara de chocolate amargo com 70% ou mais de cacau picado
1 colher de sopa de óleo de coco
1 colher de chá de extrato de estévia
1 colher de sopa de café coado
1/2 colher de chá de extrato puro de baunilha
1 abacate
Cobertura: 1/2 xícara de morangos inteiros ou amêndoas torradas (opcional)

Derreta o chocolate em banho-maria ou no micro-ondas. Se usar o micro-ondas, tome cuidado para não "cozinhar" o chocolate; aqueça-o por 30 segundos de cada vez até derreter. Adicione o óleo de coco, o adoçante, o café e o extrato de baunilha ao chocolate derretido e misture bem. Retire a polpa do abacate com uma colher e incorpore-a à mistura do chocolate. Se preferir, use um batedor manual para obter uma consistência lisa. Divida a mistura em 4 taças e leve ao refrigerador por 2 horas no mínimo. Cubra com uma colher de amêndoas torradas ou morangos antes de servir.

Rendimento: 4 porções

Chocolate amargo com frutos secos e sementes

1/2 xícara de amêndoas cruas sem sal
1/2 xícara de nozes cruas sem sal
1/2 xícara de sementes de girassol sem sal
50 g de lascas de chocolate amargo (com 70% de cacau ou mais)
1 xícara de uvas-passas
1 xícara de mirtilo seco

Misture todos os ingredientes. Guarde em uma vasilha ou saco bem fechado.

Rendimento: 7 porções (60 g cada)

Sopa de feijão-preto do dr. Hyman (D)

1 colher de sopa de azeite de oliva extravirgem
1 colher de sopa de alho
1 cebola pequena cortada em cubos
1 colher de sopa de cominho
2 latas (425 g) de feijão-preto
2 xícaras de água ou caldo de legumes
1 folha de louro
1½ colher de sopa de tamari, ou molho de soja, sem adição de trigo
1 colher de sopa de suco de limão
coentro fresco picado para enfeitar

Aqueça o azeite em fogo médio em uma panela grande. Adicione o alho e a cebola e cozinhe até que as cebolas fiquem transparentes. Acrescente o cominho e salteie por alguns minutos. Adicione o feijão-preto com o líquido, a água ou o caldo e a folha de louro. Espere ferver, reduza o fogo e cozinhe por 10 a 15 minutos. Acrescente o tamari, ou o molho de soja, e o suco de limão e cozinhe em fogo baixo por mais 1 minuto.

Rendimento: 5 a 7 porções
Fonte: *The Blood Sugar Solution*, do dr. Hyman[2]

---

[2] HYMAN, Mark, M.D.**The Blood Sugar Solution:** The UltraHealthy Program for Losing Weight, Preventing Disease, and Feeling Great Now!. Boston: Little, Brown, 2012.

Salmão grelhado com *chutney* de coentro e hortelã do dr. Hyman (D)

700 g de salmão selvagem
1 colher de sopa de azeite de oliva extravirgem
1 pitada de sal
1 pitada de pimenta-do-reino

Chutney:
1 maço pequeno de coentro com os talos e lavado
2 colheres de sopa de folhas de hortelã fresca picadas
3 colheres de sopa de azeite de oliva extravirgem
1½ colher de sopa de alho picado fino
1 pitada de sal
1 colher de sopa de suco de limão fresco
1 pitada de *chili* em flocos (opcional)

Tempere o salmão com o azeite, o sal e o *chili*. Reserve por 10 minutos. Bata todos os ingredientes do *chutney* no liquidificador até que a mistura esteja homogênea e aromática. Reserve. Aqueça uma frigideira *grill* em fogo médio. Coloque o salmão na frigideira, com a pele para baixo. Frite o salmão até que a pele esteja tostada, e o peixe, cozido. Isso leva uns 15 minutos, dependendo da espessura do salmão. Vire o salmão e frite por mais alguns minutos, até que esteja completamente cozido. Retire do fogo e coloque-o em um prato com a pele para cima. Retire a pele do salmão e vire-o para servir. Espalhe o *chutney* por cima do salmão. Sirva com fatias de limão.

Rendimento: 4 porções
Fonte: *The Blood Sugar Solution Cookbook*, do dr. Mark Hyman[3]

Salada de repolho cru do dr. Hyman (D)

1 repolho grande sem os talos e picado fino
1 limão grande (suco mais a casca ralada)
1/4 de xícara de azeite de oliva extravirgem
1 dente de alho picado fino

---

[3] HYMAN, Mark M.D. **The Blood Sugar Solution Cookbook:** More Than 175 UltraTasty Recipes for Total Health and Weight Loss. Boston, Little, Brown, 2013

1/8 de colher de chá de sal
1/4 de xícara de pinhão torrado
1/4 de xícara de passas de Corinto
1/2 xícara de azeitonas do tipo kalamata sem caroço e picadas

Coloque o repolho em uma tigela grande para salada e acrescente o suco e a casca ralada do limão, o azeite, o alho e o sal. Misture os ingredientes com as mãos por 1 a 2 minutos para amolecer o repolho. Acrescente os outros ingredientes. Deixe a salada descansar e amaciar por uns 15 minutos antes de servir. O repolho fica mais saboroso se consumido no mesmo dia, mas pode ser guardado por uma noite no refrigerador.

Rendimento: 4 porções
Fonte: *The Blood Sugar Solution Cookbook*, do dr. Mark Hyman

Hambúrguer de peru com tomate seco do dr. Hyman (D)

3 colheres de sopa de tomates secos
1 colher de chá de azeite de oliva extravirgem
450 g de carne de peru moída
1 colher de sopa de vinagre balsâmico
2 a 3 colheres de sopa de manjericão fresco picado
1 colher de sopa de alho picado fino
1½ colher de chá de mostarda
1 pitada de sal
1 pitada de pimenta-do-reino preta

Cubra os tomates secos com água quente e deixe de molho até ficarem macios. Isso leva cerca de 10 minutos, dependendo da textura dos tomates. Escorra a água e pique os tomates em pedaços pequenos. Misture os demais ingredientes e forme 4 hambúrgueres. Cozinhe em frigideira *grill* ou leve ao forno preaquecido a 190° por uns 8 minutos ou até que a carne esteja cozida. Sirva por cima de uma salada grande.

Rendimento: 4 porções
Fonte: *The Blood Sugar Solution Cookbook*, do dr. Mark Hyman

Frango com pesto de nozes do dr. Hyman (D)

450 g de frango sem pele e desossado
1 pitada de sal
1 colher de sopa de óleo de semente de uva ou azeite de oliva extravirgem
2 colheres de sopa de azeite de oliva extravirgem
1 xícara de nozes cruas
2 xícaras de folhas de manjericão fresco
2 dentes de alho
1 pitada de sal (extra)

Corte o frango em tiras finas e salgue. Aqueça 1 colher de sopa de óleo de semente de uva ou de azeite de oliva em uma frigideira em fogo médio. Frite o frango dos dois lados até que esteja cozido. Coloque sobre papel-toalha para esfriar. Moa muito bem as nozes no processador. Lave as folhas de manjericão e enxugue-as. Acrescente o manjericão, o alho e o sal ao processador. Sem desligar o processador, despeje aos poucos as 2 colheres de sopa de azeite até obter a consistência desejada. Misture as tiras de frango. (O pesto sem uso pode ser guardado no refrigerador por até uma semana.) Sirva com vegetais, arroz integral ou quinoa, ou use como patê.

Rendimento: 4 porções
Fonte: *The Blood Sugar Solution Cookbook*, do dr. Mark Hyman

Shake de alimentos integrais com proteína do dr. Hyman (D)

1 xícara de mirtilo congelado
2 colheres de sopa de manteiga de amêndoa
2 colheres de sopa de sementes de abóbora
2 colheres de sopa de sementes de chia
2 colheres de sopa de sementes de cânhamo
4 nozes
3 castanhas-do-pará
1 banana grande
1 colher de sopa de óleo de coco extravirgem
1/2 xícara de leite de amêndoa não adoçado
1 xícara de água

Bata todos os ingredientes no liquidificador em velocidade máxima até obter consistência lisa, por uns 2 minutos. Se a mistura ficar muito grossa, acrescente água até obter a consistência desejada. Sirva gelado.

Rendimento: 3 porções
Fonte: *The Blood Sugar Solution Cookbook*, do dr. Mark Hyman

Tacos de peixe com molho mexicano de abacaxi

Molho mexicano de abacaxi:
1 xícara de abacaxi fresco cortado em cubos (se não conseguir abacaxi fresco, use abacaxi em lata e escorra o suco)
3 colheres de sopa de coentro fresco picado
1/4 de cebola vermelha grande picada fino
1/2 colher de chá de pimenta-do-reino preta
1 limão fresco

Misture todos os ingredientes em uma tigela e leve ao refrigerador por 1 hora no mínimo.

Tacos de peixe:

150 g de peixe carnudo
1 colher de chá de azeite de oliva extravirgem
6 *tortillas* de milho orgânico
1 xícara de repolho roxo ou verde cortado em tiras
1 xícara de feijão-branco ou feijão-preto (escorra antes de usar)
3 colheres de sopa de iogurte grego natural ou creme azedo
1 limão fresco cortado em 6 pedaços no sentido vertical

Pincele o peixe com o azeite e frite em uma frigideira *grill* por uns 8 minutos de cada lado até que esteja bem cozido. Aqueça as *tortillas* de milho por 5 a 10 minutos em forno preaquecido a 180° ou em uma frigideira em fogo médio até que as *tortillas* estejam maleáveis. Coloque o peixe, o feijão, o molho mexicano de abacaxi e o repolho em camadas sobre a *tortilla* quente. Cubra o taco com 1 colher de sopa de creme azedo ou iogurte grego e sirva com uma fatia de limão para ser espremido por cima.

Rendimento: 3 porções (2 tacos cada)

Sobremesa congelada de coco e frutas vermelhas

1 xícara de frutas vermelhas congeladas
1 xícara de leite de coco não adoçado
1 colherada de pó de proteína de baunilha
1 colher de sopa de linhaça moída

Bata todos os ingredientes no liquidificador. Transfira para uma vasilha que possa ser levada ao freezer e congele. Sirva com uma concha de sorvete e saboreie como sobremesa congelada.

Rendimento: 2 porções

Molho cremoso de feijão-branco com alho (D)

1 lata de feijão-branco lavado e escorrido
1 colher de sopa de azeite de oliva extravirgem
2 colheres de sopa de água
4 dentes de alho pequenos esmagados
suco de 1 limão
1 colher de chá de páprica

Bata o feijão com o azeite e água no processador, usando o botão "pulsar". Acrescente o alho esmagado, o suco de limão e a páprica e bata novamente, usando o botão "pulsar" até adquirir textura cremosa. Sirva com seus vegetais favoritos crus.

Rendimento: 6 porções (60 g cada)

Triângulos de *tortilla* sem glúten

6 *tortillas* de milho orgânico
azeite de oliva em spray para cozinhar
sal
2 colheres de chá de cominho moído

Preaqueça o forno a 190°. Corte as *tortillas* de milho em seis triângulos. Borrife o azeite em uma assadeira. Arrume os triângulos de *tortilla* na assadeira em uma camada. Borrife os triângulos com o azeite. Leve ao forno por 15 minutos ou até que as *tortillas* estejam douradas e crocantes. Salpique o cominho sobre os triângulos.

Rendimento: 3 porções

Salada de toranja e sementes de romã com coco

1 toranja média rosada
1/2 xícara de sementes de romã
suco de 1 laranja
1 colher de sopa de coco não adoçado cortado em tiras

Descasque a toranja e corte-a em pedaços pequenos. Retire as sementes da romã. (Se preferir, compre sementes de romã prontas para usar.) Coloque a toranja, as sementes de romã e o coco em uma tigela. Acrescente o suco de laranja. Misture bem. Sirva fria.

Rendimento: 2 porções

Bacalhau assado à moda grega (D)

450 g de bacalhau fresco ou de peixe branco de carne firme
2 dentes de alho esmagados
1/2 xícara de cebola vermelha picada fino
10 azeitonas do tipo kalamata sem caroço
1 colher de chá de azeite de oliva extravirgem
1 colher de chá de sal
1 colher de chá de pimenta-do-reino preta moída
1 colher de sopa de orégano fresco (ou 1 colher de chá de orégano em pó)
suco de 1 limão

Pique a cebola, o alho, o orégano e as azeitonas. Coloque-os em uma tigela pequena e acrescente o azeite, o suco de limão, o sal e a pimenta-do-reino. Use um processador para picar e misturar todos os ingredientes da marinada. Em uma tigela grande ou em um saco plástico grande, acrescente o bacalhau e deixe na marinada durante 30 minutos a 1 hora. Preaqueça o forno a 180°. Coloque o bacalhau em uma vasilha que possa ser levada ao forno. Asse por 20 a 30 minutos até que o bacalhau esfarele com facilidade.

Rendimento: 3 porções

Iogurte grego com *müsli* sem açúcar

Iogurte:
180 g de iogurte grego
1 colher de chá de mel cru

Müsli:
2 colheres de sopa de aveia em flocos
1 colher de chá de uvas-passas
2 colheres de sopa de mirtilo seco
1 colher de sopa de lascas de amêndoas

Misture todos os ingredientes do *müsli*. Em uma vasilha de vidro, arrume em camadas o iogurte, o mel e a mistura do *müsli*.

Rendimento: 1 porção

Peixe grelhado com salada apimentada de repolho (D)

450 g de peixe de carne branca
1 colher de chá de azeite de oliva extravirgem
1 pitada de sal e de pimenta-do-reino moída
2 xícaras de repolho roxo ou verde cortado em tiras
1 xícara de cenoura cortada em tiras
2 colheres de sopa de manteiga de amêndoa ou de outros frutos secos (orgânicos)
2 colheres de chá de vinagre branco de arroz
1/2 colher de chá de pimenta-de-caiena
suco de 1 limão

Pincele o peixe com o azeite, salpique com o sal e a pimenta-do-reino. Coloque em uma grelha quente ou em uma frigideira *grill* por uns 8 minutos de cada lado, até que comece a esfarelar. Em uma tigela separada, misture a manteiga de amêndoa, o vinagre, a pimenta-de-caiena e o suco de limão. Acrescente o repolho e a cenoura e misture bem. Sirva o peixe por cima da salada apimentada de repolho.

Rendimento: 3 porções

Cafta de cordeiro grelhado à moda mediterrânea (D)

- 3 dentes de alho esmagados
- 2 colheres de sopa de cebola ralada
- 1/4 de xícara de salsa fresca picada
- 1 colher de chá de sal
- 2 colheres de chá de pimenta-do-reino preta moída
- 1 colher de chá de pimenta-da-jamaica
- 1 colher de chá de páprica
- 1 colher de sopa de coentro moído
- 450 g de carne de cordeiro moída
- espetinhos de madeira ou metal

Preaqueça o *grill* em fogo médio. (Se preferir não usar os espetinhos, modele a carne de cordeiro em forma de linguiça e cozinhe em fogo médio em uma frigideira.) Coloque o alho esmagado, as especiarias e os temperos em uma tigela grande e, com o auxílio das mãos, misture-os com a carne até obter uma pasta homogênea.

Modele a mistura no formato de linguiça em torno dos espetinhos. Se usar espetinhos de madeira, deixei-os de molho na água por 30 minutos no mínimo, antes de colocá-los no *grill*. Leve os espetinhos de *cafta* ao *grill* preaquecido por 7 a 8 minutos, virando de vez em quando, até obter o ponto de cozimento desejado.

Rendimento: 3 a 4 porções

Massa com carne de peru moída e brócolis

- 150 g de carne de peru moída
- 2 xícaras de massa sem glúten
- 1 cabeça de brócolis
- 1/2 xícara de cebola picada
- 2 tomates médios cortados em cubos
- 1 colher de chá de mostarda amarela
- 1 colher de sopa de molho de soja com baixo teor de sódio
- 1 colher de chá de sal
- 1 colher de chá de pimenta-do-reino preta moída
- 1 colher de chá de azeite de oliva extravirgem

Coloque 8 a 10 xícaras de água em uma panela grande. Leve ao fogo e espere levantar fervura. Acrescente a massa e cozinhe por 10 minutos ou até que esteja *al dente*.

Preaqueça uma frigideira e coloque o azeite. Adicione a carne de peru moída e cozinhe até ficar com tonalidade dourada escura.

Acrescente a cebola picada. Cozinhe por 5 minutos até que as cebolas fiquem macias. Adicione os tomates picados, os brócolis, a mostarda, o molho de soja, o sal e a pimenta-do-reino. Cozinhe até que os brócolis fiquem macios, mas não murchos, e que os ingredientes tenham criado um molho ralo no fundo da frigideira.

Incorpore a massa a essa mistura. Sirva quente ou em temperatura ambiente.

Rendimento: 3 porções

Pimentões recheados com carne de peru moída (D)

3 pimentões vermelhos grandes
150 g de carne de peru magra e moída
1/2 xícara de cebola picada
1/2 xícara de salsa picada
2 tomates picados em cubos
1 colher de chá de azeite de oliva extravirgem
1 pitada de sal
1 colher de chá de pimenta-do-reino preta moída

Preaqueça o forno a 190°. Corte os pimentões ao meio no sentido do comprimento. Pique a cebola, os tomates e a salsa. Aqueça o azeite em frigideira antiaderente em fogo médio/alto. Acrescente a carne de peru e cozinhe até adquirir tonalidade dourada escura.

Adicione a cebola, o sal e a pimenta-do-reino à carne de peru. Cozinhe até que a cebola esteja macia. Acrescente os tomates cortados em cubos. Cozinhe até que os tomates fiquem macios e incorporados aos outros ingredientes. Recheie as metades dos pimentões com a mistura da carne de peru. Cozinhe por 30 minutos até que os pimentões estejam macios.

Rendimento: 3 porções

Salada de peixe com ervas (D)

225 g de peixe em lata, como salmão ou atum com baixo teor de mercúrio
2 colheres de sopa de endro fresco
suco de 1 limão
1 colher de chá de alho em pó
1 colher de sopa de maionese vegetariana ou orgânica
1 pitada de sal e pimenta
2 talos de salsão picados fino

Misture todos os ingredientes em uma tigela e sirva gelada.

Rendimento: 2 porções

Quadrados de torta *light* de abóbora

Massa:
1½ xícara de farinha de amêndoa
3 colheres de sopa de óleo de coco (em temperatura ambiente)
1 colher de sopa de canela
1/2 xícara de aveia em flocos

Aqueça o forno a 180°. Misture os ingredientes em uma tigela média até obter uma massa de consistência homogênea. Unte uma assadeira quadrada de 20 cm antiaderente. Espalhe a mistura em toda a assadeira, pressionando a massa contra ela. Leve ao forno por 10 a 12 minutos ou até que a massa esteja levemente dourada. Retire do forno.

Recheio:
500 g de tofu orgânico extrafirme
2 xícaras de abóbora em lata (ou cozida)
1 xícara de iogurte grego
2 colheres de chá de extrato de estévia
1 colher de chá de extrato puro de baunilha
2 colheres de chá de *pumpkin pie spice*

Preaqueça o forno a 180°. Escorra o líquido do tofu. Coloque-o no processador e bata até obter uma consistência homogênea. Acrescente os outros ingredientes do recheio. Bata até misturar bem.

Despeje sobre a massa da torta e leve ao forno por 1 hora ou até que um palito espetado saia limpo. Retire do forno e deixe esfriar completamente. Leve à geladeira até ficar firme. Corte em quadrados e polvilhe com a canela.

Rendimento: 9 porções

Smoothie de manga com coco e proteína

1 xícara de manga fresca ou congelada
1 xícara de leite de coco não adoçado
1 xícara de água
1 colherada de proteína em pó não adoçada
1 colherada de gelo

Bata os ingredientes no liquidificador. Acrescente o gelo e bata até obter uma textura lisa. Sirva frio.

Rendimento: 1 porção

Bolinhas de chocolate com coco

1 xícara de aveia em flocos
1/2 xícara de coco em tiras não adoçado mais 1/2 xícara para a cobertura
1 colherada de proteína em pó de chocolate
2 colheres de sopa de manteiga natural de amêndoas ou de outro fruto seco
1/2 xícara de linhaça moída
1/2 xícara de lascas de chocolate amargo (com 70% ou mais de cacau)
1 colher de chá de extrato de estévia
2/3 de xícara de leite de coco não adoçado
1 colher de chá de extrato puro de baunilha

Misture bem todos os ingredientes em uma tigela pequena. Leve à geladeira por 1 hora. Enrole em formato de bolinhas de 2 cm de diâmetro e passe-as nas tiras de coco. Coloque as bolinhas sobre papel parafinado em uma vasilha bem tampada e leve à geladeira ou ao *freezer*.

Deixe descansar em temperatura ambiente por 5 minutos antes de comer

Rendimento: 20 a 25 (1 bolinha para cada)

Desjejum de quinoa (D)

1½ xícara de quinoa vermelha ou branca
2 ovos
1/2 xícara de leite de coco ou amêndoa não adoçado
1 colher de chá de extrato de baunilha
1 colher de sopa de canela
2 colheres de sopa de manteiga de amêndoa
1 colher de chá de extrato de estévia

Para cozinhar a quinoa: Ferva 3 copos d'água. Adicione 1/2 colher de chá de sal e 1½ xícara de quinoa. Cozinhe em fogo brando por 20 minutos ou até que a quinoa esteja macia e a água completamente absorvida. Deixe a quinoa esfriar. Preaqueça o forno a 190° e coloque a quinoa em uma tigela grande. Unte uma assadeira quadrada de 20 cm. Em uma tigela pequena, bata os ovos, o leite de coco, o extrato de baunilha e a canela até misturar bem. Acrescente a estévia e bata vigorosamente. Acrescente a mistura do ovo à quinoa cozida e fria. Mexa bem com uma colher grande. Despeje na assadeira, espalhando bem. Leve ao forno por 20 a 25 minutos até que esteja firme e dourada. Espere esfriar completamente e sirva cortada em quadrados. Sirva com uma bola de manteiga de nozes.

Rendimento: 6 porções

Frango saboroso ao forno

12 coxas de frango
2 xícaras de manteiga de leite (na receita de desintoxicação)
1 colher de sopa de mostarda (aumente para 6 colheres de sopa na receita de desintoxicação)
1½ xícara de linhaça
1 colher de chá de pimenta-de-caiena
1 colher de chá de orégano seco
1 colher de sopa de cebola em pó
1 colher de sopa de alho em pó
2 colheres de sopa de pimenta-do-reino preta moída
sal

Misture a manteiga com a mostarda em uma tigela média e mergulhe as coxas de frango. Deixe o frango mergulhado por 30 minutos no mínimo e 8 horas no máximo. Misture a linhaça com as ervas e especiarias em um prato raso. Retire as coxas de frango da manteiga com a mostarda e agite um pouco para retirar o excesso de líquido. Empane as coxas de frango na mistura da linhaça. Coloque-as em uma assadeira ligeiramente untada. Leve ao forno preaquecido a 200° por 40 minutos, cobertas com papel-alumínio para não ressecar. Retire o papel-alumínio antes dos últimos 10 ou 15 minutos e asse até ficar crocante e dourado. A temperatura interna do frango deve ser de 75° no mínimo.

Alternativa para a receita de desintoxicação: Não adicione a manteiga; pincele as coxas de frango com mostarda e empane-as na mistura da linhaça.

Rendimento: 6 porções

Camarão ao *curry* com ervilhas em vagem e castanhas-d'água

   2 colheres de sopa de óleo de coco
   2 colheres de sopa de *curry* em pó
   900 g de ervilhas-doce em vagem sem os talos
   1/2 xícara de castanhas-d'água (ou tribulo-aquático)
   1 xícara de leite de coco não adoçado
   suco de 2 limões
   1 pitada de sal
   2 colheres de chá de amido de milho

Em uma frigideira grande ou *wok*, aqueça o óleo de coco em fogo médio. Adicione o *curry* em pó e cozinhe até desprender seu aroma característico, por cerca de 1 minuto. Acrescente o camarão e as ervilhas e cozinhe por uns 2 minutos. Acrescente as castanhas-d'água, o leite de coco, o suco de limão e o sal. Misture o amido de milho e bata vigorosamente por 5 minutos, até que esteja dissolvido por completo e ligeiramente engrossado. Sirva com arroz integral cozido ou quinoa.

Rendimento: 4 porções

Shake de morango com chocolate

 1 xícara de morangos congelados
 1 xícara de leite de coco não adoçado
 1 colherada de proteína em pó de chocolate
 1 colher de sopa de linhaça moída
 1 colherada de gelo

Bata todos os ingredientes no liquidificador. Acrescente o gelo e bata até obter um líquido de textura homogênea. Sirva frio.

Rendimento: 1 porção

Desjejum nutritivo de triguilho

 1 xícara de triguilho integral
 2 xícaras de água
 1 xícara de leite de coco não adoçado
 1/2 xícara de molho de maçã não adoçado
 1/2 xícara de coco em flocos não adoçado
 1/2 xícara de amêndoas

Leve a água ao fogo até levantar fervura. Acrescente o triguilho e cozinhe em fogo baixo por cerca de 20 minutos. Transfira para uma tigela média. Acrescente o leite de coco e o molho de maçã. Misture com uma colher. Cubra com os flocos de coco e as amêndoas. Sirva quente ou em temperatura ambiente como desjejum ou gelado em uma taça de champanhe.

Rendimento: 4 porções

Salada de verduras com melancia

 2 xícaras de rúcula
 2 xícaras de repolho picado
 2 xícaras de espinafre
 1 xícara de melancia cortada em cubos
 1 colher de sementes de girassol torradas e sem sal
 Molho de salada antioxidante (v. receita na página 359)

Pique o repolho em pedaços pequenos. (Sugestão: coloque as folhas umas sobre as outras e enrole-as. Corte-as com uma faca afiada em tiras médias.) Pique a melancia em cubos. Misture a rúcula, o espinafre e o repolho. Acrescente os cubos de melancia à salada. Tempere com 2 colheres de sopa de molho de salada feito em casa. Enfeite com as sementes de girassol torradas.

Rendimento: 2 porções

Refogado de arroz com coco à moda tailandesa (D)

Refogado:
350 g de *tempeh* orgânico
1 cebola pequena picada
3 dentes de alho esmagados
1 xícara de cenoura cortada em cubos
1 xícara de pimentão vermelho cortado em cubos
1 xícara de ervilhas em vagem cortadas em cubos
1 xícara de abobrinha cortada em cubos
1 colher de chá de azeite de oliva extravirgem
2 colheres de sopa de molho de soja com baixo teor de sódio
1 colher de chá de pimenta-do-reino preta

Arroz:
1 xícara de arroz preto ou jasmine
1 xícara de leite de coco não adoçado
1 xícara de água

Corte todos os vegetais em cubos médios. Corte o *tempeh* em retângulos de 2 cm de comprimento. Aqueça o azeite em uma frigideira em fogo médio. Adicione o *tempeh* e cozinhe até dourar. Acrescente os vegetais e o molho de soja. Refogue até que os vegetais estejam macios, por cerca de 5 minutos. Para cozinhar o arroz, leve o leite de coco e a água ao fogo em uma panela média e espere levantar fervura. Acrescente o arroz e cozinhe em fogo mínimo por uns 25 minutos ou até que todo o líquido seja absorvido.

Rendimento: 3 porções

Sopa de lentilha com linguiça de frango com vegetais (D)

450 g de lentilhas cruas
4 gomos de linguiça de frango
1 colher de sopa de azeite de oliva
1 xícara de cebola picada
1/2 xícara de cenoura picada
1/2 xícara de salsão picado
1 colher de chá de sal
1 colher de chá de pimenta-do-reino preta moída
1/4 de colher de chá de pimenta-de-caiena
1/2 colher de chá de cominho moído
1 xícara de tomate enlatado sem sal
2 litros de caldo de frango orgânico com baixo teor de sódio

Aqueça o azeite em uma panela grande em fogo médio. Acrescente a cebola, a cenoura, o salsão e o sal e cozinhe até que as cebolas estejam macias, aproximadamente 5 minutos. Adicione a lentilha, o tomate, o caldo, o pimentão e o cominho. Misture bem. Cozinhe em fogo alto até levantar fervura. Diminua o fogo ao mínimo, tampe e cozinhe até que as lentilhas fiquem macias, de 35 a 40 minutos. Com o auxílio de uma faca, corte uma das extremidades dos gomos de linguiça. Aperte o gomo para retirar a linguiça do invólucro. Aqueça o azeite em uma panela grande em fogo médio. Adicione a linguiça e cozinhe até dourar, esmagando a carne com um garfo enquanto cozinha. Escorra o excesso de gordura. Acrescente à sopa de lentilha e sirva quente.

Rendimento: 5 porções

Coquetel sem álcool de vegetais (D)

2 xícaras de espinafre fresco
1/2 beterraba pequena crua
5 talos de salsão aparados
1/2 limão descascado
1 pedaço de raiz de gengibre de 2 cm descascado
2 dentes de alho

Passe em uma centrífuga de sucos o espinafre, a beterraba, o salsão, o limão, o gengibre e o alho. Mexa o suco e despeje em um copo de vidro. Sirva em temperatura ambiente ou gelado, como desejar.

Rendimento: 1 porção

Espaguete *alla lucca* com grãos integrais

1 colher de sopa de óleo de semente de uva
1/2 xícara de cebola picada
3 dentes de alho esmagados
450 g de linguiça magra de frango, sem o invólucro
2½ xícaras de purê de tomate
1 pimentão vermelho picado
4 folhas de manjericão fresco picado
sal marinho e pimenta-do-reino preta moída na hora a gosto
1 lata de feijão-branco, escorrido e lavado
½ xícara de queijo parmesão ralado (omita na opção vegetariana)
450 g de espaguete de trigo integral (ou massa sem glúten, quinoa ou arroz integral)

Unte uma frigideira grande com o azeite e aqueça em fogo médio. Adicione a cebola e o alho, cozinhe e mexa até ficarem macios, por cerca de 5 minutos. Acrescente a linguiça. Cozinhe por 5 a 10 minutos, mexendo sempre até que a carne perca o tom rosado. Coloque outra panela em fogo médio/baixo; acrescente o purê de tomate, o pimentão, o manjericão e a pimenta-do-reino. Tempere com uma pitada de sal marinho. Adicione o feijão. Cubra e cozinhe em fogo mínimo por uns 15 minutos. Despeje água com sal em uma panela grande e leve ao fogo até levantar fervura. Adicione o espaguete, mexa um pouco e cozinhe até ficar *al dente* (firme, mas não mole). Escorra a água e reserve. Misture a carne da linguiça com o purê de tomate em uma tigela grande. Junte a pasta e misture bem. Cubra com o queijo parmesão ralado e sirva.

Rendimento: 4 porções

AGRADECIMENTOS

Agradecemos imensamente ao pastor Rick Warren, cujo coração e visão foram os responsáveis pelo lançamento do Plano Daniel em janeiro de 2011. A fusão do amor de Rick por Deus e pelo ser humano iniciou um movimento mundial para ajudar as pessoas a dar o primeiro passo para ter boa saúde e viver de acordo com o plano e o propósito de Deus para elas.

Os médicos fundadores, dr. Mark Hyman, dr. Daniel Amen e dr. Mehmet Oz, abriram o caminho para o Plano Daniel e prestaram valiosa colaboração que transformou milhares de vidas. Seu apoio constante, amizade, grande conhecimento da área médica e paixão por ajudar as pessoas e vê-las com saúde foram inestimáveis a este ministério.

Desde o início, Katherine Lee colaborou grandemente com o Plano Daniel como conselheira e estrategista organizacional. Seu amor por ajudar as pessoas a alcançar a força que Deus lhes concedeu, bem como suas habilidades como treinadora de qualidade de vida foram incalculáveis. Tana Amen ofereceu generosamente seu talento de liderança, profissionalismo e paixão para desenvolver os recursos principais para o programa. Seus conhecimentos sobre nutrição e bem-estar ajudaram a montar o palco para o plano atual.

Karen Quinn é uma embaixadora preciosa para nossa equipe, com uma atitude inigualável de "faço qualquer coisa". Ela iniciou e encorajou relacionamentos e alianças estratégicas, representando o Plano Daniel em diversos foros por todo o país.

Os três *Chefs* Exclusivos do Plano Daniel – Sally Cameron, Jenny Ross e Robert Sturm – ofereceram sua criatividade ilimitada ao Elemento Essencial Alimentação, doando seu tempo e talento para criar numerosas receitas, *workshops* práticos e incentivar as pessoas a voltar à cozinha e preparar alimentos verdadeiros. Um agradecimento especial à *chef* Mareya Ibrahim por sua importante contribuição para ajudar a criar o Plano de Refeições Básicas e o Plano de Desintoxicação do Plano Daniel.

Os especialistas em condicionamento físico do Plano Daniel – Sean Foy, Jimmy Pena e Tom Wilson – ajudaram as pessoas a descobrir o exercício de que mais gostavam para voltar à boa forma. Sua paixão por incluir fé e condicionamento físico neste programa ajudou nossa comunidade a aprender a adorar a Deus enquanto se fortalecia para a glória do Pai. Nossa gratidão especial a Sean por ter criado também o Plano de Condicionamento Físico de 40 dias.

A toda a equipe de Condicionamento Físico da Saddleback: Somos gratos por seu comprometimento em relação à saúde da nossa comunidade. Nosso agradecimento por seus instrutores que dedicaram tempo para trabalhar todas as semanas – Jim, Tony, Kimberly, Julianne, Kinzie, Tasha, Janet, Paul, Lisa, Elizabeth, Jennifer – e por sua líder destemida, Tracy Jones, que dirige e coordena com amor a equipe inteira.

Brian Willians foi uma bênção para nós por ter desenvolvido os princípios de treinamento de qualidade de vida para nossos grupos e currículo. Somos profundamente gratos à equipe de treinadores voluntários que colaboraram de modo significativo: Katherine, James, dr. German, Georgina, April, Mareya, Renata, Darci, Joel, Carmen, Bec, Kalei, Ann e Kenna.

À nossa comunidade inteira de muitos, muitos voluntários – numerosos demais para mencionarmos o nome de cada um – que tão generosamente entregaram seu coração e dons ao Plano Daniel. Somos gratos a cada um de vocês: a equipe de *workshop* dirigida por Patti e Lori, a equipe de mídia social com Tabitha e Jenny e a equipe esporte/aventura dirigida por Ron e Tracy.

O Plano Daniel foi abençoado com a dedicação resoluta de Shelly Antol como supervisora de apoio operacional e projetos estratégicos. Sua postura decidida, entusiástica e centrada em Deus é um dom verdadeiro. Nossa escritora residente, April O'Neil, publica nosso *blog* semanal e supervisiona nosso *site* e outras mídias sociais. Seu desejo de ajudar a restaurar pessoas e sua liderança servil transmitem graça à estratégia de comunicação do Plano Daniel. Kelly Ruiten, nossa extraordinária coordenadora, inclui seu espírito de amor em tudo e em todos em quem toca.

Somos gratos a Jon Walker e Keri Wyatt Kent pelas contribuições criativas para os recursos do Plano Daniel. Sua disposição em apresentar ideias novas, criatividade e praticidade têm sido inspiradoras para nossa equipe e acrescentam muito valor a cada projeto.

Este livro não teria sido publicado sem Andrea Vinley, nossa editora talentosa e dedicada. Você se entregou muito a este projeto, foi uma maravilha trabalhar a seu lado. Seu coração e comprometimento estão entrelaçados em cada capítulo deste livro. Somos gratos à equipe inteira da Zondervan, especialmente a Annette Bourland e Tracy Danz, por terem visto potencial e tornado possível o lançamento deste livro.

O fundamento da nossa fé foi agraciado com o apoio da nossa equipe pastoral. Expressamos gratidão sincera a Buddy Owens, Steve Gladen, Tom Holaday, John Baker, David Chrzan, Todd Oltoff, Cody Moran, Dave Barr e Steve Willis. Somos imensamente gratos por sua liderança fiel.

Josh Warren continua a oferecer liderança centrada em Deus, integridade e conhecimento a toda a equipe e a todo o ministério do Plano Daniel. Com sua equipe de liderança na Saddleback, Josh fez um sonho transformar-se em realidade (sempre com um senso incrível de humor!). Nossa gratidão por partilhar Doug Lorenzen com o Plano Daniel. Sua criatividade, ideias inovadoras e dedicação foram uma verdadeira inspiração para oferecer o melhor a nossos seguidores.

Por último, porém não menos importante, somos muito gratos a Brett por seu apoio e encorajamento constantes nos últimos dois anos durante o desenvolvimento do Plano Daniel. As horas infindáveis de discussões em grupo e criação de estratégias para o Plano Daniel revelaram sua paixão infinita por Deus, por sua família e por todos os integrantes da comunidade do Plano Daniel.

Dee Eastman, diretora do Plano Daniel

Esta obra foi composta em *Berthold Baskerville* e
impressa por Imprensa da Fé sobre papel *Offset* 70g/m^2
para Editora Vida.